Bismarck and the German Empire

俾斯麦与德意志帝国

〔英〕埃里克·埃克 著　启蒙编译所 译

上海社会科学院出版社
Shanghai Academy of Social Sciences Press

普鲁士国王威廉一世是俾斯麦爱戴的君主。俾斯麦曾说:"替国王效劳如同服务上帝。"俾斯麦的墓碑上还刻着"真正效忠威廉一世的德国仆人"。

普法战争中,普军打败法军,拿破仑三世(左)投降。随后普军进军至巴黎,协助巴黎新成立的国防政府消灭巴黎公社,以获得大量赔款。

1871年,威廉一世在法国凡尔赛宫的镜厅中登基为皇帝,德意志帝国诞生。

德国统一的三大功臣:俾斯麦(左)、罗恩(中)和毛奇(右)

1878年,俾斯麦出席柏林会议举碎奥俄关系。会议使德俄关系恶化,俄国退出三帝同盟。

威廉二世（右）与俾斯麦在很多问题上出现分歧。1890年俾斯麦向威廉二世呈辞，正式下野。

英国的一本讽刺杂志于1890年所刊载的一幅漫画，描绘俾斯麦下台的情形。他辞职前，威廉二世曾要求他提辞呈。

目 录

第一版序言 ·· i
前 言 ·· I

绪 论 ·· 1
第一章 准备时期 ·· 3
  1. 父母及青少年时代 ······································ 3
  2. 1847年的联合议会 ······································ 9
  3. 1848年革命 ··· 14
  4. 俾斯麦在法兰克福 ····································· 25
  5. "新纪元",从法兰克福召回俾斯麦 ······················· 35
  6. 圣彼得堡 ··· 38
  7. 普鲁士的军队改组和维拉弗兰卡停战协议的后果 ··· 41
  8. 任驻巴黎大使 ··· 49
  9. 被任命为首相 ··· 51

第二章 与国会和奥地利的斗争 ······························ 56
  A. 通向加施泰因专约 ····································· 56
    1. 首相的第一步 ······································· 56
    2. 针对报刊的命令,王太子的反对 ······················ 60

3. 与奥地利的冲突 ……………………………… 62
4. 1863 年的波兰起义 …………………………… 67
5. 法兰克福代表大会上的德国君主们 …………… 72
6. 石勒苏益格－荷尔斯泰因问题 ………………… 77
7. 与丹麦的战争以及伦敦会议 …………………… 89
8. 丹麦战争的后果 ………………………………… 95
9. 1865 年 5 月 29 日的国王政务会 ……………… 100
10. 宪法冲突的持续 ………………………………… 102
11. 国际形势 ………………………………………… 104
12. 加施泰因专约 …………………………………… 108

B. 通向布拉格和约 …………………………………… 110
1. 比亚里茨,1865 年 ……………………………… 110
2. 宪法冲突的激化 ………………………………… 113
3. 1866 年 2 月 28 日的国王政务会 ……………… 114
4. 1866 年 4 月 8 日,与意大利结盟 ……………… 115
5. 普选权 …………………………………………… 119
6. 避免战争的努力 ………………………………… 122
7. 要俾斯麦性命的企图。补偿问题 ……………… 124
8. 欧洲大会的提议 ………………………………… 126
9. 战争的爆发 ……………………………………… 128
10. 普鲁士的胜利 …………………………………… 132
11. 拿破仑尝试调停 ………………………………… 134
12. 匈牙利军团 ……………………………………… 136
13. 尼科尔斯堡 ……………………………………… 138

14. 吞并和虐待法兰克福 ………………………… 139
15. 美因河线 ……………………………………… 141
16. 与拿破仑的外交斗争 ………………………… 142

第三章 北德意志邦联和普法战争 …………………… 145
1. 补偿议案 ……………………………………… 145
2. 先于州议会的吞并。俾斯麦生病 …………… 148
3. 北德意志邦联的宪法 ………………………… 149
4. "威尔芬基金" ………………………………… 155
5. 南德意志和奥地利 …………………………… 158
6. 卢森堡问题 …………………………………… 161
7. 法兰西、奥地利和意大利三方同盟的尝试 ………… 168
8. 霍亨索伦王室的西班牙王位候选人以及1870年法德战争的源头 ……………………………… 172
9. 德意志帝国的建立 …………………………… 184

第四章 作为帝国宰相的俾斯麦 ……………………… 198
1. 三帝同盟 ……………………………………… 199
2. 德意志的"自由主义纪元" …………………… 206
3. "文化斗争" …………………………………… 214
4. 阿尼姆事件 …………………………………… 224
5. 1875年的战争恐慌 …………………………… 227
6. "自由主义纪元"的终结 ……………………… 237
7. 反社会民主党的法律 ………………………… 252

8. 1878年的柏林代表大会 …………………………………… 260
9. 向贸易保护措施的转变以及民族自由党的分裂 …… 269
10. 与哈布斯堡君主国结盟 ………………………………… 279
11. 俾斯麦的殖民政策 ……………………………………… 290
12. 1887年的七年期斗争 …………………………………… 301
13. 与俄国的再保险条约,1887年 ………………………… 310
14. 腓特烈三世的悲剧 ……………………………………… 319
15. 俾斯麦的垮台 …………………………………………… 328

译名对照表 …………………………………………………… 347

第一版序言

我曾经有幸应牛津大学历史系之邀,在巴利奥尔(Balliol)学院会堂主讲过一系列课程,本书是在此基础上写成的。我写过一部三卷的《俾斯麦传》,战争期间由欧根·伦奇·费尔拉格,埃伦巴赫-苏黎世(Eugen Rentsch Verlag, Erlenbach-Zürich)在德国出版,本书尝试概括了其中的要点。当然,希望详细审查我的理论和论点的学者应该参考完整版。在完整版每卷的附录中还可以找到相关事实的具体论据。

我想感谢我的儿子弗兰克·埃克(Frank Eyck),他协助我准备英文版本,并在我出国期间处理完成出版事宜。

埃里克·埃克
1949 年于汉普斯特德

前　言

我怀着既高兴又感伤的心情接受出版商的邀请,为本书的新版撰写一篇前言。我的父亲已于1964年6月在伦敦去世,写下这几行字时,我再次强烈地感觉到已经失去了父亲的陪伴,与此同时,我也为他投入全部精力的作品继续获得关注而感到欣慰。

我的父亲在完成俾斯麦传记之后,仍然怀着强烈的好奇心密切关注新公布的那个时代的资料。最令他着迷的是有关霍亨索伦王室(Hohenzollern)的西班牙王位候选人以及1870年战争起因的档案文件的开放。1957年时,此前保存于德国外交档案馆中的秘密文件得以发表,乔治·博南(Georges Bonnin)编写了《俾斯麦与霍亨索伦王室的西班牙王位候选人》,并添加了一篇介绍,伊莎贝拉·M.马西(Isabella M. Massey)将它翻译成英文,古奇(G. P. Gooch)撰写了一篇前言(伦敦:Chatto & Windus)。关于俾斯麦在此事件中扮演的负面角色,德国官方的说法多年来一直遭受暗中诋毁,现在博南能给出无可辩驳的证据,证明宰相参与了此事。假如没有俾斯麦的支持,霍亨索伦－锡格马林根(Sigmaringen)的利奥波德(Leopold)决不会接受王位候选人身份,王朝的统治者——普鲁士国王也不会给予必需的认可。我的父亲在本书较晚版本的

199页上添加了一个简短的脚注①。基本上,父亲认为他在博南版本以前所作的记述得到了后者的巩固。至于俾斯麦为什么支持一个容易与法国发生摩擦的王位候选人,其动机依旧是个谜。在评论博南的作品时,我的父亲得出的结论是,俾斯麦肯定乐意为继承人问题与法国发生冲突,因为在他看来,德法不久必然发生战争②。博南的作品主要依据缴获的德国外务部文件,而格哈德·里特(Gerhard Ritter)的学生约亨·迪特里希(Jochen Dittrich)在撰写《俾斯麦,法兰西与霍亨索伦王室的西班牙王位继承人》(慕尼黑:奥尔登堡[Oldenbourg],1962年)时,主要依据锡格马林根王室的档案文件。迪特里希认为俾斯麦并不希望挑起战争(81页),我的父亲摈弃了这一推论③。

在新近公开的档案材料中,我的父亲还对《荷尔斯泰因文件》颇感兴趣,它在1955年由剑桥大学出版社出版,编者是诺曼·里奇(Norman Rich)和费希尔(M. H. Fisher)。他在他的文集《德国政治专题讨论,德国国会议员和近期德国历史研究》中专门用了两个章节,借助新资料重新考虑重要的外交部官员弗里德里希·冯·荷尔斯泰因(Friedrich von Holstein)。在很大程度上,他发现自己

---

① 另见于我的父亲撰写的关于俾斯麦的历史协会小册子,它增加一些内容后以"*From Metternich to Hitler*"为题出版,edited by W. N. Medlicott(London:Routledge and Kegan Paul,1963),165—182页,尤其是166页,脚注2。

② 初出:*Deutsche Rundschau* 84, 8 (August 1958), 732。重印:Erich Eyck, *Auf Deutschlands politischem Forum* (Zürich:Eugen Rentsch, 1963), 91—112。

③ 他的评论见于 *Deutsche Literaturzeitung*, *Jahrgang* 84, Heft 7/8 (July & August 1963), 619。

不能接受关于荷尔斯泰因的性格的更有利的诠释,即《荷尔斯泰因文件》的编者所得出的结论。父亲尤其坚持认为,荷尔斯泰因的表现令他在巴黎大使馆的领导哈里·冯·阿尼姆(Harry von Arnim)蒙羞(本书有具体表述)。在他的文集《德国政治专题讨论,德国国会议员和近期德国历史研究》的"荷尔斯泰因与俾斯麦"一章中(115页),我的父亲回顾,阿尼姆在1874年受审时,一位辩护律师曾经告诉他,荷尔斯泰因作为原告方证人给人留下了非常糟糕的印象。关于荷尔斯泰因的篇章的大部分内容收录于《外交历史和史料编纂研究,纪念古奇》,扎尔基西安(A. O. Sarkissian)将其改编成"作为俾斯麦评论者的荷尔斯泰因"(251—265页,伦敦:朗曼[Longmans]出版社,1961年)。他高度评价了收录文件和日记的第二卷,它们对于理解俾斯麦的圈子有很大作用(252页)。至于宰相去职以后的时期,我父亲的结论是:"荷尔斯泰因此前已经是俾斯麦的批评者,他的日记给出了无可辩驳的证据。"(265页)

  我的父亲承认那些档案文件中包含大量的工作成果,奥托·贝克尔(Otto Becker)据此写成了《俾斯麦建设德国的奋斗》;作者去世后,亚历山大·沙夫(Alexander Scharff)又进行了改编和增补(海德堡[Heidelberg]:Quelle & Meyer,1958年)。不过在他看来,关于1862年至1871年间的德国问题的这段详细记述对俾斯麦太有利了[①]。他乐意看到施皮策姆堡男爵夫人(Spitzemberg)的日记的公开发表,男爵夫人对俾斯麦充满温情,但是并非毫无批判的崇

---

① 他的评论见于 *Deutsche Literaturzeitung*, *Jahrgang* 82, Heft 6 (June 1961), 545—550。

拜者①。

因此，德文的三卷本传记《俾斯麦，生活与工作》（苏黎世Zürich：Eugen Rentsch，1941—1944 年）和本书（1950 年初版）正好经得起新资料的考验。连批评者也承认他熟悉相关资料②。考验在于，父亲的关于俾斯麦的作品主要涉及诠释领域。我的父亲承认俾斯麦有天赋，他掌握欧洲外交的技巧，具备敏锐的感知能力，能够吸引朋友和对手，只要他愿意就能影响他们。但是他谴责俾斯麦缺乏某种道德原则，比如常常不诚实，残酷无情地利用优越地位压制国内的敌手。当然，他并不以批评德国的政治领袖为乐。在私人生活中，我的父亲是个和善、热心、宽容的人，在对别人进行判断时非常谨慎。部分原因是他受过律师的训练。人们有时会误解法庭上的职业经历对他的影响。他当过多年的辩护律师，但是并未养成严厉地判断他人的习惯，此外律师权衡证据的职业训练无疑是对历史学家工作的帮助，而不是一种障碍。与此类似，他的批评态度绝非来源于反德意志的感情。1906 年，在自由主义的全盛时期，他造访了英格兰，从此不列颠的政治制度激起了他的赞赏。他对这个国家满怀感激之情，因为在纳粹掌权以后，英国给他和他的家人提供了避难所，战争结束后，他为入籍的事感到自豪。

---

① *Das Tagebuch der Baronin Spitzemberg*, edited by Rudolf Vierhaus (Göttingen：Vandenhoeck & Ruprecht，1960)，*Contemporary Review*，201（June 1962），322—324.

② "Erich Eyck"，William H. Maehl，in *Essays on eminent Europeans*，*Some 20th Century Historians*，edited by S. William Halperin（The University of Chicago Press，1961），227—253.

但是这些情感与另一种情感同时并存,他始终怀着强烈的、基本上同情的态度关心祖国的命运。早年在柏林当律师时,他就找时间集中阅读历史作品。他越来越确信自己的结论,即德国学院派的历史学家们未能对俾斯麦进行客观的记述。作为积极实践的自由主义政治家,他认为宰相不公正地对待他的自由派政敌,并为此感到愤怒。当纳粹政权摧毁了他所信仰的德意志时,他开始着手寻找导致那场政治灾难的历史原因。因此在他看来,对俾斯麦的职业生涯进行大胆地审视和批判具有重要的历史和政治意义。纵然面对一个民族最珍视的成就或功绩也必须保持客观,这是历史学家的职责,虽然这种任务常常令人不快。在必要而痛苦的民族自我治愈的过程中,他发挥了必不可少的作用。在进行政治方面的治疗之前,必须先对国家的过去进行现实主义的审查。我们不能将历史学家的工作仅仅视为"学术性的",因为他们的发现必定对未来的事件产生某种影响。由于上述原因,我的父亲从未仅仅为专家写作,他的作品面向范围更广的非专家的读者。1945 年以后,他对铁血宰相的新诠释无疑在德国引起了相当广泛的反响。三卷本的传记充满了真正的心理学需求。德国的学院派历史学家的反响比较复杂,有些人持赞同意见,可是多数人持保留态度甚或抱有敌意。这不足为奇。正是由于促使我的父亲重新审视俾斯麦问题、以新的眼光看待德国的历史的原因,大多数 19 世纪的历史学家不愿意接受他的理论。此外,对一位伟大政治家的生平和时代的研究已经具有相当的规模,在德国历史学家中间已不再流行,出于各种各样的理由,他们宁愿将注意力集中到比较狭隘的领域。

我的父亲在写关于俾斯麦的作品时提出了一些假设,它们并不比批评者的观点更容易受到证据或反证的影响。假设之一是温和的自由主义与民主的综合在18世纪60年代的德国是切实可行的,如同在大不列颠逐步发生的那样。自由的民主制这一主题在一篇题为《自由与民主1848—1948》的文章中进一步拓展,1948年在罗马召开了1848历史百年纪念代表大会,父亲在会上宣读了这篇论文①。德国本来**或许**也会像英国一样,温和的自由派与激进派能够在彼此都满意的条件下实现合理的永久性融合,然而在欧洲大陆,合作的障碍大得多。德国与英国不同,在1848年经历过一场革命。因此双方在障碍两边相遇之前,俾斯麦那个时代的德意志进步党(Fortschrittspartei)成员仅有几年时间。

我的父亲认为,议会制政体是比个人统治更有效率的治理方法,他还确信从18世纪六七十年代德国的状况来看,转变的条件已经成熟。关于这一论点的前半部分,如今德国的历史学家几乎没人愿意坚持相反的观点。威廉二世的统治时期一般很容易证明有效的议会制度的价值,即使俾斯麦的执政时期未必尽然。

争议主要集中于假设的另一方面,我的父亲主张,实际上德意志的自由主义者有能力统一德国,不必使用俾斯麦利用过的许多令人不快的手段,也就不必给德国的未来借下沉重的抵押贷款。由于专业训练,历史学家在处理"本来可能实现或发生的事"时天生有缺陷。无论形式如何,俾斯麦最终统一了德国,而德国自由主义者们未能实现那个目标。我的父亲相信,德国在19世纪60年代

---

① *Convegno di Science Morali Storiche e Filologiche*, October 1948(Rome: Accademia Nazionable dei Lincei, 1949), 23—97.

得以统一,是符合人们意愿的自然的发展。奥托·普夫兰策(Otto Pflanze)持不同的论点,他在《俾斯麦与德国的发展,第一卷:统一时期 1815—1871 年》(普林斯顿大学出版社,1963 年)中写道:

> 德国民族主义者普遍认为,统一是无法抗拒的潮流,横扫数十年,直至1870年最终实现,这种观点只是民族主义历史学家们的虚构,来源于那些"小德意志"领袖的希望和强烈意愿,比如西贝尔(Sybel)和特赖奇克(Treitschke),他们是那些历史学家的思想上的祖先。俾斯麦为自己的政治目的提供的刺激,是德国民族主义开始推动群众的必要条件。(第 13 页)

历史学家已经仔细地审查过1871年的德意志帝国可以在多大程度上被视为一个民族国家,例如特奥多尔·席德尔(Theodor Schieder)所著的《作为民族国家的1871年的德意志帝国》(科隆[Cologne]:西德 Westdeutscher Verlag,1961 年)。

人与事件的相互作用总是吸引历史学家的关注,尤其是衡量俾斯麦的成就。两位老练的历史学家已经探究过这个问题。莫斯(W. E. Mosse)在《1848—1871 年的欧洲势力与德国问题》(剑桥大学出版社,1958 年)中得出结论:俾斯麦统一德国的任务"由于环境而变得比较容易。假如他运用高明的技巧,最初就是好的"(372 页)。梅德利科特(W. N. Medlicott)在《俾斯麦与现代德国》(伦敦:英国大学出版社,1965 年)中归纳道:"为了维持一种分寸感,我们必须记住,他(俾斯麦)的崇拜者们经常夸大他面对的障碍和困难。"(188 页)

恩斯特·鲁道夫·胡贝尔（Ernst Rudolf Huber）的作品《1789年以来的德国宪法史，第三卷：俾斯麦与帝国》（斯图加特[Stuttgart]：Kohlhammer，1963年）详细记述了那个时代的宪法历史。

关于俾斯麦的争议仍将持续。我的父亲的作品本质上不能终结这场论战，只会引起新的争议。他提出的问题也许将在未来的许多年里继续吸引历史学家们。

弗兰克·埃克
1967年9月

绪 论

这些篇章的主题是 19 世纪后半叶最重要的人物,此人不仅对于德国,而且对于整个欧洲的历史和发展都有重大意义。他的行动造成的影响之深远,同时代的任何政治家都无法相比。位于欧洲大陆中心地区的德意志的统一,奥地利被逐出德意志和意大利,第二帝国的衰落,法兰西的战败,以及随之而来的法兰西与德意志的长期敌对,德意志帝国与哈布斯堡(Habsburg)君主国的结盟,丹麦王国的分裂,这些事件在第一次世界大战之前一直是欧洲历史的明显界标,而它们全部是俾斯麦的成就。每个人都明白,另一种转变不那么明显但是同样重要而且影响深远,即德国人民的精神和心态的转变,俾斯麦对此也应该负责。

对于大多数人而言,俾斯麦是"铁血宰相"。这一称呼有很好的理由。他本人创造了"铁和血"这个词组,而且贯彻终生。与同时代的政治家相比,他具有智力上的优势,不仅他的国民,而且整个欧洲的外国政治家们都公认这一点。1870 年法国战败,在拿破仑垮台以后担任法兰西共和国外交部长的朱尔·法夫尔(Jules Favre)承揽了谈判和签订停战协议的困难任务。他无疑没理由喜欢俾斯麦。可是他说俾斯麦"这个政治家凡是他能想象得到的就能超越"。不列颠的首相索尔兹伯里(Salisbury)尖刻地批评俾斯麦的政策,可是他在后者失势之后写道:"德意志的亚西多弗(Achitophel,《旧约圣经》中大卫王的谋士——译者注)走了——可是我怀念那位老人的非同寻常的洞察力。"

俾斯麦的回忆录《思考与回忆》(*Gedanken und Erinnerungen*)是英国历史学家广泛阅读的作品,乔治·古奇(George Gooch)说它"作为治理国家的技巧的手册,其价值是难以超越的","政治家、历史教师和学生必须选择它作为保留读物"。无论如何,它无疑是一部文学杰作。其中一些场景令人难忘。我要补充一下,他还是第一流的文字作者。他写给他的婚约者和未来妻子约翰娜(Johanna)的一些信件属于用德文写成的最精彩的文字之列。

这些仅仅意味着俾斯麦是个值得研究的人物。不过若要问他的卓越才能是否用来实现真正的理想,他的行为和成就是否有助于德意志和欧洲的真实进步,他的力量究竟属于善还是恶,那就完全是另外的问题了。接下来我将尝试解答这些问题。

俾斯麦出生于1815年,正是拿破仑在滑铁卢战败的那一年。他比迪斯雷利(Disraeli)年轻十一岁,比格莱斯顿(Gladstone)年轻六岁。1862年他成为普鲁士首相,就在同一年,帕默斯顿(Palmerston)出任大不列颠首相,亚伯拉罕·林肯就任美国总统;在维多利亚女王朝代的53年间,俾斯麦统治普鲁士和德意志帝国28年,直至1890年被威廉二世撤职。他与格莱斯顿在同一年即1898年去世,终年83岁。1871年1月18日,他的生涯达到了顶点,在凡尔赛宫的镜厅,他正式宣布德意志帝国建立,普鲁士国王加冕成为尊贵的德意志皇帝,而48年后,就在同一地点,德国签署了"一战"的停战条约。

第一章 准备时期

1. 父母及青少年时代

　　俾斯麦的父亲是普鲁士的容克(Junker)。"容克"这个词无法确切翻译成英文,因为英国没有与之对应的社会和政治地位类别。容克既是贵族,又是大地主。中间名"冯"(von)表示贵族的身份。容克是一种贵族,但是他们的重要性不如英国的贵族统治阶级。在物质财富和政治影响力方面,他们都无法与英国贵族相提并论。在18或19世纪,普鲁士的容克几乎没人能像英国的领主那样生活。他们大多数只是小贵族,依靠军官或行政官员的薪水生活。容克与平民之间的界限不如英格兰的那样泾渭分明,因为贵族的**所有**后代都坚持保留贵族身份,中间名"冯"就是外在的有形表现。另一方面,在英格兰,只有长子能继承父亲的爵位,幼子都是平民。温斯顿·丘吉尔(Winston Churchill)是公爵的孙子,可是他的称呼仅仅是"先生",因为他的父亲不是长子。俾斯麦也是小儿子,可是他的全名是奥托·冯·俾斯麦。名字是区分全部贵族成员与平民、一般市民、"资产阶级"和"中产阶级"（*Bürgerlichen*）的标志。这种惯例不仅在社会方面而且在法律方面有重要意义，尤其是在腓特烈大帝（Frederick the Great）统治时期。腓特烈国王颁布政策，保留容克手中的地产，即"骑士的领地"（*Rittergüter* 这个名称意味深长），并专门从容克中间招募军官，"因为贵族的子孙在保卫国家和种族方面做得非常出色，应当用一切手段维护他们"。在俾斯麦出生的年代，这些特权在法律上已经废除了，但实际上并未废除。事实上，在普鲁士军队里，尤其在卫兵的精锐团或者骑兵队里，只有贵族能担任军官。1806年拿破仑在耶拿（Jena）击败普鲁士军队以后，冯·施泰因（Stein）男爵和哈登贝格（Hardenberg）伯爵进行了改革，自此贵族地主的法定地位经历了非常重要的转变。在那以前，农民一直是贵族地主的世袭的农奴（*erbuntertan*）。施泰因解放了他们，使他们变成了**自由**的农民。那是1807年的事，距离俾斯麦出生仅有八年时间。当然，这类法律上的改革在短期内并未改变社会习俗和精神习性。此时，贵族仍然是管理农村地区行政事务的领袖，对其居民行使裁判权。年轻的俾斯麦在父亲的庄园长大，周围的人都习惯接受贵族的统治甚至命令，将其家族成员视为天生的贵族。

不过，容克与不列颠的贵族统治阶级之间最重要的区别在于，德国从来不存在辉格党。当然，普鲁士的一些容克贵族也有自由思想（伟大的改革者帝国男爵冯·施泰因不属于此类，他生于德国西部，不是普鲁士人）。举例来说，19世纪60年代期间，激进派进步党的议会领袖是东普鲁士的贵族冯·霍费贝克（Hoverbeck）男爵。但是作为一个阶级,容克在政治领域总是思想一致。他们是严格的保守派,激烈地反对改革,积极维护自己的法律、物质或社会特权。他们曾经残酷无情地反对施泰因和哈登贝格的改革,并取得了相当大的胜利,在拿破仑垮台、普鲁士的危机解除之后,他们完全阻止了改革。保守派的一个领袖指责改革者企图使"美好的旧普鲁士变成新奇怪异的犹太人国家",另一个人大声惊呼:"倘若自由的农民与我们为邻,乡村将变成我们的地狱。"容克贵族是热心的保皇主义者,不过这种共识的基础是国王维护他们的古老特权和权利,尤其是在军队和政府中晋升的优先权。

俾斯麦自认为是容克的一员;1848年,他对议会中与他关系友好的一个自由派议员说:"我是一个容克,并希望借此获益。"单从父亲一方而言,他确实属于贵族阶层。但是他的母亲没有贵族血统,只是中产阶级家庭出身。他的母亲名叫威廉明妮·门肯(Wilhelmine Mencken),是腓特烈·威廉三世(Frederick William III)信任的一个高级官员的女儿。在俾斯麦的双亲之中,母亲无疑聪明得多,在精神上更加重要。他的父亲没有任何优秀的素质,只是个平庸的人物。他的母亲对许多问题都有明确的见解,诸如人类的存在意义、涉及的道德责任以及实现人生目标的教育。可是由于她缺乏无私的母爱,过多干预儿子的意志,俾斯麦对她没有任何好印象。尽管如此,他从母亲那里继承了非常敏锐的神经、充沛的活力和超群的智慧。

作为贵族家庭的幼子,俾斯麦可以选择两种前途:要么去军队当军官,要么进入较高级别的行政部门或者外交部门任职。他不喜欢严格的纪律,所以不愿意参军。若要在普鲁士的行政机构获得一个职位,首先必须学习法律,然后在司法和行政岗位上作为不领薪水的候补官员(*Referendar*)或见习律师(*Auskultator*)工作几年。俾斯麦离开普鲁士,开始在汉诺威的哥廷根学习,当时汉诺威的君主也是大不列颠国王。他学习不太认真,极少去上课。他过着"联合会学生"的不负责任的生活,经常喝酒,跟人决斗过至少 25 次,欠下一屁股债。后来在柏林学习时他也不去听课,避免与大学的知名教授接触。不过他仍然顺利通过了考试,成为一名见习律师,在莱茵省靠近比利时边境的亚琛(Aachen,*Aix-la-Chapelle*)任职。那时亚琛是著名的国际疗养胜地,俾斯麦由此融入了国际社交界。他还在那儿遇见一个漂亮的英国姑娘,坠入了爱河。他的爱情对象似乎是克利夫兰(Cleveland)公爵的外甥女拉塞尔(Russell)小姐。他向拉塞尔求婚,跟着她和她的家人去其他地方,放弃了自己的公务。他甚至写信给一个朋友说,他打算在 1838 年 3 月在莱斯特郡(Leicestershire)的斯卡斯代尔(Scarsdale)举行婚礼。我们不知道事情的确切经过。在后来写给朋友的信中,他提及一位 50 岁的上校,他只有一只手臂,年收入 5000,"夺得了芳心"。挫败的俾斯麦回去工作,几个月后就递交了辞呈。在若干年后的一封引人注目的信件中,俾斯麦陈述了他做此决定的理由。信中有一句话体现了他的性格本质:"普鲁士的行政官员就好比管弦乐队的成员,但是**我**希望只演奏自己喜欢的乐曲,否则就不要演奏音乐。"这是真正的俾斯麦。年轻时他就想当领袖,不管在哪里都要占据首位,而不是当管弦乐队的成员,不得不演奏其他人选择的乐曲。

　　此后他返回家乡,开始从事农业,管理父亲的一些庄园。然而那也令他失望,他感到极度无聊。为了克服无聊,他尝试了许多方法。那段时期他言行放纵,博得了"狂野的俾斯麦"(Der tolle Bismarck)的绰号。他造访了他喜欢的不列颠,但他厌恶那里的星期日。后来他曾经提起那件事,某个星期日,他吹着口哨走在利斯(Leith)的街上,有人直言不讳地告诉他:"请不要吹口哨,先生。"幸运的是他读了许多书,包括一些哲学书,海涅和莱瑙(Lenau)的诗歌,还有很多历史作品。当他年近30岁时,他的人生却似乎注定一事无成。

在与一个女人结下友谊后,他的人生迎来了转折点。玛丽·冯·塔登(Marie von Thadden)是特里格拉夫(Trieglaff)的一个波美拉尼亚(Pomeranian)贵族阿道夫·冯·塔登的女儿。这位塔登先生是一个奇怪的社交圈子的核心人物,其成员是非常虔诚的绅士,具有非常明确甚至有点异常的基督教信仰。他们是虔敬派教徒,坚定不移地相信圣经的每个字都有启示性质。俾斯麦与他们的观点存在深刻分歧。那时他是自由思想派和不可知论者,关注斯宾诺莎,是黑格尔的激进追随者。玛丽·冯·塔登与俾斯麦的一个朋友莫里茨·冯·布兰肯伯格(Moritz von Blanckenburg)订了婚,两人因而结识。玛丽和俾斯麦就宗教信仰问题谈了很多话。他们都感到对方有强烈的吸引力,可是玛丽仍然嫁给了布兰肯伯格。故事的结局是个悲剧,玛丽在婚后第一年就去世了。她病得很严重时,俾斯麦很担忧,虔诚为她向上帝祈祷,那是他16年来第一次祷告。他觉得自己人生的一个阶段从此结束了。

玛丽曾经介绍俾斯麦与一个年轻朋友约翰娜·冯·普特卡默(Johanna von Puttkamer)结识,约翰娜也是那个虔敬派圈子的成员。俾斯麦知道玛丽希望他与约翰娜结婚。他学着爱上约翰娜,并向她求婚。她也爱他,不过她清楚地说明,她只会嫁给基督教徒,而且必须征得她虔诚的父亲的许可才能结婚。1846年12月,他写了一封信给她的父亲,那是他内心生活中最重要的文献之一。那封信文笔出色,开诚布公,有男子气概,而且十分聪明。他以富有吸引力的方式讲述了自己的宗教信仰的发展历程,故事的中心和转折点是他第一次破例为玛丽祈祷的事。结果他成功了,几星期后,他与约翰娜订婚了。

这里出现了一个重要问题:这封著名的信件是否表述了他的真诚的宗教信仰,或仅仅是一种外交策略,是为了达到娶约翰娜的目的而采取的权宜之计?可能兼而有之。关于从不可知论转向基督教信仰的叙述**确实**是真诚的,尽管如此,其中仍然包含了很多圆滑老练的外交手段的成分。若论解析他人的性格和与别人打交道的技巧,俾斯麦是老练的能手。他算计精准,总是知道如何提出最能说服别人的论据和意见。他的信件始终显示出这种素质。他具有令人无法抗拒的能力。在这方面,他或许与迪斯雷利相似,在写给维多利亚女王的信件中,后者表现出了同样的技巧。

事实上,从那以后,他开始自称基督徒。在他写给妻子的信中,随处可见宗教感情的表述。至少在后来的若干年间,他一直参加礼拜仪式。不过真正的检验标准是宗教戒律在实际生活中的应用,凡是这样想的人都会问,基督教义或任何宗教规范是否曾经在俾斯麦人生中的任何时刻影响过他的私人或政治行动?按照本书作者的看法,找不到相关证据。如果我们回想起在1870年的普法战争期间,俾斯麦如何运用他的宗教信仰处理战争问题,这就不足为奇了。他在比较德国与法国军队的优点时说:"法国人缺乏德国人的责任感,德国士兵能冒着生命危险,在黑暗中独自站立坚守岗位。这来源于我们民族的宗教信仰;他们知道长官不在场的时候,仍然有谁在看着他们。"另一位外交家用讽刺的语调描述过这种态度,他说:"倘若俾斯麦相信上帝,那么上帝肯定是普鲁士人。"还有一个更突出的例子。色当(Sedan)战役之后,他告诉英国外交家爱德华·马利特(Edward Malet),他已经决定吊死所有不穿制服的武装人员,也就是说全部法国佬(*francs-tireurs*)。"我不怎么重视人类的生命,**因为我相信彼世**。"维多利亚女王看了这份报告惊呼道:"这句话反映了俾斯麦性格中最可怕的思想。"事实上,罗马天主教的宗教大法官本可以用同样的理由烧死异端者。

　　从政治角度而言,皈依宗教对俾斯麦有很大益处。这使他与容克的立场协调一致,在后来的斗争中,他们成了他的政治盟友。尤其重要的是,在这个虔诚的基督教徒圈子里,有些贵族对国王腓特烈·威廉四世有很大影响力。其中地位最突出的两个人是冯·格拉赫(Gerlach)兄弟:利奥波德·冯·格拉赫将军,助理将军,即国王的私人侍从武官;路德维希·冯·格拉赫,高等上诉法院的院长。在柏林和宫廷社交圈中,这两兄弟是高级托利派的领袖。1847年春天俾斯麦作为第一届普鲁士议会"联合议会"(Vereinigter Landtag)的成员前往柏林时,就是向这两兄弟请教意见和询问消息。

2. 1847年的联合议会

　　联合议会是什么,它从何而来,又为什么叫这个特别的名字呢?1847年时,普鲁士仍然是君主专制国家。国王不仅一人包揽行政权力,而且掌握着立法权。国王可以制定也可以撤销法律。任何形式的民众代表都不存在。不过在普鲁士面临最大危机,也就是拿破仑接连获胜的时刻,国王腓特烈·威廉三世曾经承诺给予人民"各个行政区以及整个国家的代表权"。1815年拿破仑从厄尔巴(Elba)岛返回法国时,国王又重复了这个承诺。可是当解放战争在爱国者和忠诚的国民帮助下获得胜利,危机终于过去,国王却几乎忘记了自己的诺言。结果国王只是在1820年1月颁布了一道命令,宣布今后借公债必须先征求王国等级会议(Reichs-Stände)的同意。

王国等级会议是什么?等这道命令付诸实行时自见分晓。

国王腓特烈·威廉三世统治期间,没有出现要借公债的情况。他于1840年去世,由长子继位。腓特烈·威廉四世是个多才多艺的人。他有精力、有口才、有智慧,对艺术和文学有出色的领悟力。然而他缺乏担任国王或统治者所必需的一切素质,尤其是在遇到麻烦的时候。他完全没有坚定不移的意志或毅力,厌恶做简单和符合逻辑的事,这种性格无法改变。他的心腹和朋友利奥波德·冯·格拉赫(Leopold von Gerlach)将军在日记里写道:"国王认为他的大臣们是蠢驴(Rindvieh,傻瓜),因为他们必须与他讨论当前的国家事务。"他讨厌那时的普鲁士最有用的东西,包括政府机构和行政事务,尽管它们忠实地履行职责,没有腐败,也没有过多的偏见。他用铿锵有力的语言表达他的荒唐主意,却只是令情况变得更糟。后来俾斯麦如此描述这位国王:"如果你试图弄懂他,你只会发现一个虚伪的实体。"

当国民代表权的问题无法继续搁置时,考验国王的时刻来临了。铁道时代已经开始。普鲁士不得不着手建造铁路。从军事角度来看,最重要的是连接首都柏林与最偏远的东普鲁士行政区的线路。考虑到经济因素,这条线路也是必要的。可是国家必须借公债,否则没钱建造这条铁路。于是现在要征询王国等级会议的意见,问题的焦点集中到王国等级会议应当采取的确切形式上。它的结构和成分应该是什么？鉴于前国王许下的承诺,普鲁士人——或者至少受过教育的中产阶级都希望王国等级会议这个术语意味着国民代表权,希望制定普鲁士的宪法。可是国民代表权和宪法是自由主义者的要求,而国王认为自由主义等同于革命,因而痛恨它。在他眼里,国民代表权跟可怕的人民主权原则联系在一起,与他的神圣君权（*Gottesgnadentum*）不能兼容并存。另一方面,他认为将人民分成不同的等级（*Stände*）符合"自然"和基督教的秩序。每个人都记得,1789 年法国的三级会议（*États Généraux*）最初由三个等级组成,即贵族、教士和第三等级（*tiers état*）。大革命的第一步行动就是摧毁这种等级界限,将其合并成一个议会。国王希望恢复革命前的状态,召开由爵士（*Ritterschaft*）、城市中产阶级（*Bürgerschaft*）和农民（*Bauernschaft*）三个等级组成的议会。普鲁士的每个行政区组建一个省级议会（Provinzial-Landtag）,也按照这种方式构成。于是 1847 年 2 月 3 日,国王下令召开由全部省级议会组成的联合议会。这就是联合议会。

国王的这道命令在民众中间引起了非常糟糕的反响,人们觉得上当受骗了。这也难怪,因为联合议会不是前国王承诺的国民代表机构,而是一个怯懦而神经质的浪漫主义者仿造出来的虚假的代替品。话说回来,尽管存在各种缺点,它仍然是通向立宪之路的一个巨大进步，因为国王允许报纸如实发表议会辩论的内容，而在此之前，报刊审查制度一直禁止报刊以任何方式报道德国或普鲁士的政治事件。由于报纸刊登这些辩论内容，柏林、马格德堡（Magdeburg）、柯尼斯堡（Königsberg）和科隆（Cologne）的读者第一次能够看到与自己有关的事件。在一个没有出版自由的国家，这是一个巨大的进步。通过这种方式，普鲁士人民开始了解那些用感人的演讲勇敢地捍卫公众的权利和自由的人。另一方面，反对一切自由或改革要求的少数人变得不受欢迎，处于惹人憎恨的边缘。

然而有一个人不仅对不得人心的耻辱漠不关心，而且似乎还求之不得。他就是萨克森（Saxon）爵士（*Sächsische Ritterschaft*）的代理人冯·俾斯麦－申豪森（Bismarck-Schönhausen）先生。他不仅持最保守最反动的观点，而且以最令人不快的方式表述自己的意见。他与冯·格拉赫兄弟关系密切，有时在议会讲坛上陈述他们讨论过的想法和论点。不过他表述观点的方式完全是自己的风格，集中力量极尽讽刺，其他容克都做不到。他年轻时已经掌握了这种技巧，能够任意诠释对手的话，用他们自己的武器摧毁他们。他的主张和挑衅性的表述方式当然会激怒公众。用一位自由主义者领袖的话来说，俾斯麦身上寄宿着一个中世纪的灵魂。另一方面，宫廷和容克贵族不久就将他视为他们的思想和利益的最有力的捍卫者。

联合议会拒绝给东普鲁士铁路贷款之后，会期就提前结束了。这次否决特别意味深长，因为它反映了这一时期的普鲁士人民的典型心态。铁路的用途——不，应该说必要性是毫无疑问的。包括与铁路有最直接的利益关系的东普鲁士代表在内,大多数议员代表都反对贷款,这完全是出于宪法上的理由。他们否认联合议会在法律上的有效性,也就是说,他们质疑它不符合1820年的法律,当年的法律没有废除,因此他们认为它依旧有效力。这些代表将法律置于个人利益之上。他们认为普鲁士君主国是法治国家(Rechtsstaat),在这个国家法律至上,连国王也要受法律约束,违反这一原则会对国家的未来造成更大危害,所以他们宁愿推迟建造一条无疑很重要和有用的铁路。值得一提的是,普鲁士的议会绝对不是激进派。反对派的大多数成员只是温和的自由主义者,如果是在英格兰,那种程度的几乎不能算自由主义者。

联合议会闭幕以后,1847年7月俾斯麦与约翰娜·冯·普特卡默结婚。他们的幸福婚姻持续了47年,直至1894年11月约翰娜去世。俾斯麦得到了他希望从婚姻生活中得到的所有幸福。约翰娜是他想要的妻子,虽然她资质平平,头脑才智无法与他相提并论。他不需要一个助手或者能跟他交流思想的妻子。约翰娜从不理解也不关心丈夫的思想。整个世界都在讨论俾斯麦的发言时,她却一无所知。不过俾斯麦并不认为那是她的缺点;在他看来,妻子是专门属于家庭领域的,在家庭领域中,他只需要她这样的妻子。她是可爱、细心的妻子和母亲,照料他的生活,使他过得舒适,在一切方面崇拜和追随丈夫。她从完全私人的角度看待俾斯麦的政治斗争。她友善地对待俾斯麦的朋友和追随者,极其讨厌甚至憎恨他的敌手。在度蜜月期间,俾斯麦在威尼斯遇见了腓特烈·威廉四世,他们私下进行了长时间的谈话,看来君主十分欣赏并赞成他在联合议会的演讲和行动。此后俾斯麦或许希望得到国王的提拔。可是在他的预期成为现实之前,重大事件发生了。

3. 1848 年革命

1848 年 2 月,法兰西国王路易 – 菲利普(Louis-Philippe)遭到废黜,法国第二次成为共和国。几个星期之后,旧秩序的首要代表、全权的奥地利首相梅特涅(Metternich)亲王被迫辞职。革命的浪潮波及德国,冲击普鲁士。3 月 18 日,柏林爆发了巷战。次日,即 19 日,国王从首都撤回军队,答应了民众的主要要求:选举议会并制定宪法、言论自由、出版自由等。

德国的革命有两个方面。一方面,德国不同邦国的人民都希望终结专制政府的统治,获得共同参与行政管理的权利。这个目标在某种程度上达到了。除了梅克伦堡(Mecklenburg)的两个不重要的公爵领地之外,专制主义肯定终结了。普鲁士变成了立宪君主国,虽然普鲁士的议会仍旧与德国自由主义者的期望和人民为之斗争的理想相去甚远。随着革命的失败,奥地利的君主统治又卷土重来,不过 1859 年奥地利在索尔费里诺(Solferino)战败以后,又恢复了立宪制度。

革命的另一个目标是国家的统一。在这方面,也许可以认为它颠覆了 1815 年维也纳和会的工作。拿破仑垮台以后,政治家们在奥地利首都集会,结果意大利和德意志这两个民族统一的希望破灭了。意大利的状况比德意志更糟糕,目前相当一部分领土甚至被外来统治者占据。米兰和威尼斯变成了哈布斯堡君主国的行省。梅特涅直截了当地否认意大利人的民族同质性，声称意大利仅仅是一个"地理上的概念"。

德国只有最北端的石勒苏益格－荷尔斯泰因（Sleswig-Holstein）地区属于外国，由丹麦统治。然而德国依旧分裂成38个邦国，首先是两大强国奥地利和普鲁士，其次是巴伐利亚、符腾堡（Wurtemberg）、汉诺威和萨克森（Saxon）四大王国，还有若干小邦国，有些甚至小得在地图上找不到。这些邦国确实以德意志邦联（Deutscher Bund）的名义联合在一起。但是这个邦联结构松散，德国人民对自己的事务没有发言权，实际上不可能在德国利益的基础上制定某种政策，统一推行并实现德国人的目标。这个邦联仅仅是国家之间的联盟（*Staaten-Bund*）。而德国的自由主义者需要的是结成联邦的国家（*Bundes-Staat*）。邦联仅有一个共同的机构，即设置在美因河畔法兰克福（Frankfurt-am-Main）的联邦议院（*Bundestag*），由各个邦国政府派遣的代表组成，其主管是奥地利皇帝的代理人。另一方面，联邦制的国家应该拥有自己的政府、议会和立法机构，自己的行政机构和公务人员，或许还有自己的军队。假如实行联邦制度，普鲁士、巴伐利亚等邦国不会消失，仅仅是联邦国家的下属和成员，拥有独立制定外交政策的权利。这种类型的联邦制国家已存在先例，比如美国和瑞士。不过德国应该采取的形式仍待探寻。

在革命的压力之下，德意志联邦议院的代表们自行解散议会，由此德意志邦联表面上已经废除了。由全体德国人选举出来的一届国民议会开始从事探寻德国的构成形式的任务，会议在古老的自由城市美因河畔法兰克福的圣保罗大教堂召开。德意志的所有优秀头脑都将希望寄托在圣保罗教堂和参加会议的著名人物身上。

柏林的普鲁士国王感觉自己的立足之地正在崩溃,秉持一贯的冲动,他暂时接受了民族事业,并试图充当领导。撤回军队的数天之后,普鲁士国王骑在马背上,头顶飘扬着德意志的黑红金三色旗帜,庄重地带领队伍穿过柏林的街道,发表了热情洋溢的演说。"我希望德意志自由,统一。"他在公告中宣称,"从今以后,普鲁士将融入德意志。"

国王发布公告的那天,本来在乡间的俾斯麦抵达了柏林。他对革命义愤填膺,而且简直无法理解。他以为只不过是有人在街道上造反,农村人口的一次反革命活动就足以镇压。他希望组织反革命活动,可是他遇到的每个人都清楚地告诉他,这种运动没有丝毫成功机会,没人愿意参与。在这段插曲中,最重要的事件是俾斯麦与威廉亲王的妻子奥古斯塔(Augusta)王妃的一段谈话。威廉亲王是国王的长兄,由于拥有王位继承权,他的头衔是"普鲁士亲王"。在人民眼里,他是热心的专制主义者和新秩序的强硬对手。因此在革命胜利后,他被迫偷偷地逃离了柏林。他前往伦敦,那儿当时是许多流亡的君王和政治家的聚会场所。维多利亚女王和她的伴侣阿尔贝特(Albert)亲王友好地接待了威廉,阿尔贝特亲王始终关注着现代化和自由主义在他的故乡德意志的发展。逃亡者在伦敦逗留的几个星期中受益匪浅,通过与阿尔贝特亲王谈话,威廉亲王理解了他在统领普鲁士军队时未曾发现的许多事情。

奥古斯塔协助丈夫逃走,然后留在了波茨坦,俾斯麦在那里见到了她。关于两人的谈话内容,俾斯麦的描述经常有很大程度的主观歪曲,尤其是在他自己的回忆录里。事实上,他的任务似乎是充当国王的弟弟查理(Charles)亲王的使者。查理是反革命,不仅坚决赞同反革命运动,而且在王族中间以专门搞阴谋诡计著称。他的计划是掌握威廉和奥古斯塔的小儿子腓特烈·威廉王子,亦即后来的皇帝腓特烈。俾斯麦向奥古斯塔提议,普鲁士亲王应该为这个儿子放弃权力,查理亲王应该以这个幼儿的名义打出反革命活动的旗号。可是奥古斯塔持自由主义政见,而且厌恶查理亲王,愤慨地谢绝了这个提议。

于是整个计划立即失败了。奥古斯塔始终没有原谅俾斯麦,因为他竟然参与如此卑鄙肮脏的阴谋。1862年俾斯麦成为普鲁士首相时,年轻的腓特烈·威廉王子(当时已经是王太子)在日记里写道,他的母亲奥古斯塔认为俾斯麦是她"不共戴天的仇敌"。俾斯麦确实一直将这位王后视为死敌,认为不成功的事情全都应该归咎于她。他的文章和谈话中充满了对她的强烈怨恨和抨击。革命之后数年,他与普鲁士议院中的温和自由派领袖格乔治·冯·芬克(Georg von Vincke)针锋相对,表面上的动机是议会的冲突,而真实的理由是,俾斯麦知道他在波茨坦与奥古斯塔面谈时,芬克是她的心腹。他厌恶芬克,是因为芬克知道他的令人不快的使命和道德上的失败。

那场灾难性的面谈过去几个星期之后,俾斯麦又作为联合议会的成员回到柏林,这次开会的目的仅仅是准备向新宪政国家过渡并永远解散这个联合议会。包括那些在几星期前还热心维护专制统治的议员在内,几乎全部代表都乐意接受新的进展。然而俾斯麦例外。他在议院演讲时说道:"过去被埋葬了,在王权自掘坟墓之后,任何人类力量都不可能使其复苏,我对此感到深深的遗憾,我痛惜的程度超过你们许多人。"他直截了当地将失败归咎于国王本人。几个星期后国王跟他谈话时,他甚至表现得更直接。他当面责备国王懦弱,王太后试图调停,辩解说国王在三月的危急关头无法睡觉,连一分钟都没有休息,俾斯麦却尖刻地回应:"国王**必须**能够睡觉。"

于是俾斯麦在议会的职业生涯暂时结束了。新的普鲁士国民议会通过普选产生,没有哪个选区的选民愿意被冯·俾斯麦先生这样的中世纪容克代表。可是他的政治活动并未停止。他全力以赴地组建容克的党派,并准备进行反革命运动。他与冯·格拉赫兄弟保持密切联系,他们现在是宫廷和国王身边的关键因素。他们和一些宫廷侍卫官组成了臭名昭著的奸党(*camarilla*)或秘密顾问团(*ministère occulte*),从事秘密行动,破坏官方行政部门的一切事务。当然,腓特烈·威廉只是表面上假装转向支持立宪和德意志统一。其实他为自己被迫扮演的角色感到羞耻,内心最强烈的愿望是彻底抹消3月的那段糟糕历史,尽可能迅速恢复古老的神圣君权的辉煌。不管格拉赫兄弟和奸党的其他成员在国王耳边吹什么风,他都热切地聆听。第一个合乎宪法的政府部门在普鲁士成立的当天,格拉赫就在日记里写道:"秘密顾问团结成。"

在容克党派的复兴过程中,发生了两件有重要意义的事。他们创办了一份日报《十字报》(*Kreuz-Zeitung*),以最喜好争斗的精神强硬地捍卫他们的事业。俾斯麦是它的主要撰稿者之一,专写非常傲慢和讽刺的文章。另一件事是一种政治学说的形成,弗里德里希·尤利乌斯·斯塔尔(Friedrich Julius Stahl)将其赋予一个反动党派。"枢密院顾问"(Geheimer Rat)斯塔尔是柏林大学的法理学教授,也是德国学术界最著名的人物之一。他是犹太人的儿子,在学生时代皈依了新教。他很有天赋,是卓越的演说家和作家。人们曾经说,如果斯塔尔在上议院(Herrenhaus)登台发言,普鲁士的容克们会聚集在周围认真聆听,仿佛圣灵正在传授知识一般。俾斯麦在写给妻子的信中把他与迪斯雷利相比,斯塔尔无疑也能用迪斯雷利说过的话,说他"教育了他的党派"。他太聪明了,以致忽视了专制主义的时代已经成为过去,赋予人民代表权是无可避免的现实。不过在这个无可避免地采取立宪制度的国家里,他希望尽可能保留国王的权力。他发明了后来被称为"德意志宪政"的制度,有别于议会制政府。这种学说主张,普鲁士政府应当依赖国王的信任,而不是受议会多数派的意志左右。在大不列颠或者其他依照议会制度进行统治的国家,如果议会信任表决的结果是反对政府,政府就不得不放弃权力。斯塔尔为这种学说使出浑身解数,并确实赢得了最大的成功。君主制度在普鲁士存在期间,大臣只要得到国王的信任,就不会被迫辞职,纵然绝大多数议员都非常积极热烈地反对他。我们应当看到,俾斯麦不顾人们最强烈的反对,在普鲁士贯彻这一原理,甚至将其转而应用于新的德意志帝国,这是他的成就。

早在1848年,革命就已经开始失去力量。1848年6月,经过巴黎的残酷激烈的巷战,卡芬雅克(Cavaignac)将军击败了举行起义的法国社会主义者和激进派。1848年12月,路易·拿破仑·波拿巴（Louis Napoleon Bonaparte）以绝对多数当选为法兰西共和国总统。同年10月，奥地利新皇帝弗朗茨·约瑟夫（Francis Joseph）的军队在克罗地亚将军耶拉契希（Jellachich）的率领下击败了匈牙利的革命者，冯·温迪施-格雷兹（Windisch-Graerz）将军挫败了维也纳的革命。1848年12月时，国王已赢得了全面胜利，柏林的奸党的努力获得了回报。冯·弗兰格尔（Wrangel）将军占据了柏林。另一位将军勃兰登堡（Brandenburg）伯爵是霍亨索伦王族的私生子，他当上首相并解散了普鲁士的国民议会。12月5日，腓特烈·威廉国王没有与议会商议就正式颁布了一部宪法，强行下达了命令。由于是专制统治者强制推行的，它被称作授予的宪法（octroyierte Verfassung）。但是它与以前国民议会的委员会同意的那部宪法大同小异，容克贵族称后者为瓦尔德克宪章（Charte Waldeck），因为普鲁士最高法院的法官瓦尔德克（Waldeck）是这个委员会的主席和动力，也是激进派的代表。由国王指令的宪法甚至保留了普选权。现在必须选举新的议院成员，这次冯·俾斯麦先生设法在勃兰登堡选区弄到了一个席位，虽然是以微弱多数勉强通过。于是他自然成了下议院极右派的领袖之一。

国王和他的大臣们没有使普鲁士的新宪法变得更反动，阻止他们的理由之一是德意志的统一问题尚未解决。圣保罗教堂的法兰克福议会仍然在仔细商讨德国的宪法。现在必须先解决的重要问题是：领导德意志的应该是奥地利还是普鲁士？大德意志（gross-deutsche）和小德意志（klein-deutsche）这两个政治思想派别正在争夺最高权力。大德意志派主张，哈布斯堡君主国、德意志－奥地利(Deutsch-Österreich)的领土应当属于新的德意志帝国。小德意志派认为,将奥地利完全排除在外是必然结果。后者主张一山不容二虎,因此只能由一个强国领导新的德意志;那意味着从此以后德意志的领导应该是普鲁士。经过长时间的激烈斗争,小德意志派终于占据上风。议会决定,今后由一位皇帝(ein Kaiser)领导德国,皇帝由议会推选,王位的继承采取世袭制。于是1849年3月28日,普鲁士国王加冕为德意志皇帝,而给新的德国制定宪法的重大任务似乎已经完成了。议会派遣一个代表团前往柏林,将帝国的皇冠交给腓特烈·威廉。代表团的领导和发言人是议会的优秀主席爱德华·希姆森(Eduard Simson),他是科尼斯堡的大学教授,有犹太血统,深受众人尊敬。

现在腓特烈·威廉本应接受皇帝的称号,然后履行职责,实现德意志民族统一的热烈愿望。可是腓特烈·威廉并不是这个历史时期需要的那个人。由议会选举,接受人民代表提供的王权,这种事令他感到嫌恶。那是革命,由于他记得以前的耻辱,现在他愈加痛恨革命了。于是他谢绝了皇帝的封号,理由是只有得到德意志各邦国的君主全体一致的赞成,他才会接受。

1849年4月,普鲁士的下议院开始讨论这个问题,俾斯麦是其成员。在这场辩论中,他的发言意义重大,导致了他与国民感情之间的巨大分歧。他充满仇恨地讽刺和批评法兰克福宪法,谴责它是"有组织的政治混乱",因为那部宪法赋予德国人民普选权。此时谁都预料不到,17年之后,俾斯麦本人就要求在普选权的基础上组织德国的议会。他承认,每个人都希望德国统一,但是他不想要这样的宪法,他宁愿普鲁士保持原样。那虽然不是明确的宣言,却暗示他相信普鲁士特殊神宠论,是顽固的保守分子。

腓特烈·威廉拒绝帝国皇冠,标志着德国的 1848 年革命实际上已经失败了。尽管如此,革命并非徒劳。向前迈进的这一步,永远不能完全撤回。法兰克福议会第一次清楚地指出了争议的主题:由谁决定德意志的未来？普鲁士和奥地利,大德意志还是小德意志的解决方法,只能两者择一。虽然全体德国人民的第一届议会失败了,从此以后,德国组建国家时就不可能没有议会了。这第一届议会充满了政治思想、高度的理想主义、精彩的演说,因而永远不会被遗忘。由于这场革命是中产阶级的革命,这届议会也是中产阶级的议会。德国的中产阶级(*Bürgertum*)还非常年轻。从 17 世纪中期三十年战争开始,到 18 世纪中期诗人莱辛出现为止,除了音乐界之外,这段时期德国几乎没有出现过值得记忆的中产阶级独立人物。莱布尼茨可能是个例外,不过他与其说是德国人,不如说是国际性人物。尽管如此,在法兰克福和柏林召开的议会仍然表明德国中产阶级具有优秀的政治才能。

在法兰克福的圣保罗教堂,那个时代最著名的德国诗人路德维希·乌兰(Ludwig Uhland)说了一句既有诗意又有预言性质的话:"凡是君临德意志的首脑,都不可能没沾上民主的圣油。"俾斯麦的成就是统一德国,而且将德国交给了连一滴民主的圣油都没沾过的首脑。

国王拒绝帝国皇冠之后,普鲁士以及整个德国的反响很快达到高潮。俾斯麦发表反对德国宪法的演说数日之后,国王解散了普鲁士的下议院。那次演说使他彻底失去人心,若非国王下令废除普选权,他绝不可能当选。国王用三级选举权(*Drei-Klassen-*

Wahlrecht）取代了普选权，按照纳税的数额，将选举人划分成三个等级。缴纳三分之一税金的最富裕的人属于第一等级。第二等级包括拥有中等数量财产的人，缴纳另外三分之一税金。其余占压倒性多数的人属于第三等级。每个等级都进行间接投票，先选出选民（*Wahlmänner*），再由选民选举代表。通过这种方式，前两个等级总是在票数上胜过第三等级，所以第三等级实际上没有代表权。毫无疑问，这正是以头号反动派奥托·冯·俾斯麦为首的政府的希望。民主派认为这种秩序既不合法又违反宪章——确实如此，遂决定放弃投票权，除非这种秩序被撤销。可是事与愿违。

在这种环境下，俾斯麦轻而易举地在新的下议院弄到了一个席位，继续用最反动的方式发言和投票。在这里只需提及他的一次演讲，因为它在传记和历史方面都有重要意义。

法兰克福议会垮台之后，普鲁士国王在他的朋友冯·拉多维茨（Radowitz）将军的影响下进行了一次不甚热心的尝试，试图统一德国的一部分地区。可是当时奥地利的统治者是强硬傲慢的政治家施瓦岑贝格（Schwarzenberg）亲王，当然毫不理睬；俄国沙皇尼古拉（Nicholas）一世是普鲁士国王的妹夫，却支持奥地利。腓特烈·威廉是个与勇敢无缘的人，立刻退让，签署了奥尔米茨（Olmütz）条约（1850年11月28日），宣布放弃自己的全部野心。人们普遍认为，自从耶拿之战和蒂尔西特（Tilsit）和约以来，奥尔米茨条约是普鲁士历史上最大的耻辱。此事激起了愤怒的浪潮。普鲁士亲王威廉尤其感到愤慨和恼怒。他越来越反对懦弱的哥哥和反动的政府。甚至在政府掌握控制权的下议院里，反对派的势力也增强了。然而有一个议员不仅赞成条约，而且大加颂扬。俾斯麦在15年后击败奥地利并将其逐出德意志，这时却为奥地利大唱赞歌，称之为"足够幸运、能统治外族的德意志政权"。简而言之，这次发言与他在声名显赫的时期的言行完全相悖。不过其中有一句话完全符合1866年和1870年的俾斯麦的形象："一个伟大国家的唯一健全基础是利己主义，而不是浪漫主义。除了自身的利益之外，没有任何东西值得一个伟大国家为之战斗。"

俾斯麦精力充沛地捍卫政府的政策，几个月之后他获得报偿，被任命为外交使节并担任法兰克福的联邦议院的全权代表。他的保护者冯·格拉赫将军向国王推荐了他。于是俾斯麦得到了当时在普鲁士外交部门最重要的职位。他得到这个职位肯定非常高兴，不过还有一点困难，就是说服妻子相信从事政府工作对双方都有好处。接到正式任命的次日，他写信给约翰娜说："今天我去见格拉赫将军，他滔滔不绝地谈论条约和君主的话题，我望见窗户下方的花园里到处都是栗树和紫丁香，花朵随风轻轻摇曳，时而传来夜莺的歌声，我不禁想，假如我能跟你一起站在这镶板房间的凸窗旁，眺望外面的景色——结果我没听清格拉赫在说什么。"

这段话表达了俾斯麦的真实感情吗？在充满斗争和胜利的漫长征程刚刚开始，他的野心达成了第一步的时刻，他是否真的渴望在乡村隐居，过这种宁静、平和、沉思内省的生活？的确，在他伟大政治生涯中，这种对于宁静的乡村隐居、田园生活、远离忙碌（procul negotiis，"不知忙碌的人才是幸福的"，出自古罗马诗人贺拉斯的句子——译者注）的渴望始终伴随着这个满怀野心、坚强冷酷的人。直到40年后,他才终于退休,卸下公职的重担,迁至萨克森瓦尔德(Sachsenwald)的乡间居住。那时他又为下野而忧虑憔悴,悲叹别人占据了他的位置,萨克森瓦尔德对他而言仅仅是一个流放地。

4. 俾斯麦在法兰克福

1851年5月11日,俾斯麦作为普鲁士的德国议会使节抵达法兰克福,这不仅标志着他人生中的新纪元,而且标志着德意志邦联历史上的新纪元。他使毁灭的细菌植入了核心。1848年的革命曾经解散了议院。由于反动派尤其是奥地利的努力,它又复活了。依照邦联的宪法,奥地利是该议会的永久性主席。邦联和议会的复活是奥地利试图说服别人同意的目标之一,这场斗争以奥尔米茨条约告终。议会是管理邦联的机构,其成员是主权国家,议员是来自这些主权国家的使节。因此议员们不是按照自己的意见投票,而是遵从各自的政府交给他们的指示。可想而知,这种类型的机构即便能运作,其运作必然非常迟缓。管理投票程序的方式非常复杂,而且虚假。在讨论有些问题时,每个国家无论大小都可投一票;在讨论另一些问题时,大国的投票权比小国更多。两大强国奥地利和普鲁士各有四张选票,其他四个王国——巴伐利亚、符腾堡、汉诺威和萨克森——同样有四张选票。如果两大强国站在同一阵线,实际上它们肯定能占据多数。但是当两国意见不一致时,谁占多数就取决于中等大小的国家的立场。从邦联建立到革命发生的这段时期,普鲁士与奥地利保持一致是默认的规则。因为奥地利不仅是主持邦联的强国,而且奥地利首相梅特涅亲王具有卓越的政治才能,影响了持续积弱的普鲁士政府。于是在这一时期,德意志邦联和议会一直执行着梅特涅的政策。

然而1850年后,奥地利-普鲁士的合作就不可能恢复了。因为在联合议会解散至复活的短短几年间,法兰克福议会已经宣布未来德国的领袖是普鲁士。尽管普鲁士国王确实拒绝了帝国皇冠,德国人民的大多数代表仍然希望由普鲁士领导,这一事实并未改变。两大强国的对抗及其对于德国未来的重要意义变得十分明显。从此以后,这个因素再也不能忽略。

普鲁士在奥尔米茨战败之后,国王和政府都不希望为德国问题与奥地利敌对。俾斯麦被派往法兰克福,是由于他在奥尔米茨演说中不仅提倡奥地利与普鲁士达成共识互相谅解,甚至替奥地利辩护。此外,他与那些在法兰克福代表皇帝和担任议会主席的奥地利政治家们一样,是彻头彻尾的反动派和反革命。因此不出预料的话,他应该会在议会与奥地利人和谐相处、合作愉快。然而实际情况完全相反。俾斯麦变成了奥地利最坚决、最危险的对手;议院会议的激烈程度前所未有,帝国特使最衷心的祈祷就是摆脱这个"恐怖的"俾斯麦。

有意思的是,在抵达法兰克福两个星期之后,俾斯麦写道,奥地利政治家永远不会在公正的基础上制订政策,他们的心态就像是粗鲁的赌徒。这与他以前演说时对奥地利的高度颂扬形成了多么鲜明的对照!不管这种突兀转变的动机可能是什么,可以确定的是,它成了俾斯麦的重要政治观念,对德国的发展有决定性的影响。他在法兰克福大使馆工作期间给他的领导、普鲁士首相奥托·冯·曼陀菲尔(Otto von Manteuffel)写了许多报告和信件,它们特别清楚地揭示了俾斯麦的政治思想。在俾斯麦本人的资助下,冯·波申格尔(Poschinger)先生将这些报告和信件整理出版,就是一套四卷的《联邦议院的普鲁士人》。俾斯麦所著的《作品集》(Gesammelte Werke)第一卷中收录了更确切、更完整的版本。关于俾斯麦在这段时期的活动和成长,另一个资料来源是他写给利奥波德·冯·格拉赫将军的信件,他得到这个职位正是由于将军的推荐。他们通信的目的是获得宫廷私密事件的内幕消息,并按照俾斯麦的策略的指引,通过侍从武官和朋友影响国王。有些写给格拉赫的信件是故意要让国王看到的。柏林的宫廷总是少不了阴谋诡计和密议。格拉赫和奸党常常与曼陀菲尔首相意见不一致。在这种形势下,俾斯麦小心地与双方都保持交往。这些信件和文献都非常值得一读。其中一些急件官报是最高级的政治随笔,是真正的政治家用优秀而感人的文笔写成的文件,有时语言形象如画。更加私密的信件中充满了幽默、机智和讽刺。不过它们当然是极其片面的。所以俾斯麦对他的某些同僚和奥地利人的评论常常有很大误导性。他在信件中说,冯·普罗克施－奥斯滕(Prokesch-Osten)男爵是没文化的人,还是个固执的骗子;他称其为"鞑靼人""亚美尼亚人""捕鼠器贩子"。而事实上,普罗克施－奥斯滕有惊人的文化修养和多方面的才能,他是将军兼外交家,诗人和学者,历史学家和探险家,考古学家和钱币研究者。歌德也欣赏这个人,俾斯麦却看不到这些素质。

克里米亚战争(1854—1856年)爆发时,俾斯麦与奥地利的斗争达到了高潮。由于地理环境,哈布斯堡的皇帝特别关心东方问题。奥地利在东方的利益与西欧强国法兰西和大不列颠一致,也就是与俄国有矛盾。由于沙皇尼古拉曾经在1849年干预匈牙利,解救了奥地利皇帝的危机,这种状况变得格外棘手。当奥地利与西欧强国结盟时,沙皇必定认为皇帝的政策忘恩负义至极。可是掌权的施瓦岑贝格去世(1852年4月5日)以后,接替的奥地利政府太软弱,对于遵循明确的界线一直犹豫不决。它不能迈出决定性的最后一步:站在西欧强国一边宣战,正如小小的撒丁王国(Sardinia)在真正的政治家卡武尔(Cavour)领导下所做的那样。

　　虽然奥地利的政策摇摆不定,普鲁士的政策在这方面还更胜一筹。我们大概找不到比腓特烈·威廉在克里米亚战争期间的政策更糟糕更可笑的东西。沙皇尼古拉一世生动地描述了它的特征:"我亲爱的大舅子每天夜里睡觉时是俄国人,每天早晨醒来时是英国人。"数年后压倒国王的精神疾病这时可能已经初现征兆。事实上,国王完全不能控制在柏林的宫廷明争暗斗的不同派别。容克认为沙皇是欧洲反动派的领袖,梦想"神圣同盟"的复兴,都是为了俄国。不过有一个温和保守派组成的著名小集团倾向于支持西欧强国。他们自称"贝特曼·霍尔韦格(Bethmann Hollweg)派",聚集在贝特曼·霍尔韦格教授周围,他是后来的帝国宰相(Reichskanzler)的祖父。这个派别的通俗称呼是"周刊派"(Wochenblatt-partei),因为他们的领袖主编一份名为《普鲁士周刊》的周刊,他们在周刊上不停地进行辩论,与《十字报》针锋相对。这个派别认为,由沙皇尼古拉促成签订的奥尔米茨条约令国家蒙受耻辱,是普鲁士历史上的最低点。普鲁士亲王持相同观点,因而支持他们。有些成员是年轻的外交官,例如后来的普鲁士驻巴黎大使葛尔茨(Goltz)伯爵,还有非常富裕而聪明的普塔莱斯(Pourtalès)伯爵,后者出生于瑞士的纽恩堡(Neuenburg)州,当时那是普鲁士国王的领土。在克里米亚战争的紧要关头,这些人认为普鲁士应该站在西欧强国一边,尤其是英格兰。他们无疑希望普鲁士与英格兰结盟,从而走上比较开放自由的轨道,也希望这种政策帮助普鲁士完成至关重要的任务,亦即在普鲁士的领导下统一德意志。普鲁士驻伦敦的公使约西亚斯·冯·本生(Josias von Bunsen)男爵赞同这种政策,他是维多利亚女王和阿尔贝特亲王非常尊敬的人物。当普塔莱斯伯爵在普鲁士外交部得到一个有权势的职位时,这个派别似乎占据了优势。

俾斯麦坚决反对普鲁士以任何形式站在同盟国一边参战。他看待问题的态度与格拉赫及其他容克贵族不同。他主要关心的不是党派政治和沙皇充当欧洲反动派领袖的问题。他早已不再盼望"神圣同盟"的复兴。不过他十分清楚,奥地利的政策在俄国招致了强烈的仇恨,他认为现在这个关头是绝妙的机会,将来普鲁士与奥地利算总账的时刻必然来临,利用这个机会,就可以确保得到沙皇的帮助。

他写信对冯·曼陀菲尔首相说:"倘若我们闲置状态良好、适合航行的快速军舰,在可能遇到的暴风雨中向破烂不堪、陈旧过时的奥地利舰队寻求庇护,我会感到痛苦……大危机正是刺激普鲁士成长的恶劣天气,只要我们勇敢地、可能不顾一切地利用不利条件。"他的政治感情的精髓正是在这样的词句间流露出来的。

他写给格拉赫的信件中的这句话也有相同性质:"当高尚的奉献的补偿仅仅是善行的意识时,谨防出于感情用事的结盟。"

此外,俾斯麦与普塔莱斯之间没有任何爱可言。普塔莱斯叫俾斯麦"犹大",俾斯麦说普塔莱斯是脑袋空空的蠢驴。

冯·格拉赫将军担心普塔莱斯会影响国王,劝国王与西欧强国结盟,就把俾斯麦召回了柏林。俾斯麦和其他容克的干预产生了效果。数天之内,普塔莱斯发现内阁的大门关上了,他被迫辞职。冯·本生曾经为欧洲构想出一种相当异想天开的"新秩序",这时遭到撤职,战争部长在议院委员会说了一些被认为冒犯俄国的话,结果也遭撤职。国王的突然变化惹怒了普鲁士亲王,他离开宫廷,去莱茵省的科布伦茨(Coblenz)隐居。他恼怒地说,俄国的卢布在国王的前厅也发挥作用。在危急关头,俾斯麦与亲王面谈过一次。可是他的理由绝不可能使威廉满意。在写给曼陀菲尔的信中,他说它们是"中小学男生的政策"(*Politik eines Gymnasiasten*)。维多利亚女王寄给普鲁士国王一封措辞非常强硬的信,其中写道:"此前我一直将普鲁士视为一个强国……条约的担保者,文明的守护人,正义的捍卫者,民族之间的真正仲裁……亲爱的先生和同胞,如果您放弃这些责任,也就是放弃了普鲁士的地位。这种榜样会引人模仿,如此一来,欧洲文明就会被交给风随意摆布;从此以后,这里再也没有赢家,受压迫的人再也找不到裁判。"这段话的起草者是阿尔贝特亲王,陈述了政治与公正之间难分难解的联系。俾斯麦会称之为"感情用事"。

德意志强国在克里米亚战争期间已经存在政策上的冲突,当奥地利试图用自己的政策支配邦联时,这种矛盾就在法兰克福的议会爆发了出来。俾斯麦的目标是挫败奥地利的一切努力。甚至在普鲁士政府与奥地利缔结条约之后，俾斯麦还企图阻止政府履行协议。他始终主张，奥地利想要的任何东西都无助于德意志的整体利益。俄国占领了多瑙（Danube）公国（现在的罗马尼亚）。促使俄国军队从该地撤退，是奥地利的政策的要点之一。奥地利政府在交给议会的议案中提出了一种想法：整个德意志对多瑙河下游的国家非常感兴趣，德国工商企业能在那里找到发展的沃土，而按照条约规定，普鲁士政府必须支持奥地利。可是那种想法肯定是错的，当民族主义仍在巴尔干半岛沉睡的时候，它或许还有机会实现。俾斯麦直言不讳地表示否定，指出德国的利益与多瑙公国没有牵连，责备奥地利政府的野心仅仅是"玩弄花招骗取几个发臭的瓦拉几亚人（Wallachian）"。他的政策纯粹是普鲁士的，丝毫不是德国的。为了让奥地利及其公使普罗克施-奥斯滕难堪，他用尽了一切可能的手段。中等大小的国家制订自己的政策的努力，通常都会遭到俾斯麦的极度轻蔑。但是在这个阶段，当它们妨碍奥地利的领导地位时，他却不吝赞赏。他甚至充满信心地拿出一份写给他的领导即普鲁士首相的反对奥地利的秘密备忘录，给法兰克福的俄国代表看。虽然国王受到与奥地利皇帝结盟的严肃条约的束缚，俾斯麦却轻率鲁莽，不守纪律，建议俄国外交家与普鲁士和法兰西缔结同盟。俄国人问是否有可能说服普鲁士国王改变政策，俾斯麦回答道："如果您将劝说国王的任务委托给我，我保证能成功。"他建议俄国政府迅速行动，这样未来的同盟就能先发制人，在奥地利有时间集结部队之前发起进攻。后来俾斯麦在担任帝国宰相兼外交大臣时说："我的大使们必须像士兵一样开上前线。"

还有一次,俾斯麦与同一个俄国外交家联系,提醒他注意德意志邦联宪章的第 36 条。这一条规定,如果外国认为受到了邦联的某个成员的侵犯,可以进入议会投诉那个成员。在邦联宪章中,第 36 条最严重地伤害了德国人的民族感情。可是只要他能利用这件武器推行反对奥地利的政策,俾斯麦就不在乎它是否伤害感情。

普罗克施-奥斯滕说俾斯麦"精力最充沛,可是普鲁士代表中无疑唯独他的政策目标是掠夺奥地利的胜利果实,使我们的巨大努力归于徒劳,毁掉奥地利的财政和威望,让普鲁士成为德国实际上(*de facto*),不久即为法律上的(*de jure*)"的霸主。此话完全正确。

在终结克里米亚战争的巴黎和约签订(1856 年 3 月 30 日)之后不久,俾斯麦写了一份最重要的备忘录,它证明普罗克施-奥斯滕正确解读了他的伟大敌手的想法。在思想和文风方面,它都是那个时代最重要的政府文献之一。其中俾斯麦发展了他来源于法兰克福的经历的论点:德意志邦联必定会垮台,它的构造已经腐烂,不足以胜任,奥地利和普鲁士不可能在同一个政治有机体中共存。他写道:"德国对于奥地利和普鲁士而言都太小了。双方在同一个领域竞争。既可以造成我们的损失,又可以让我们赢得利益的国家仍然只有奥地利。"他确信无疑,解决双方对抗问题的方法只有一个,那就是战争。"从查理五世的朝代以来,每个世纪都要爆发一次彻底的内战,德意志的二元论就是这样调整普鲁士与奥地利的相互关系的。在这个世纪也不例外,只有战争才能调整德国的发展。"

这种观点确实没有丝毫感情用事的痕迹。俾斯麦的其他同时代人基本上不会设想德国同胞之间开战,更不可能宣布挑起战争是为了合情合理的政治目标。不过那正是一些德国人所谓的**实力政策**(*Realpolitik*)。至于俾斯麦的实力政策的另一面,可以参考他与冯·格拉赫将军的关于拿破仑三世的通信(1857年)。俾斯麦本人认为此通信很重要,晚年时将其收录进了他的《思考与回忆》的第十八章。他在1855年夏天造访巴黎时见到了法兰西皇帝。这位皇帝是欧洲政治中非常重要的因素,在俾斯麦本人未来在欧洲政治舞台上扮演重要角色时,他可能仍会发挥重要作用,于是俾斯麦希望研究皇帝的性格。这位普鲁士外交家的个性吸引了拿破仑三世,皇帝称赞他是法兰克福唯一的政治家。而俾斯麦表述了对法国皇帝的相当精明的看法:"他是个明智、和蔼的人,但是不如人们以为的那么聪明。由于心肠好,他的智力被过高评价了。"

柏林宫廷获悉,俾斯麦觉得为了他的政治计划,与拿破仑三世合作是可取的权宜之计。可是冯·格拉赫将军在原则上反对他的想法,因为他使正统主义的原则受到威胁。格拉赫将军参加过反抗拿破仑的战争,还记得拿破仑统治德国的时代,透过"波拿巴主义(Bonapartism)"看到了大革命的余绪,因此与正统的政府势不两立。另一方面,这时的俾斯麦已经不再忠于任何教条或主义,只相信强权政治。于是他向格拉赫披露了自己的新政治理念:"我把法国的正统主义放在次要位置,完全是为了我对普鲁士的热爱。我不在乎目前谁是法国的首脑,在政治的棋局中,法国对我而言仅仅是一枚棋子,但是它必不可少,我下这盘棋,完全是为我的国王和国家服务。对于外国政权和外国人的同情或反感不应该超越我在外交部门为国家服务的责任感,不管是自己还是他人,我都认为那样感情用事是不合理的。那种思想包含着对我们的统治者或国家不忠实的萌芽……以我之见,连国王也没有权利将个人感情置于国家利益之上,无论他热爱还是仇恨外国。"

"我承认,反对大革命也是我的原则,但是我认为,不应该将路易·波拿巴视为大革命的唯一或主要代表,况且我相信,当某件事最轻微的后果也凌驾其他一切应该考虑的因素时,不可能在政治活动中贯彻一个原则。"

这些陈述都非常强有力,令人信服。但是能否从这段话中得出结论说,俾斯麦主张无论其他国家在什么原理的基础上构筑国内的政治制度,自己的国家在决定外交政策时都不应该考虑?这种结论与他在别的情况下的言行并不一致。要分清他在特殊场合或为了特定的实际目的发表的言论,随便推论是危险的。至于拿破仑三世的案例,我们应该考虑到俾斯麦对法国皇帝的国内政策毫无反感,后者终结了法国大革命,而且推行的制度含有许多俾斯麦渴望采纳的内容。此外我们不能忘记,他写给格拉赫将军的信件里有这样一段话:"波拿巴主义没必要**传播普及它的统治原理**,这一事实使它有别于共和政体……借助革命威胁外国早在多年以前就已经成了英格兰的惯用手段。"此处他显然联想起了帕默斯顿。关于这一点,他对英格兰的感情相当有趣:"谈及外国,我平生始终对英格兰及其居民抱有同情,在某些时候,我还受这种感情影响。但是那里的人民不容许我们爱他们。"然而最后一句话并未透露他的真实动机。他害怕英国制度的宣传和传播会影响普鲁士人民。他知道普鲁士人不太可能受到拿破仑的榜样的引诱,因为拿破仑三世在德国极其不得人心,但是英国的制度在教育程度较高的阶级中间尤其受欢迎。当普鲁士的王位继承人、普鲁士亲王的儿子向大不列颠的长公主维多利亚求婚时,俾斯麦相当清楚地表达了自己的意见。格拉赫问他对与英国联姻有何看法,他的回答是一连串讥讽,嘲笑"德国米歇尔(Michel)对英国领主和绅士的愚蠢赞赏",还有"对英国的议会、报纸、运动员、地主和特别法庭的极端偏爱"。长公主抵达普鲁士首都时,著名诗歌《德国人的祖国是什么?》的作者、老诗人阿恩特(Arndt)欢呼:"维多利亚在柏林!让英国精神启迪我们!"无数有同样想法的柏林市民聚集在街道上欢迎这位公主。可是从婚礼庆典返回的俾斯麦情绪低落。看到英国精神在柏林流行,他绝不可能高兴。他害怕这种精神会导致王权的削弱和议会权力的增强,而且那位年轻英国公主的智慧和政治爱好是众所周知的,他相信她能够影响未来的国王,使德国朝那个方向发展。这位未来的普鲁士和德意志的真正统治者的态度决定了英国公主的整个人生和命运。

5."新纪元",从法兰克福召回俾斯麦

普鲁士亲王威廉成为摄政王,代替他的哥哥,撤掉了冯·曼陀菲尔的首相职位,俾斯麦在法兰克福的活动随即告终。1857

年秋天,腓特烈·威廉四世的精神错乱症状越来越明显,1858年11月,他被迫放弃王权,由他的弟弟摄政,号称"摄政王"。

威廉不如哥哥那么有天赋。他头脑简单,资质平庸。但是他的性格坚强得多,有坚定不移的意志。他足够谦虚,愿意接受忠告,只要是他觉得可以信赖的大臣和官员,就始终如一地支持他们,他还有一定的判断力。不过他缺乏重要的政治思想。他首先而且主要是军人,他的兴趣在军队方面,他认为军事是专属于自己的领域。他的最大抱负只是成为德意志邦联的永久总司令。只要能获得这一特权,他就对德国问题的其他方面不甚关心。在国内政治方面,他是旧式的保守派,但是他憎恨《十字报》派及其阴谋诡计,他们违背他的道德意识,而且他不可能忘记,曼陀菲尔是奥尔米茨之败的祸首,导致了普鲁士最严重的耻辱。他敌视曼陀菲尔和《十字报》派的原因主要是道德上的,而不是政治上的。不过当曼陀菲尔被撤职之后必须组建新政府时,环境迫使他选择了温和派自由主义者。

他任命的首相是霍亨索伦的查理·安东(Charles Anton)亲王,安东曾经是微型公国霍亨索伦-锡格马林根的君主,为了加入普鲁士王室而放弃了最高统治权。他的儿子查理亲王是罗马尼亚的第一代君主和国王,另一个儿子是世袭的利奥波德亲王,由于觊觎西班牙王位而闻名,也是普法战争的借口。查理·安东亲王与摄政王私交甚密,并且略微有些自由主义思想。他的内阁成员大多数都是温和派自由主义者。新内阁在普鲁士非常受大众欢迎,人们纷纷谈论摄政王开创的"新纪元"。通过普选产生了一个下议院,绝大多数代表都是内阁的支持者和温和的自由主义者,而前不久还很强大的保守党人数大幅度减少,仅占微不足道的少数。这种政策变化的后果之一,就是法兰克福的俾斯麦被召回了。摄政王不喜欢俾斯麦的政策,不过相当赞赏他的才能,所以没有解雇他。他把俾斯麦调到了普鲁士外交部门最显赫的职位:驻圣彼得堡宫廷的俄国大使。威廉最重视这个职位,因为俄国的亚历山大二世是他的外甥,沙皇非常尊敬这位普鲁士舅舅。尽管如此,召回的事情仍然使俾斯麦怒不可遏。他认为德国政策是他的个人贡献——确实如此,调离法兰克福意味着令他丧失威信和否认他的政策。火上浇油的是,他的继任者冯·乌泽多姆(Usedom)是周刊(*Wochenblatt*)派的成员。俾斯麦鄙视乌泽多姆,还憎恨后者的苏格兰血统的古怪妻子。俾斯麦和妻子在法兰克福的生活非常舒适惬意,现在却只得带着非常沉重的心情离去。不过法兰克福的命运并未因此改变,仍然在1866年成了他的政策的牺牲品。

在从法兰克福前往圣彼得堡的旅途中,俾斯麦在柏林逗留了数日。其间冯·翁鲁(Unruh)造访过他,此人是1849年的普鲁士议院的自由派成员,与俾斯麦关系友好。俾斯麦坦率地向翁鲁陈述了他对普鲁士政策的意见。他认为强国之间的利益分歧太大了,所以普鲁士不可能在强国中找到可靠的同盟者。如果以正确的方式着手开始,普鲁士能够获得的**唯一长久可靠的同盟者是德国人民**。听到这个以前的反革命分子的表白,翁鲁显得相当困惑——这种反应很正常,俾斯麦继续说道:"我与十年前进入议院时一样,仍是一个容克。但是我有眼睛和头脑,不可能不明白真实的情况。"

6. 圣彼得堡

1859年4月至1862年4月,俾斯麦在圣彼得堡任职。这三年对他的政策有重要意义,因为他熟悉了一个强国及其统治者,这个国家将对他的政策产生影响。当时俄国的统治者是沙皇亚历山大二世,一个心善但是不够强硬的人,还有首相哥查科夫(Gortchakoff)亲王。哥查科夫很有才干,十分精通欧洲政治,还非常善于辞令,但是他特别自负,而俾斯麦憎恨自负的人。他曾经说过:"自负是必须从人的价值中扣除的一种抵押品。"虽然这两个人互相打交道的时候极其礼貌、谦恭,其实他们心底里都讨厌对方。后来俾斯麦变得世界闻名,哥查科夫嫉妒他的名声和权威,不过他足够聪明,用一句巧妙风趣的名言掩饰了这种情绪。"俾斯麦亲王喜欢自称我的学生,"他对德国大使说,"那就好比伟大画家拉斐尔被称为无名小卒佩鲁吉诺(Perugino)的学生一样。"

哥查科夫的政策目标是向奥地利复仇,与拿破仑达成友好的共识,虽然在前不久的克里米亚战争中法国还是俄国的敌人。1859年3月,在俾斯麦抵达圣彼得堡之前不久,俄国与法国达成了一个高度机密的协议。该协议保证,在即将发生的法国与奥地利的战争中,俄国将保持善意的中立,因为拿破仑与撒丁的首相卡武尔在普隆比耶尔(Plombières)达成了秘密协议(1858年7月),与撒丁王国结盟并准备开战。

对于德国,尤其对普鲁士而言,佛朗哥-撒丁与奥地利的战争引起了一个非常重要而麻烦的问题。究竟应该帮助奥地利,还是允许拿破仑推翻奥地利皇帝,夺走他占据的两个意大利行政区？另一方面,奥地利是主持德意志邦联的强国,而且拿破仑在意大利的胜利可能是法国侵犯莱茵河地区的序幕。举例来说,伟大的战略家毛奇(Moltke)在一封便函中对普鲁士的摄政王说:"倘若我们在奥地利有难之际袖手旁观,失去伦巴底(Lombardy)会使它受到严重伤害。1805年的战争(奥斯特利茨[Austerlitz]战役)之后发生了1806年的战争(即耶拿战役),法国的下一步将是进攻普鲁士。"

另一方面,拿破仑和卡武尔作为德意志统一的朋友,为反对同一个协议而战:维也纳和约。民族统一是意大利人和德国人共同的理想。由于报纸和大量政论小册子上的激烈论战,德国的公众舆论激动了起来。举例来说,德意志社会民主党的创建者费迪南德·拉萨尔(Ferdinand Lassalle)极力主张,普鲁士政府应该"宣布一场民族战争,德意志民主在战争中会成为普鲁士的行为标准"。

应该站在哪一边？普鲁士政府犹豫不决。它愿意帮助奥地利,但是必须满足某些条件,首要条件是普鲁士亲王要成为德意志邦联的全部军队的总司令。不过俾斯麦毫不犹豫。对他而言,奥地利是唯一的敌人。他写信给摄政王的侍从武官,想要"煽动王室的雄心"。他无疑希望摄政王本人看到这封信,其中包含这样的典型句子:"目前的形势再次为我们在彩票盒子里投入了大量奖金,只要我们容许奥地利与法国开战,狠狠侵蚀它的物质力量。然后我们可以让全部军队向西南进军,把界桩放进士兵们的背包,把它们打进地面,或是康斯坦茨湖(Lake of Constance),或是任何新教信仰不再占优势的地方。"

这段话确实既精彩又令人兴奋。但是与此同时,它形象地说明了俾斯麦以前说过的话,即普鲁士必须不仅勇敢而且义无反顾地利用大危机,使之转化为成长的契机。他表现得完全不顾及道德,而且不考虑法律责任。普鲁士仍然是德意志邦联的成员,邦联禁止其成员实行直接反对其他成员的任何外交政策,在宪章的第一条中,德意志诸邦国的君主就保证"维护德国的外部和内部安全,维护德意志各邦的独立和完整"。普鲁士对于德意志邦联承担了责任,俾斯麦向摄政王提出的建议就是怂恿他轻率地打破国家的庄严承诺。

不过俾斯麦还告诉他的领导外务大臣冯·施莱尼茨(Schleinitz):"我认为普鲁士受到目前的联邦制度的束缚,这样在关键时刻会危及国家的生存。在我看来,普鲁士的邦联成员身份只是一种疾病,我们迟早都必须治疗,用铁和火(ferro ignique)。"三年后用著名定式"铁和血"令举世震惊的那个俾斯麦,通过这句"铁和火"已经可见一斑。

这封写给施莱尼茨的信中还有一个句子,出色地描述了他喜欢的方法:"我们不得不抓住邦联给予我们的每个合法机会,**担任受损害的角色**。"只要忽略"合法"这个形容词,我们就能明白俾斯麦的真正意思。他总是巧妙地运用"担任受害者的角色"这种方法,在需要决断的时刻获得成功。

摄政王和施莱尼茨都没有听取俾斯麦的轻率的建议。他们玩了一场伺机而动的游戏,结果却迟到了。弗朗茨·约瑟夫在马真塔(Magenta)和索尔费里诺战败之后,突然与拿破仑达成了维拉弗兰卡(Villafranca)停战协议,用放弃伦巴底交换和平。普鲁士已经动员了军队,却不知道要与谁为敌,因而没有宣战,此时陷入了尴尬的处境;好比一个人拔出了剑,却没有敌人,结果不得不把剑收回鞘中。奥地利皇帝郑重宣布,他的天然盟友在他有难时袖手旁观,于是普鲁士的舆论愈加怨恨。普鲁士人指责皇帝宁愿与拿破仑谈判,也不肯向盟友做出任何妥协。可是这种指责并不公正,因为弗朗茨·约瑟夫知道,普鲁士绝不可能愿意帮助他夺回伦巴底。诚然,拿破仑愿意给他的和平不会比在普鲁士的援助下经过长期战争之后可能获得的条件更糟糕。

7. 普鲁士的军队改组和维拉弗兰卡停战协议的后果

维拉弗兰卡停战协议在德国引起了强烈反响。它清楚地表明,普鲁士对影响欧洲未来的决定没有发言权,哪怕该决定涉及一个极其重要的成员国。人们普遍的感想是德意志邦联的构造使普鲁士不能参与决定欧洲政策,也不能迅速进行决断。可是怎样才能改变这种构造呢?应该朝什么方向改变?舆论在此产生了分歧,严重程度不亚于1848年和1849年的情况。划分派别的依然是口号:大德意志还是小德意志,奥地利还是普鲁士掌握霸权?不过普鲁士的"新纪元"终于终结了反动所导致的休眠时期。有活力的团体纷纷涌现,公民得以表达和宣传自己的意见。其中最重要的是德意志民族联盟(Deutscher National Verein)。它是普鲁士国内国外的自由主义者的团体,其成员希望通过民族的代表,在普鲁士的领导下改组德意志;换言之,就是法兰克福国民议会在革命期间尝试过的政策的延续。该联盟的会长鲁道夫·冯·本尼希森(Rudolf von Bennigsen)是汉诺威王国议院的自由主义反对党领袖,1866年以后,他又成为德意志民族自由党的领袖。他是温和派自由主义的代表,尤其得到受过教育的上层中产阶级的信任。来自代利奇(Delitzsch)的赫曼·舒尔策(Herman Schulze)和另一个汉诺威人约翰内斯·米克尔(Johannes Miquel)都站在本尼希森一边,前者是普鲁士民主派的领袖,也是德意志自由合作协会的创建者,后者在俾斯麦下台以后,于1890年成为了普鲁士半个世纪以来最能干的财政大臣。

假如"新纪元"的普鲁士政府有能力推行彻底改革德国的计划,它本来可以获得民族联盟的优秀协助。几位自由派大臣也可能倾向于这个方向。然而政府太软弱,无法推行不符合摄政王的正统主义原则的政策。在1858年11月的公告中,威廉正式宣布:"普鲁士必须对德国进行道德征服。"可是普鲁士进行这种道德征服的前提条件是获得德国人民的帮助,并且不顾各邦国君主的反对,虽然他们都不愿意牺牲珍贵的最高统治权,哪怕一部分也不行。为了迫使那些君主屈服,就必须依靠人民,而那样做又违背威廉的正统主义原则。

此外,有关其他问题的分歧也扰乱了威廉与他的自由派大臣的和谐关系,这暴露了他的保守甚至专制主义习性。这也是维拉弗兰卡停战协议的后果之一,它造成了最深远的影响。

普鲁士军队在意大利 – 奥地利战争期间的调动揭示了其军队组织的一些缺点。摄政王首先是军人,他年轻时接受的是军事训练,不是管理政府的训练。他有信心"自己判断的事务只有军队事务"。现在他想要彻底改组军队,为此他委派冯·罗恩(Roon)将军担任战争部长。罗恩是优秀的组织者和一流的军事专家,虽然不算天才。但他还是个不择手段的阴谋家。政府成员的首要职责似乎应该是与同僚和睦相处和协作。罗恩却完全相反,他是强硬的保守派,认为他的职责是打倒自由主义者的同僚。虽然他有虔诚的宗教信仰,但作为军人,他非常清楚伙伴关系的义务,于是他尽全力暗中破坏威廉对其他大臣的信任。这些大臣为采取一些变革措施而向他提出建议时,罗恩写信给威廉说:"我的国王和主人竟要向其他人的意志屈服,作为一名普鲁士军人,我的心不能承受。"他告诫国王提防议会势力的增强,因为议会可能危及"强大活跃的王权"。

他的计划是通过除掉自由派的同僚,给他的朋友奥托·冯·俾斯麦留出空间。威廉的加冕礼的相关事件就是罗恩的方法的例证之一。1861年1月,发疯的国王腓特烈·威廉四世终于去世,摄政王成为国王,号称"威廉一世"。这时当然要举行隆重的加冕典礼。威廉希望用在宪法**之前**的通常形式举行加冕典礼,假装普鲁士依旧是他父亲那个时代的君主专制国家。他还希望得到王国等级会议的郑重效忠,即使在实行宪政的君主没有这样的机构。大臣们觉得他们有义务反对国王的异想天开,可是他们的同僚罗恩写信给俾斯麦说:"由于涉及效忠的争吵,爆炸的时机几乎成熟了。国王不可能让步,除非永远断送他自己和王冠。大多数大臣也不可能屈服;否则就等于切开道德的肚子,在政治领域自取灭亡。他们不能不违抗国王,而且将继续不顺从……如果你同意我的看法,认为大臣们的态度仅仅是教条主义的虚伪……

你就可以进入国王的政务会，没人表示异议。"但是俾斯麦无意站出来捍卫国王的中世纪式的任性奇想，他回信说，他不理解为什么效忠的问题对双方如此重要。最后双方通过妥协解决了问题，虽然国王在加冕典礼上的表现足以激起普遍的反对，因为人民看到国王心中依旧充满了神圣君权的过时观念。这个时代的普鲁士人非常忠诚，只要能与国王达成一致，他们什么都不想要。只要有一点自由和进步，他们就能轻易满足。然而威廉制止这些自由、进步的措施，奉行专制主义的教条，拒绝了人民的善意。

另一方面，自由派大臣们令国王感到恼火，因为他们强迫国王让步，即便只是部分让步。

不过真正致使他们垮台和"新纪元"终结的是军队的改组问题。罗恩借此成功地离间了大臣们与国王，也使大臣与议会代表们之间产生了嫌隙。

改组的一部分无疑是合理的。自从解放战争以来，全面征兵的原则已经成为普鲁士的法律。每个健康的年轻人都必须在军队服役，但是后来这一规则只有部分实行。事实上，每个年龄段中只有一部分人被征兵。因此有可能增加征兵的比例进而增强军队力量，在政治上也是合理的。这部分计划没有遇到强烈的反对。在这方面，国王本可以轻易推行他的计划。但是有两个问题引起了激烈的争论。第一个问题是士兵服役的时间长度，旧法律规定的时限是三年。不过实际上，两年以后士兵就被永久性遣散离开。现在国王希望士兵服满三年的兵役，他的理由既是政治上的又有军事上的。他认为连续三年的兵役也许不够将他们训练成合格的士兵，若要摧毁他们的平民心态，三年就更加不够。

民兵组织的问题与服役时间长度的问题有密切联系。其背景还是政治和军事两方面的。普鲁士民兵组织是解放战争的产物，在那时光荣地发挥了作用。人民为之自豪，与正规军相比，他们认为民兵是自己的军队。民兵（*Landwehr-Mann*）是武装的平民。民兵组织有自己的军官，与正规军的贵族军官不同，其中大多数不是"容克"。正因为如此，死硬保守派冯·格拉赫将军说"民兵是全国唯一真正的自由主义组织"。但是人民喜欢民兵的因素却使国王和罗恩觉得它可疑。他们讨厌民兵，因为民兵与公民生活的联系太密切了。今天的民兵是昨天和明天的选民。1849年德国南方有人起义，为法兰克福议会的德国宪法而抗争，普鲁士军队被派去镇压时，一些士兵表达过明显的不满。国王想避免历史重演，防止出现政治独立的迹象。他改组军队的计划，就是为了削弱民兵组织。

军队改组必然造成沉重的财政负担，不过民众普遍表示反对的真实理由在于服役的时间长度和民兵的"重要性降低"。即使在完全倾向政府的下议院，这种不满也表现得非常明显。由于无法压制反抗，政府只得撤回了改组的议案，转而要求900万泰勒（thaler，德国古银币名——译者注），用于第二年的军事经费。大臣们强调，这笔开支的用途是临时的。大多数议员急于帮助和支持自由派的大臣，就授权按照上述条件提供临时资金。然而一旦得到批准，国王就组建了新的军团——正规军。这明显是背信弃义。

国王是按照军事顾问的建议行动的。顾问包括埃德温·冯·曼陀菲尔将军，他是前首相奥托·冯·曼陀菲尔的堂弟，国王的军事内阁的首席幕僚中,除了冯·罗恩大臣,他是最有势力的。"军事内阁"是普鲁士特有的一种奇怪机构。它在宪法中不存在,恰恰相反,宪法规定,除非得到尽责可靠的大臣的联署,否则国王的一切治理行为(Regierungsakte)都没有法律效力。设置军事内阁的目的是让国王能够管理军队事务而无须得到大臣的联署,进而避免对下议院负责。题为《解救我们的唯一途径》(*Was uns noch retten kann*)的匿名小册子强调指出了这一点。其作者是柏林的年轻法官卡尔·特韦斯滕(Karl Twesten),他是热情的爱国者,也是有坚定信仰和真正政治见识的自由主义者。他有勇气指名道姓地说埃德温·冯·曼陀菲尔是"糟透了的位置上的糟透了的人"。特韦斯滕毫不犹豫地承认了作者身份,曼陀菲尔的回答是向他发出决斗挑战。为了避免被说成懦夫,特韦斯滕接受了挑战,结果将军打伤了他。他完全理解这一步骤的意思:对军队事务的一切批评都要变得不可能。凡是能够正确地解读时代迹象的人都会看到,军国主义正在占据优势,并下定决心用一切手段夺取特权地位。尽管如此,大多数议员仍然批准了1861年的军费开支,虽然政府未能兑现承诺,没有提出议案永久地解决争议的问题。

但是现在人们日益感到大臣派对政府过于卑躬屈膝了。下议院的一些年轻议员脱离大臣派,组成了一个新党派,立刻赢得了广泛支持。新党派的名称是德意志进步党(*Deutsche Fortschrittspartei*),"德意志"与"进步"两个词同样重要。该党的纲领是"号召在普鲁士领导的中央政权下建立稳固统一的德意志,并成立共有的德国议会"。与此同时,保守党正式宣布:"不能让共和国这种污秽淹没普鲁士。我们厌恶抢夺王权和诈称民族性的行径。"假如普鲁士政府有足够的勇气坚决地贯彻德意志政策,那么可以得到哪一方的支持?答案十分清楚。然而国王并不关心新进步党的这一方面,他只关心国内政策的计划:宪法的发展,民兵组织的维持以及两年的兵役。在1861年11月的选举中,进步党赢得了非常可观的胜利,第一次被提名了候选人,这令国王非常恼火。该党获得了许多席位,变成了下议院中的决定性因素。自由派大臣的党派损失惨重,而保守党被完全击垮了,连罗恩也失去了议院的席位。

在圣彼得堡,俾斯麦怀着最大的兴趣关注国内的这些发展和党派政治,尤其因为现在他十分公开地渴望在政府中谋得一个职位。他的朋友罗恩竭尽全力说服国王委派他。俾斯麦本人也为了争取候选资格而前往柏林。可是国王不愿意把这个任性的人招进政府,若干年以前,威廉曾经说他的政策是"中小学男生的政策",如今他的政策引起的怀疑并未减少分毫。

现在俾斯麦其实有了属于自己的政策。它与保守党的计划不可同日而语。读到保守党的宣言中"诈称民族性"那段话时,他气势十足地大加批评,嘲弄了那些"完全非历史、不敬上帝、无法无天、诈称君权的德国君主们"。此外,他还主张给予德意志议会的人代表权,令保守派的朋友们感到惊慌。不过他希望这些代表不是由人民选举,而是由各个邦国的议院任命。

俾斯麦十分清楚,这些看法与威廉有很大分歧。在前面引述过的信件中,他坦率地对罗恩谈及"国王的个人意志把正统主义方向强加给我们的外交政策",还非常精明地补充道:"我相信,只有改变我们的'对外'态度,国王在国内问题的位置才能得到解放,**我们几乎与法国人一样爱慕虚荣**;如果我们能让自己相信,外国是尊重我们的,那么我们就准备好接受许多国内问题了。"然后他说出了他最典型的一段话:"对我的君主,我犹如旺代人(Vendean,作者注:bis in die Vendèe,法国最忠诚的保皇主义者)一样忠诚,**但是对于其他人,我没有一丝一毫的责任感**,我不会为他们的利益行动,哪怕只是动一根指头。我担心这种思维方式与我们最仁慈的君主格格不入,因此他不可能认为我是合适的王家顾问。"

其实国王最怀疑的不是俾斯麦对于原则问题的态度,而是他的外交政策的意图。他认为俾斯麦企图促使普鲁士和拿破仑结盟。怀疑驻圣彼得堡大使的不只有国王一人。有些新闻记者说,俾斯麦赞成把莱茵河左岸割让给拿破仑,以便换取法国帮助普鲁士吞并汉诺威、萨克森和黑森-卡塞尔(Hesse-Cassel)选帝侯国。这种传闻似乎并非完全没有根据。反复传播谣言的是与普鲁士外交部有关系的人。那不是说俾斯麦确实愿意把德国的部分领土割让给拿破仑,而是他希望用这种承诺引诱皇帝,然后设法不兑现诺言。

话虽如此,俾斯麦肯定认为在原则上回避拿破仑是一个严重错误。在写给冯·格拉赫将军的最近一封信中,他用一种惊人的类推法说明了自己的想法:"如果你从一开始就封锁六十四格棋盘中的十六格,我就不可能玩象棋。"他需要的是完全自由的棋盘,不要受到任何基于原则或传统的考虑的束缚。几年前俾斯麦在法兰克福逗留的最后数日里,当法国-撒丁同盟与奥地利之间的战争迫在眉睫时,他曾经在一次晚宴后对一位奥地利外交家说:"既有与上帝的协议,也有与魔鬼的协议,如果有人试图避免,魔鬼就会插手把它们掺和到一起。"(*Il y en a des arrangements avec Dieu, et il y en a avec le diable, et si on n'en fait pas, le diable s'en mêle.*)换言之,俾斯麦不关心拿破仑三世是不是魔鬼;不过在任何情况下,他都不打算为了回避拿破仑而毁掉自己的地位。

8. 任驻巴黎大使

1862年3月,国王从圣彼得堡召回了俾斯麦,但是没有指派新的职位给他。俾斯麦前往柏林,期望被召进内阁。当时国内形势又严峻了起来。国王已经找借口解散了下议院,并撤换了自由派大臣们。罗恩和其他一些比较保守的大臣们保住了职位,其中包括外务大臣伯恩斯托夫(Bernstorff)伯爵和财政大臣冯·德·海特(von der Heydt)。但是政府在选举中遭到了更惨重的失败,进步党再次赢得了辉煌的胜利。尽管如此,国王还是不愿意将内阁职位托付给俾斯麦,他一直难以下定决心。另一方面,俾斯麦却相当乐意等待时机,直至形势进一步恶化,那时国王必定别无选择。后来他相当直言不讳地承认,那个阶段他只希望当上大臣,到那时国王就将被迫无条件地跟他祸福与共。于是他第一次作为普鲁士大使前往巴黎。

在去巴黎的途中,俾斯麦在法兰克福遇到了以前的同事、议会的英国公使亚历山大·马利特(Alexander Malet)爵士,十分坦率地向他讲述了自己的计划。马利特写信回伦敦说:"俾斯麦首先是普鲁士人,其次是不折不扣的普鲁士人,第三是德意志的普鲁士人……他的人生目标和政治野心的对象是普鲁士的领土扩张,我相信他为了达到目的不会有任何顾忌,不会受良心的限制。"

俾斯麦的法国大使任期仅有几个月,其中大部分时间都在首都巴黎之外度过。他造访了伦敦,那里正在召开工业博览会。其间有一个事件很引人注目。他见到了迪斯雷利,给后者留下了深刻印象。迪斯雷利说:"小心注意这个人,他的话都是当真的。"

俾斯麦还与拿破仑三世进行了一次重要的交谈。他从皇帝的言辞和态度中感到,未来他如果掌控普鲁士的外交政策,能够依赖与拿破仑的合作。当然,拿破仑相信等到那时他能指导两个国家的政策,而俾斯麦的计划是为自己的目的利用皇帝。他写信给他的领导伯恩斯托夫说,皇帝"差一点儿说出最没节操的结盟提议",于是他不得不扮演约瑟夫(Joseph)对波提乏(Potiphar)的妻子的角色。他知道国王十分厌恶拿破仑,将其视为德意志和普鲁士的民族公敌,所以他什么都不能做。

同年8月,俾斯麦去了大西洋岸边的法国著名海滨旅游胜地比亚里茨(Biarritz)。他在那里遇见了布鲁塞尔(Brussels)的俄国公使的年轻妻子,俄国公主凯瑟琳·奥尔洛夫(Katherine Orloff)。在她的陪伴下,他度过了一生中最快乐的几个星期。他从比亚里茨写给妻子和妹妹的信件是最精彩、最有诗意的。信中描述了风景,还有这位聪明、风趣、精通音乐的年轻女人的魅力。它们让人想起《仲夏夜之梦》中的一幕,以及奥伯龙(Oberon)的令人迷醉的森林。只知道那个"铁血宰相"的人都无法想象他能写出如此充满诗意和魅力的文字。

这段时间里,俾斯麦一直处于提心吊胆的状态。他正在等待罗恩发来信件或电报,将他召回柏林。然而期待落空了。他收到了罗恩和伯恩斯托夫的信件,消息都令人失望。国王仍在犹豫不决。俾斯麦返回巴黎之后,终于在9月18日收到了罗恩的电报:"迟则危险。赶快!"(*Periculum in mora. Dépêhez-vous*)那是事先安排的暗号。第二天俾斯麦就匆匆赶往柏林了。

9. 被任命为首相

与此同时,柏林爆发了一级危机。政府发现,除非向大众的要求做出相当大的让步,否则就不可能让下议院通过军事议案。一些激进派的议员们想抛弃整个新组织。可是进步党有相当多的成员倾向于妥协。特韦斯滕现在是柏林的议员,他在议院发表了出色的演讲,提出了一个折中的方案。这时如果政府愿意让步,最大部分的军事组织就能够保留,也可以避免整个国家和宪法的危机。

在宪政国家,议会有机会通过掌握钱袋子影响政府的政策。普鲁士保守主义的理论家斯塔尔总是念念不忘议会的危险性,连普鲁士的议会也有可能利用控制财政收入的权力剥夺君主统治的优势地位。因此他偷偷引入宪法第109条,规定现存的税和赋应该继续征收,除非有新的法律改变它们。按照目前对这一条款的诠释,即使议会没有通过政府预算案,公民也必须交纳赋税。

但是另一方面，宪法（第99条）用许多文字规定，每年的税收和开支应该预先进行核定，包含在预算案中，预算数额每年由法律确定。该法律应该得到议院和国王双方的批准。凡是希望不带偏见地解释这一条款的律师都必然得出结论：倘若政府没有得到议院的同意，哪怕只花了一分钱，也是违反宪法的行为。因此只要议院不批准预算案，政府就不能花钱，尽管按照第109条的规定，税收依旧继续流入财政部的金库。

到此为止，宪法似乎相当清楚。但是自从古希腊的诡辩家出现以来，总是有些人拥有颠倒黑白的才能。普鲁士的诡辩者说道："预算案合法的前提是征得以下主体的同意：(1)第二议院即下议院；(2)上议院；(3)国王。如果这三个主体有一个不同意，就没有预算案。"正常人会得出的结论是：在此情况下，政府不能花钱。可是普鲁士的诡辩者否定了这个结论，声称宪法中有"缺口"（eine Lücke），国家必须生存，因此为了国家的利益，政府可以用它认为正当的方式花钱。这就是臭名昭著的宪法缺口理论（Lückentheorie）。由于上议院中最反动的容克占压倒性多数，如果下议院通过了政府不喜欢的预算案，这种缺口随时可能出现。

这种理论就是诡辩。通过报刊传播它的大臣们自己也十分清楚，它是站不住脚的诡辩。他们在紧要关头呈递给国王的一份备忘录表明了这一点。他们十分坦率地说，如果下议院驳回预算案，就等于剥夺了政府的行政管理的宪法基础；如果违背下议院投票的明确结果，试图使用财政收入，他们就违反了宪法。包括罗恩在内，内阁的全部成员都在该备忘录上署名了。

国王看了这份备忘录极度愤怒，试图与大臣们争辩。可是他们最终坚持己见。

下议院第一次分组表决时,政府立场的岌岌可危变得明显起来。政府一次又一次地失败了。9月17日上午,罗恩突然走上议院的讲坛,以整个内阁的名义宣布,政府决不希望发生冲突,可以在特韦斯滕的动议的基础上拟定可能的折中方案,前提是下议院愿意给出某些"补偿"。

那不算太过分,却足以在顷刻间改变议院的气氛。议院干脆立刻休会,让政府有机会在预算委员会的秘密会议上与下议院达成共识。国王以为进步党是革命派,该党却急于寻求妥协,即使他的军事顾问们为对付该党秘密准备了暴力措施!

然而国王立刻摧毁了全部希望。大臣们建议他允许两年一次的服役,可是国王不听,他只听军事顾问的话,一个非常中庸温和的人用一句话描述了他们的感情:"军事顾问们渴求冲突,犹如雄鹿渴望饮水。"9月17日上午罗恩宣布政府愿意寻求妥协,就在同一天晚上,国王召集了一次政务会。外务大臣伯恩斯托夫和财政大臣冯·德·海特建议国王以内阁的一般备忘录为蓝本。这时罗恩突然转变立场,向国王报告说他准备不要预算案就运营政府,令他们勃然大怒。罗恩的表现使国王与议会的冲突不可避免,对于他们而言,罗恩的声明完全出乎意料。毫无疑问,罗恩的做法等于打破了他拥护宪法的誓言。他知道有一个人能胜任统治普鲁士的任务,不会由于违反宪法而有任何良心不安。罗恩给俾斯麦发了一封电报,催促他立即在危机中登场,政务会的戏份就此结束了。

罗恩声称政府不仅不打算做出任何让步,而且从未提议过让步,当然,下议院议员们感到非常愤怒。不可避免的后果是下议院否决了军队预算案,现在冲突公开爆发了。

在俾斯麦抵达柏林之前,王太子进行了最后一次努力,试图让国王和议院达成妥协。王太子与他那一代人一样是自由主义者,急切地想捍卫未来的王国的年轻宪法,避免发生难以预测的大动乱。此外,他确信服兵役的时间有两年就足够了。国王不能驳倒他的论点。不过国王给他看了一份宣布为王太子逊位的文件,并让他签名表示同意。王太子坚决谢绝了。尽管存在意见分歧,他仍然爱他的父亲,决不愿意在父亲活着的时候戴上王冠,就像莎士比亚笔下的哈尔王子继承亨利四世的王位那样。

现在俾斯麦的仕途畅通了吗?王太子不可能那么想。因为国王告诉他,无论发生什么事都不会召回俾斯麦。毫无疑问,国王受到了王后的影响,王后认为俾斯麦是她不共戴天的敌人。然而三天之后,王后失败了,俾斯麦就任首相。

关于1862年9月22日的历史性接见,俾斯麦本人用他无比独特的方式在《思考与回忆》(第十一章)中进行了记述。他的故事虽然不准确,却值得一读。本质要点在于,现在国王别无选择,只得将政府托付给俾斯麦,因为唯独他既愿意又有能力公然反抗议会,并且不关心是否违反宪法。俾斯麦绝对无所畏惧,严格而有干劲,愿意无条件为国王服务,如同向封建领主效忠的臣民,这些都给国王留下了深刻的印象。接见结束时,俾斯麦已确定成为首相兼外务大臣,而且不受任何规划的妨碍,诸如国王最初希望提出的计划。

我们不需要问,俾斯麦是否真心希望成为国王的忠实仆人。

他准确地了解威廉,包括他的全部弱点,可以肯定他会引导国王,而不是相反。他在内心深处知道,他注定将引导国王达成威廉从未梦想过的目标。俾斯麦一边向威廉承诺追随他,一边确信国王将被迫跟他祸福与共,这样他进入内阁的条件就满足了。

24年前,俾斯麦只是一个23岁的年轻人时,就在信中写道:"我希望只演奏自己喜欢的乐曲,否则就不要演奏音乐。"1862年9月,他终于站上了领导管弦乐队的位置,指挥**他**喜欢的音乐。他的音乐将在此后28年间响彻普鲁士和德意志,最终传遍整个欧洲。

第二章　与国会和奥地利的斗争

A．通向加施泰因专约

1．首相的第一步

俾斯麦的任命引起了巨大反响,人们总体上持反对态度。伦敦的《旁观者》说他是普鲁士的统治者中最直言不讳的容克,虽然坚强却见识有限。德国尤其是普鲁士的自由主义者们感到一场艰难的斗争即将开始。进步党的一位领袖写道:"俾斯麦,这意味着政府没有预算案,用刀剑管理国内事务,用战争处理国外事务。我想对于普鲁士的自由和幸福而言,他是最危险的首相。"这段话相当精确地表达了德国人的普遍感情。在戏院里,每次对国王的恶意影射都会得到暴风雨般的热烈喝彩。

俾斯麦的第一项任务是组建内阁。外务大臣伯恩斯托夫伯爵和财政大臣冯·德·海特再次拒绝在没有预算案的条件下进行违反宪法的治理,于是辞职退出了内阁。最初俾斯麦试图与温和派自由主义者联络。举例来说,他请折中的修正案的提出者特韦斯滕与他见面。关于服兵役的时间长度,俾斯麦没有特别强硬的意见。就个人而言,他愿意接受两年的期限;但是由于国王反对,他对此无能为力。于是他与特韦斯滕的会面没有任何成果。无论如何,这次谈话仍然非同寻常,俾斯麦在这个反对党成员面前,以相当令人震惊的轻率方式谈论刚刚任命他的国王。他把国王比作马,遇到任何新事物都会受惊后退,倘若有人强迫它,它就变得焦躁不安难以驾驭,只能一点点逐渐习惯。

俾斯麦从未认真考虑过劝说自由主义者加入内阁。事实上,他招进内阁的都是反动的行政官员,他们除了保守思想和高贵的出身之外毫无价值。晚年的俾斯麦以最轻蔑的态度谈论其中大多数人。他说财政大臣冯·博德尔施文格(Bodelschwingh)"满口谎话",说农业大臣冯·塞尔肖(Selchow)是头"蠢驴"。唯独内务大臣奥伊伦堡(Eulenburg)伯爵有些才能,可是他既懒散又轻浮。不管这些容克多么没用,他们满足了俾斯麦对大臣的两个要求:他们全部愿意帮助他击垮反对党,让他推行自己的对外政策,扫清一切障碍。

俾斯麦在议会的第一步行动是撤回次年的预算案。有人在议院委员会问他下一步打算干什么时,他发表了引起最大轰动的演说。他从笔记本里抽出了一根橄榄枝——那是凯瑟琳·奥尔洛夫(Katherine Orloff)与他在阿维尼翁(Avignon)分别时给他的——给各位委员看,说他曾经打算把它作为和平的象征送给议院,可是现在他不情愿地得出了为时尚早的结论。然后他谈起了普鲁士目前的形势和未来的任务。他说德国指望的不是自由主义而是普鲁士的力量。不幸的是,它的边境不利于发展一个繁荣昌盛的国家。当代的重大问题单凭演讲和多数派决议无法解决,那是人们在 1848 年和 1849 年犯过的错误,解决问题的只能是"**铁和血**"。

这段惊人的发言引起了巨大轰动,不过是反对的轰动。连罗恩也生气起来,认为这些"过于生动的离题发言"毫无助益。历史学家海因里希·冯·特赖奇克(Heinrich von Treitschke)后来成了俾斯麦的最坦率的预报者,此时看到这个肤浅的容克得意扬扬地谈论用铁和血征服德国,却被他的荒谬粗野激怒了。国王也感到不满。当时他和王后正在巴登(Baden),他们的女儿女婿巴登大公夫妻陪伴着他们。俾斯麦知道这些人都不是他的朋友,担心他们会反对他。为了说服国王,他在离柏林最近的车站于特博格(Jüterbog)的火车上与国王见面。关于这段插曲,俾斯麦在《思考与回忆》(第十二章)中有技巧高超的描述。

无论国王对俾斯麦的发言有何感想,他都知道若要对付下议院,就离不开俾斯麦。议院发生了激烈辩论,激进派和温和派的议员都纷纷反驳俾斯麦的宪法论点,其中温和派议员格奈斯特(Gneist)是著名的律师,他强调了原则要点。他告诫首相尊重德国人民的一项基本品质:他们坚定不移地相信道德和法律秩序是国家历史中最持久的决定性因素。问题在于,事实能否证明对于法律和道德秩序的决定性力量的这种信仰是合理的。

起初事情转向了完全相反的方向。封建领主议院(Feudal Chamber of Seigneurs,即上议院 Herrenhaus)否决了下议院的预算案,政府在没有预算案的情况下治理。政府继续征收税赋,并独断专行地把钱用于军事。那个时代经济比较繁荣，税收增加了，所以政府的财政状况毫不拮据。下议院无法阻止这种过程。它既缺乏阻止征税的法律手段，也没有弹劾政府的手段。宪法断言大臣们应该承担责任，可是没有指明当大臣们违反宪法时如何弹劾他们，因此下议院太软弱了。外国评论家们错误理解了这种形势。举例来说，英国的新闻报道经常将这种情况归咎于反对党的不坚定，而事实上原因在于宪法力量的软弱。

1863年1月下议院的辩论表明，俾斯麦的方法深深触犯了德国人民的正义感。议院委员会的官方发言人是著名历史学家海因里希·冯·西贝尔（Heinrich von Sybel），后来他在俾斯麦的赞助下写出了《在威廉一世治下德意志帝国奠基的历史》。他绝不是激进派，不过他热情地赞赏普鲁士及其历史。西贝尔说："大臣和这里的大多数议员用不同的语言说话，按照不同的逻辑思考，按照不同的道德准则行动。"俾斯麦直言不讳地说："倘若不可能达成妥协，冲突必然发生，那么冲突就变成了力量问题。无论是谁，只要有力量，就可以依照自己的意见行动。"这句话使辩论达到了高潮。威廉国王在"新纪元"时期的前大臣什未林（Schwerin）伯爵是温和派而不是激进派，他回应道："所谓'你喜欢说什么就尽管说，我们有力量和意志，所以能强制推行我们的意见'，首相的演说把这句话推到了极点，但是这句话不可能长期支撑普鲁士的王朝。我们国家的伟大，普鲁士的君主在过去和未来永远享有的尊崇，都是依赖完全相反的一句话：'公正先于强权'。"这段话令人印象深刻，什未林作为普鲁士的古老优良传统的捍卫者，引发了热烈的欢呼。

俾斯麦公然反抗下议院，正如1783年时，青年威廉·皮特（William Pitt）公然反抗查尔斯·福克斯和下议院的大多数议员。两人的后台都是国王，不过他们有一个非常重要的区别。皮特知道，选民们或者那些指导选民的人都是支持他的，若要得到多数票的支持，他只需等待时机解散议会。而俾斯麦知道，人民比下议院更强烈地反对他，选民总是选出同样的大多数。来自政府的压力强烈而且往往不合法，可是未能迫使选民投票给政府的候选人。事实上，在德国宪政的整个历史上，唯独1862年至1866年间的普鲁士反对党能够得到选民的有效支持。后来在1878、1887、1893年和1907年，由于足够多的选民舍弃了反对派议员，政府通常用解散的手段就能得到它需要的多数票。只有在普鲁士的宪政冲突时期，他们才始终如一地坚持自己的意见。他们确实依照三级选举权的原则进行投票，前两个等级的中间阶层的投票者决定了选举结果。毫无疑问，第三等级的大多数工作者都完全同情他们。

2. 针对报刊的命令，王太子的反对

一个政府侵犯宪法到了这种地步，就不可能到此为止。由于环境形势和自身的行动，它只得一次又一次违反法律。下一个攻击点是宪法担保的新闻出版自由。绝大多数报纸属于自由派，并积极地支持反对党。1863年6月，俾斯麦试图用国王的命令镇压他们，授权警察查禁反对派的报纸。通过解散下议院，他设法在选举期间使新闻界保持沉默。尽管如此，反对党仍然在投票选

举中再次取得胜利,那道命令在实行了五个月以后被迫撤销。

在一个意料之外的方向,国王针对出版的命令产生了惊人的效果。王位继承人——王太子公开声明反对该命令。王太子和他的妻子维多利亚绝不可能赞成俾斯麦的方法。他们反对侵犯宪法,并担心这样会使普鲁士人民与王朝之间产生无法逾越的鸿沟。王太子提醒国王不要违反宪法。国王曾经命令他出席他亲自主持的枢密院(Kronrat)政务会。可是国王下令压制新闻出版的决定是在王太子不在场的情况下做出的。当时王太子正在普鲁士东部的行政区视察军队,突然从报纸上首次获悉这道命令。他征询了同行的维多利亚公主和但泽(Danzig)的自由主义者市长温特(Winter)的意见,温特在但泽市政厅发表演说时,王太子回应道:"事先我完全不知道这一命令。当时我不在场,提议的人不是我。"

这句话不可避免地引起了极大的轰动。王位继承人的公开反对令普鲁士人民深受感动;另一方面,国王极其愤怒,盛怒之下写了一封信给儿子,像对待小孩一样对待他——维多利亚写信给母亲时如是说。维多利亚的信件由弗雷德里克·庞森比(Frederick Ponsonby)爵士出版,收录于《腓特烈皇后信件集》,另一部分收录于《维多利亚女王信件集》中,它们表明当时王太子夫妻发现了彼此立场的极大差异。但泽的插曲成了他们人生中的决定性事件。俾斯麦从未忘记也没有原谅这次反对。这是王太子夫妻遭到孤立的开端,从此以后,这件事给他们的人生蒙上了一层阴影。俾斯麦与国王的通信表明了他自己的观点,相关内容收录在《思考与回忆》的第十六章。他在关于王太子的备忘录的页边注中用高超的技巧陈述了他的事情。他的论点的基础是王太子没有任何官方"身份",因而没有资格扮演政治角色并反对他的父亲。但是假如他不喜欢国王的政策,而王太子支持他——换言之,假设腓特烈三世登基,未曾被可怕的致命疾病击倒,而是完全健康,假设他的统治持续较长时间,而不是短短的 99 天,那么俾斯麦会怎么办?命运使他免受这种考验。不过只要知道 1888 年的那 99 天中发生的悲剧故事,任何人都会怀疑在那种情况下俾斯麦是否会依据 1863 年的理论行动。

3. 与奥地利的冲突

宪法斗争愈演愈烈之际,俾斯麦的注意力主要集中于外交政策问题,特别是德国问题,在这段时期,他的敌手奥地利相当活跃。

哈布斯堡王室在意大利失败以后,试图回归君主立宪。1861 年 2 月,奥地利颁布了新宪法,整个王国设置了一个中央议会。德国自由主义者在这个议会中占据优势。宪法是大臣安东·冯·施默林(Anton von Schmerling)的工作成果,他在 1848 年已经成为法兰克福议会的奥地利派领袖和帝国大臣。他将回归君主立宪视为维持奥地利在德意志的霸权的手段。不幸的是,管理德国事务的不是他的部门,而是冯·雷希贝格(Rechberg)男爵主管的外务部。施默林被视为自由主义者,而雷希贝格则自称保守派政治家和梅特涅的学生。这两个大臣不太可能建立起协调的合作关系。雷希贝格曾经担任联合议会的主席,俾斯麦在法兰克福时与他是同僚；两人私交甚密，俾斯麦的能力、精力和绝对的残酷无情给他留下了深刻的印象。不仅如此，雷希贝格甚至害怕他。在俾斯麦成为首相以前，他谈起过这个"可怕的"人竟能脱掉外套，自己攀爬上路障。仅仅提及俾斯麦的名字，他就不禁战栗。如今这个"可怕的"人当上了普鲁士首相，雷希贝格怎样才能避免与他对抗呢？

事实上，普鲁士与奥地利之间的敌对是无法避免的。自从维拉弗兰卡停战协议以来，德国人民确信德意志邦联的改革势在必行。萨克森王国的大臣博伊斯特（Beust）男爵十分聪明但也非常自负，他是第一个提出改革计划的政治家。他建议趁普鲁士的软弱政府妨碍其行动的时候，维也纳宫廷尽可能迅速地对邦联进行保守的改革。博伊斯特自己草拟了详细的提案，但是他失败了。几个月后，在俾斯麦掌权之前不久，维也纳提出了另一个计划，得到了中等大小的邦国的支持。为了满足全体民众的要求，法律涵盖了某些重要的内容，例如在整个德意志的范围内统一民事案件的诉讼程序。这个提案的最重要的一点是要求集合各个邦国的下议院代表，商讨这些法律。这原本可以成为德国人民在邦联内获得代表权的开端，虽然只是间接的。正在此时，俾斯麦当上了普鲁士首相，数年前他曾经向摄政王提议过同样形式的代表权。然而现在他没有这种想法，因为他担心改革会延长邦联的存在时间，并增强奥地利的势力。他的目标是终结邦联，所以不容许这种情况发生。于是他下定决心用一切自己可以支配的手段挫败这次改革，最终他成功了。

在商议奥地利的计划的过程中，俾斯麦进行了两次面谈，他的言论本来应该使奥地利人明白这位新任普鲁士首相会带来什么。俾斯麦在柏林与奥地利公使卡罗伊（Karolyi）伯爵谈话时毫不隐讳地说出了自己的意图。守旧派外交家反对说出真相，虽然他觉得回避事实并不困难，只要有助于达到他的目的，他不在乎违反这一原则。他知道在某些情况下直言不讳是最佳方法。于是他直率地告诉奥地利公使，鉴于普鲁士与奥地利的关系，倘若不尽快设法改善，必然引发战争。怎样才能防止发生武装冲突？哈布斯堡王朝应当**将其重心向东移至**匈牙利。这意味着让奥地利放弃在德国尤其是德国东北部的地位，普鲁士认为东北部属于它自然的势力范围。假如哈布斯堡王朝接受这一建议，普鲁士将成为它的忠实盟友，否则灾祸就在所难免。

不可能有比这更直白的胁迫了。指导奥地利外交政策的如果是真正的政治家，他要么听从俾斯麦的建议，要么就准备战争。然而雷希贝格选择了第三条路。

图恩（Thun）伯爵与俾斯麦进行了另一场谈话，他是现任奥地利驻俄国大使，在法兰克福时曾经是俾斯麦的同僚。他前往柏林与过去的同僚谈判，试图达成妥协。俾斯麦还是十分直白，向这位奥地利外交家透露了他对国际条约的不可侵犯性质的想法。国际法的基础是必须遵守条约（*Pacta sunt servanda*），然而俾斯麦告诉图恩："奥地利和普鲁士都是伟大的国家，不应该受到条约文本的约束。指导它们行动的只能是自身的利益和方便。倘若有条约妨碍两国的利益和方便，就必须废除它。"

后来被总结为"丢弃一纸空文"的理论是否就来源于此？

作为梅特涅的学生，雷希贝格受到的教育是严格尊重国际条约,他读到俾斯麦的这段马基雅维利式权谋(Macchiavellian)的声明时,在图恩的报告页边空白处标了两个大惊叹号。但是此外他什么都没有做。

法兰克福议会以微弱多数通过了奥地利的提案,因而避免了德意志两大强国的决裂。投票表决时,普鲁士公使宣读了俾斯麦的一份措辞非常强硬的声明,其中有一句令人震惊的话。为了压过来自各邦国的下议院的奥地利代表团的提案,俾斯麦直言不讳地宣称:"为了赋予德意志人民对其共同事务的应得的影响力,必须由全体人民直接选举代表。"这的确是革命性的提议。俾斯麦在这里采纳了1848年革命的基本思想,亦即法兰克福议会和德意志民族联盟的纲领表述过的思想。假如说这句话的人是其他政治家,就会造成极好的效果。然而没人相信俾斯麦说的是真心话。这个独裁的容克刚刚剥夺了普鲁士议会的宪法规定的权利,怎么可能拥护普选制的德意志议会?

俾斯麦掌权后,又与奥地利发生了另一场必须应付的争端,使条约的不可侵犯性受到威胁。它涉及经济方面最重要的一个问题。

通过拿破仑三世、科布登(Cobden)和大不列颠财政大臣格莱斯顿的合作,1860年法兰西和大不列颠签订了商业协议,从此欧洲商业政策已进入一个新阶段。这是自由贸易政策的最大胜利。秉着同样的思想,1862年拿破仑三世又与东边的邻国普鲁士签订了商业协议。但是在关税和贸易方面,普鲁士不是一个完全独立的实体。它是德意志关税同盟的成员兼领导者,在其内部实施共同的关税政策。法兰西-普鲁士商业协议生效的必要条件是得到关税同盟的认可,而大多数成员决不愿意那样做。

奥地利不是成员国,因为德意志关税同盟是普鲁士在 30 年代创建的,违背奥地利的意志并有损其利益。不过 1848 年革命之后,眼光长远的奥地利政治家、商业大臣布鲁克(Bruck)开始宣传中欧关税联盟的思想,联盟包括从北海至亚得里亚(Adriatic)海、从汉堡(Hamburg)至的里雅斯特(Trieste)的全部国家。由于普鲁士的抗拒,这一伟大计划受挫了。奥地利获得的让步仅仅是 1853 年的奥地利-普鲁士商业协议中的一项条款:普鲁士向奥地利承诺,在普鲁士与德意志关税同盟的其他成员的协议期满之前,也就是说,在 1865 年结束之前,进行商业联盟的谈判。

现在普鲁士与法国签订协议,就不可能兑现上述承诺了,所以奥地利认为普鲁士违背诺言。这种观点是正确的。奇妙的是,普鲁士商业政策的主导者鲁道夫·德尔布吕克(Rudolf Delbrück)却在心里同意奥地利的观点。后来他作为帝国宰相官邸的主管成为俾斯麦最重要的助手,他在一份秘密备忘录中承认,普鲁士与法国签订协议致使不可能与奥地利结盟,因此违反了上述条款。尽管如此,他仍然支持不履行义务,他的论点很有趣:任何国家都不能为了数年前在压力之下被迫做出的一个承诺而牺牲必不可少的利益。这种论调类似于俾斯麦对条约的不可侵犯性的论点。不过德尔布吕克受过普鲁士行政官员的优良古老传统的教育,面对国家理由(*Staats-Raison*, *raison d'état*)凌驾于其他一切义务的新学说,仍有一些良心上的不安。当然,俾斯麦丝毫没有这种顾忌。他坚定不移地用自己可以支配的一切手段推行与法国的协议,并强迫关税同盟的其他成员都接受这一协议。出于经济和民族两方面的原因,他的这次努力得到了下议院大多数议员的坚决支持。普鲁士的自由主义者主张自由贸易,他们认为关税同盟是普鲁士在德国的势力的支柱。

4. 1863 年的波兰起义

俾斯麦决定维持与法国的商业协议,动机之一是盼望与拿破仑三世结下良好关系。但是 1863 年春天,对外政策的另一个问题又招致了尖锐的对抗。那就是波兰问题,起因是反对沙皇独裁统治的波兰起义。

18 世纪时,波兰被三个强国占领并瓜分,其后它一直属于俄国、奥地利和普鲁士。西欧国家认为这种三分状态是现代历史上的一个可怕污点。可是三个东欧强国认为分割波兰是合理的,因为波兰人没有能力维持强大而有秩序的政府。尽管如此,连德国人中也有人同情被征服的不幸波兰人。不过这些情绪对俾斯麦没有丝毫影响。他仅从普鲁士利益的角度看待整个波兰的问题。毫无疑问,假如普鲁士退出波兰地区,其力量就会削弱。不过他还更进一步,他认为波兰人是普鲁士的敌人,为了国家利益,采取任何方法镇压他们都是合理的。1861 年俾斯麦在圣彼得堡给妹妹写了一封信,他大声断言:"严厉打击波兰人,使他们对自己的生命绝望;我同情他们的处境,但是如果我们想要生存,除了**灭绝**他们没有别的办法。作为上帝的造物,狼无须对自己的天性负责,尽管如此,只要有能力,我们就会杀掉它们。"同一年,华沙的普鲁士领事批评哥萨克骑兵对波兰人太野蛮残忍,他在写给大臣的信中反驳了领事的批评:"严厉在这里等同于野蛮和专制。按照华沙的现状来看,未能奏效的每次打击都是一个遗憾。波兰民族运动的每次成功都是普鲁士的失败。我们不可能在违反这个原理的情况下依照民事司法的规则指挥战斗,只能依照战争的规则战斗。"

这相当于公开向波兰宣战,俾斯麦写下这段话的时候,波兰人还没有开始抵抗普鲁士政府。1863年的起义也局限于俄国的地盘,起因仅仅是沙皇政权的行径。它从未触及普鲁士的地盘,可是起义刚刚爆发,俾斯麦就立即调动了东部行政区的普鲁士军团;国王的侍从武官冯·艾尔文斯雷本(Alvensleben)是《十字报》类型的顽固反动分子,俾斯麦派他去彼得堡告知俄国宫廷,柏林宫廷认为双方是有共同敌人的盟友。艾尔文斯雷本遵照指令在彼得堡缔结了协定,双方政府承诺互相协助镇压起义,并允许对方的部队穿越两国共同的边界,以便追击逃亡的波兰造反者。由于普鲁士境内平静无事,普鲁士部队没理由穿越边界进入俄国。于是该协定只意味着俄国部队有权利忽视普鲁士的边境线,追击反抗沙皇的波兰逃亡者。

该协定是秘密的,可是俾斯麦向但泽的一位普鲁士代表十分直率地透露了这件事,甚至夸大了其范围,暗示协定授权普鲁士军队可以进军华沙。当然,这些不慎重的言行迅速传开了。西欧国家倾向于同情波兰人,对该协定普遍感到愤怒。英国驻柏林大使安德鲁·布坎南(Andrew Buchanan)爵士告诉俾斯麦,欧洲不会容忍普鲁士占领波兰。俾斯麦以他特有的风格回应道:"谁是欧洲?"布坎南答道:"几个大国。"《观察者》大声斥责和反对新的

"邪恶同盟",将俾斯麦比作——不是斯特拉福德(Strafford),它认为斯特拉福德还算比较好——詹姆斯二世的邪恶行径的煽动者蒂尔康奈(Tyrconnel)。在法兰西,舆论已经哗然,皇帝拿破仑告诉普鲁士大使,他对该协定感到遗憾。普遍的反对使威廉国王困惑不已,他写道:"**他感到遗憾**(*Il la regrette*)总是令人不快的。"

下议院的反对非常直率,同时俾斯麦竭尽全力火上浇油。议院要求说明协定的主旨时,他拒绝直截了当地回答质询。"有一个协定也许会把我们的孩子卷入战争,"反对党的领袖之一老瓦尔德克(Waldeck)喊道,"首相却说'我拒绝告诉你们'。"反对党肯定不希望普鲁士放弃在波兰的地盘,也不会要求普鲁士政府偏袒造反者。但是它强烈反对政府偏袒沙皇独裁政府,要求严格保持中立。它相信即使在国际事务中,也不应该忽略人道主义原则。这种观念是德国自由主义者的意见的焦点,也是他们反对俾斯麦及其强权政治学说的理由。20年后,事实表明俾斯麦完全击败了这种人道主义观念。1885年,他从普鲁士的领土上驱逐了3万名波兰居民,其中绝大多数都是安静、爱好和平的人,已经在普鲁士生活了多年甚至几十年,只因碰巧受俄国或奥地利的管辖而遭到驱逐。这是前所未闻的残酷行径。然而普鲁士下议院以压倒性多数票露骨地赞成这种行为,包括民族自由党。只有进步党的激进派依旧忠于古老的自由主义传统。

通过艾尔文斯雷本协定,普鲁士在1871至1886年的关键时期赢得了俄国的协助,因此在很长一段时间里,人们一直称赞它是俾斯麦的策略的巧妙收获。俾斯麦本人也竭尽所能在演讲和文章中推广这一观点。如今档案公开以后,我们明白事实绝非如此。美国历史学家罗德(Lord)教授提供了一种现实得多的说法。该协定使俾斯麦卷入了许多麻烦,不仅惹怒了西欧强国,而且哥查科夫亲王也不喜欢它。

话虽如此,波兰起义确实导致了欧洲势力的重组,使俾斯麦相当方便地完成他的任务。法兰西、大不列颠和奥地利联合提交了一份照会,请俄国政府对波兰人做出一些让步。三国邀请普鲁士共同施加外交压力,可是俾斯麦拒绝参与。他对这种改革丝毫不感兴趣,并且只从本国利益的角度考虑问题。当其他强国联手反对俄国时,只有让沙皇看到普鲁士是他的朋友,才对普鲁士有利。结果三国的外交努力失败了,波兰起义遭到了残酷无情的镇压。

在这场外交运动中,有两个事件尤其重要。拿破仑三世执政期间,在对外政策方面总是尽力确保至少有一个同盟国。他试图与俄国达成共识,可是当他涉足波兰的论战时,这种必要性就消失了。在德意志的两大强国中,普鲁士比较合他的心意。他认为它比较进步。作为民族性原则的捍卫者,他讨厌奥地利,因为其存在本身就不符合这种思想。但是现在俾斯麦使普鲁士投向俄国阵营,拿破仑只得转向奥地利并提出结盟。他写信给弗朗茨·约瑟夫说,两国结盟可以终结目前形势的不确定性,消除未来的危险。然而奥地利谢绝了这一提议,雷希贝格说,这种同盟的益处尚成疑问,但肯定有风险。那么奥地利应该采取什么政策风险才比较小,雷希贝格不知道。他仍然希望与普鲁士达成共识,虽然俾斯麦已经发出过足够清楚的警告。因为雷希贝格是保守派,他以为俾斯麦也是保守派的同志。他头脑简单到了这种程度,甚至写信给俾斯麦说:"欧洲的所有保守派必须联合起来,与革命做斗争,捍卫整个欧洲的正统结构。"读到这位在法兰克福时的前同僚的天真言辞,俾斯麦会露出多么阴森的冷笑!"欧洲的正统结构"是1815年的维也纳和约造成的情况。俾斯麦下定决心摧毁的,恰恰是这种协议。

1863年6月,沙皇亚历山大二世向普鲁士提出了另一个结盟的建议。25年后,俾斯麦在议院替自己的波兰政策辩解时,第一次透露了这个建议。不过那时他的说法有相当大的误导性,他在《思考与回忆》中详细复述了这件事。他告诉世人,沙皇提议协助普鲁士击败奥地利,在德意志建立新政权,但是他和威廉国王谢绝了,因为德意志民族动机受到触动,他们厌恶让外国干预德国事务的想法。后来俾斯麦一直倾向于从德意志民族的角度介绍他一生的事业,上述说法就是一个范例。但是同时公开发表的文件从完全不同的角度说明了这段插曲。沙皇的提议不是与普鲁士结盟对抗奥地利,而是俄国、普鲁士和奥地利组成同盟对抗拿破仑三世;换言之,就是过去的"神圣同盟"的复活。俾斯麦谢绝这一提议无疑是正确的,而且用假装的反提议掩饰他的拒绝,这种方式非常聪明。但是其中没有任何民族或德意志的动机,他纯粹从强权政治的角度,非常精明而精确地算计普鲁士的有利和不利因素,借以说明他的见解。只要由他指导和控制事态,反对外国干预德国事务,他就没有丝毫顾忌。日后事情的发展证明了这一点。

这些提议和拒绝表明了雷希贝格与俾斯麦的政治作风的差

异。雷希贝格由于偏见和优柔寡断拒绝了法国的提议。他不知道该怎么办,所以什么都不做。俾斯麦确切知道自己想做什么,因而避开了可能约束他的行动自由的所有瓜葛。

5. 法兰克福代表大会上的德国君主们

奥地利政治家们虽然目光短浅,却不可能不明白德意志邦联的宪章的作用绝对不够,找到解决德国问题的方法是当前的紧迫需求。德国人民想要一个更强大、更有效率的中央政权,想参与公共事务的管理,必须设法满足这种欲求。事情不可能保持原状,如果主持邦联的强国奥地利不掌握主动权,主导权就会落入普鲁士政府或者人民手中,不管哪种状况,对于维也纳宫廷都没什么吸引力。因此皇帝及其顾问施默林和雷希贝格决定掌握主动权。这几个月里,奥地利统治的德意志外交事务部门做了大量工作,一些政治家自愿帮忙,努力解决这个最困难的问题。他们大多数是罗马天主教徒,害怕让新教的普鲁士占据优势。他们不是奥地利出身,而是来自西南方的中等大小的国家。其中维也纳的德意志外交事务部门的领导冯·比格尔莱本(Biegeleben)男爵出生于黑森－达姆施塔特(Hesse-Darmstadt)。他是奥地利政府中精通德意志事务的最好专家,因此地位举足轻重。他起草了霍夫堡皇宫(Hofburg)送往柏林的大多数急件,它们都写得非常出色。他深深怀疑普鲁士的野心,为了挫败普鲁士,希望奥地利与中等大小的国家建立合作关系。

这些人全部同意对邦联进行保守的改革,也就是说,不会完全满足大众的需求，既不给人民代表权，又不统一德国。他们想尽可能保留邦联的各个成员的主权和君权。他们的目标不是统一的德国，而是改革的邦联。

保守的改革失败了，因此历史学家们鄙视这次改革。最后实现的统一走得太远，以致半途而废的邦联改革似乎是懦弱和夭折的产物。不过成功并非评判的唯一标准。这些人计划进行保守的改革，尽管失败了，他们的爱国主义是不容置疑的。有一个理论家始终坚持主张，德国人民的自然的生存方式是邦联制而不是统一，他的名字是康斯坦丁·弗朗茨（Constantin Frantz）。终其一生，他都是在野的理论家。他既富有思想又十分古怪，他去世以后多年，俾斯麦的帝国也被击败了，人们才注意到这个孤独的被遗忘的作家。奥地利想提出的两项首要革新是行政部门任命的管理委员会和一个代表大会。管理委员会由六名成员组成，包括皇帝以及普鲁士和巴伐利亚的国王。代表大会应当由德国人民的代表组成。不过代表要由各个邦国的议院间接选举，例如奥地利王国共同议会（Reichsrat，类似上议院）选出75人，普鲁士议会选出75人。奥地利提出的实施这一计划的方法是在美因河畔法兰克福召开德意志的全部君主（*Deutscher Fürstentag*）的代表大会。皇帝亲自邀请每位君主，并希望主持大会。毫无疑问，绝大多数君主都乐意接受皇帝的邀请。然而还有一个不得不克服的极重要的障碍：普鲁士国王仍然不确定是否参加。这时威廉国王正在奥地利境内的加施泰因（Gastein）泡温泉。按照大臣们的建议，弗朗茨·约瑟夫决定以个人身份造访国王，并亲自发出邀请。这似乎是最有礼貌的方式，并且是成功的最好机会。

国王并非独自在加施泰因，俾斯麦也在他身边。为防止反对他的政策的势力影响国王，他希望尽可能地接近威廉。假如威廉独自一人并自己决定，他毫无疑问会接受邀请。其实两人最初谈过之后，弗朗茨·约瑟夫给维也纳发电报说："国王尚未决定，不过似乎同意。我想他会去法兰克福。"威廉还不喜欢"铁和血"，不反对和平的改革。然而此时俾斯麦去见了国王，他一开始就下定决心不让国王去法兰克福。他害怕威廉在一大群君主中间会愿意合作。君主代表大会的成功不仅会增强奥地利的威望，而且会给邦联注入新的活力。德国人民或许愿意接受这种改革，至少是逐步的改革，然后邦联的新组织，尤其是提案中的代表大会将得到未来发展的主动权。无论这种进展导致什么结果，普鲁士都不可能排除奥地利并获得不容置疑的优势。摈除这种可能性的唯一方法是从一开始就加以阻止，也就是说，阻止普鲁士国王出席，从而破坏君主代表大会。俾斯麦确信只要威廉不出席，代表大会就会失败。困难在于他不能告诉国王他的真实意图，否则威廉会愤慨地拒绝。于是俾斯麦采用了他最喜欢的方法：假装受害者的角色。他努力说服国王，皇帝在大会开幕日期确定的前几天才发出邀请，没有准备时间，这是对国王的侮辱。这并不容易，他不得不竭尽全力说服国王谢绝邀请。不过俾斯麦担心，等国王返回巴登或许会受到王后的影响而改变主意。为了维持对君主的个人优势，他陪同国王返回了巴登。事实证明这种谨慎是非常必要的。君主代表大会刚刚在法兰克福召开，就派一位君主前往巴登，再次以全体君主的名义发出邀请。这位使者是萨克森的约翰（Johann）国王，他深受尊敬，很有修养，以将但丁的《神曲》翻译成德文而闻名。

威廉国王称约翰为朋友,他觉得不能拒绝 30 位君主的联名邀请,况且信使和向导是一位国王。然而俾斯麦再次使出浑身解数施加压力阻止他,这是一场令人激动的艰难斗争。最后他的缠闹使威廉屈服了。国王明确谢绝了邀请之后,俾斯麦回到自己的房间,由于神经过度紧张,他猛地抓起一只大碗把它摔到了地上,然后为自己的胜利哭了起来。

他确实赢得了胜利。由于普鲁士国王的缺席,君主代表大会的事务变得没有希望。虽然弗朗茨·约瑟夫皇帝以惊人的技巧主持大会,君主们也尽力达成了一个有利于德国大部分地区的人民的协议,既然普鲁士不参与表决,就不可能进行任何改革。雷希贝格既没有能力也没有意愿不顾普鲁士的反对推行君主代表大会的政策。虽然博伊斯特和比格尔莱本都竭尽全力劝说他采取一些积极的行动。奥地利与中等国家和小国一起对抗普鲁士这个强国,他不喜欢这种处境。于是他们什么都没做,而在大会之后,事情还是跟以前一样。

当然,为了替破坏大会的做法辩解,俾斯麦必须声明普鲁士的政策。9 月 15 日,他为此向国王递交了一份政府治理报告。其中最重要的一点引起了巨大的轰动,即要求赋予**全体德国人民直接选举的真正国民代表权**。奥地利已经提出了由各个邦国的议院间接选举德国议会的想法,现在俾斯麦感到不得不提出一种更加民主的制度。当然,这种对德国的民主要求与普鲁士的独裁政府的实践形成了明显的对比。虽然首相表面上改变了立场,但是几个星期后的下一次选举表明,普鲁士选民们其实并未受到误导。包括最强大的敌手在内,现在很多观察者都意识到,这位冯·俾斯麦先生为了达到目的是不择手段的,他毫无顾忌,不受任何教条的约束。他能老练地运用当时流行的思想达到自己的目的,连热烈反对俾斯麦的《法兰克福报》也忍不住赞扬这种天赋。

俾斯麦告诉奥地利大使,邦联的改革一只脚进了坟墓,他无疑没有夸大其词。仅仅几年以后,不仅改革而且邦联本身也被葬送了。

君主代表大会的几个星期之后,另一个大会成了人们谈论和协商的主题。1863 年 11 月 5 日,皇帝拿破仑三世邀请各国君主到巴黎参加欧洲代表大会。这次大会的运气甚至比法兰克福的更坏。它根本没有召开,原因首先是不列颠的外务大臣拉塞尔(Russell)勋爵对拿破仑的不信任。俾斯麦也不喜欢这个大会的主题,不过他足够聪明,任凭其他人去阻止。失败总是招致批评,因此拿破仑的主意经常遭到奚落。许多历史学家对比俾斯麦的现实主义和拿破仑的梦想,嘲笑拿破仑试图通过开会解决只能用战争解决的问题的念头。作为 12 月 2 日政变的人(man of coup d'état),他在那个时代不受欢迎,人民倾向于把他的漂亮话当成十足的伪善。不过由于晚近的事件,当代的人们也许能赞赏他的话的含义,比如他在法国议会(Corps législatif)的演说。提及波兰起义造成的困境,拿破仑问道:"我们还可以做什么?我们只能要么保持沉默,要么选择战争吗?"他邀请欧洲各国的君主时讲了这样一段话:"我们不要一味等待,直至无法抗拒的事件突然扰乱我们的判断,驱使我们违背自己的意志,沿敌对的方向行动……我在逆境中成长,天意和法兰西人民的意愿让我坐上王位,与其他任何人相比,我最不被许可忽略统治者的权利或国民的合理愿望。一般而言,一个人经历过人生的诸多兴衰变迁之后,必定会受到自我节制和公正的精神的支配,那正是我希望带给大会的精神。我提出这一倡议并非出于虚荣,而是因为我这个君主有一个比任何人都更雄心勃勃的计划,我唯一的目标是在不发生大火灾的前提下实现欧洲的和平,证明这一点是我发自内心的愿望。"

欧洲确实面临"无法抗拒的事件",三场战争以及"铁和血"的时代即将来临。不仅1863年的这一代人,而且他们的子子孙孙都要付出代价,假如有人事先知道那些代价,就可以从这份奇怪的公告中看到一个已永远逝去的时代的死刑执行令。

拿破仑发表宣言之后仅仅过了一个星期,丹麦国王弗雷德里克(Frederick)七世驾崩了,随着他的死亡,俾斯麦的大好机会出现了。

6. 石勒苏益格-荷尔斯泰因问题

1863年11月15日,丹麦国王弗雷德里克去世,使石勒苏益格-荷尔斯泰因问题在最关键的时刻进入了急性发作的阶段。该地区在10多年前成了欧洲各个使馆的外交官的噩梦。关于这个高度复杂的问题,帕默斯顿勋爵说过一句著名的玩笑话:"仅有三个人曾经理解这个问题。一个是阿尔贝特亲王,他已经死了。第二个是一位德国教授,他发疯了。第三个是我,不过我已经完全忘记了这回事。"

如果尽可能简单地概括这个问题的要素,可以这样说:1815

年的维也纳合约之后，丹麦的领土比现在大得多。它扩张至汉堡的外围地区，当时的丹麦城市阿尔托纳（Altona）现在几乎是汉堡的郊区。丹麦国王统治着三个地区：（1）丹麦王国本土，波罗的海的岛屿，日德兰（Jutland）半岛的最北端，其居民是丹麦血统；（2）日德兰半岛的最南端，从易北河（Elbe）至艾德河（Eider），属于荷尔斯泰因公爵领地（公国），其居民是德意志血统；波罗的海岸边的非常重要的基尔（Kiel）港位于这片领土；（3）位于丹麦本土与荷尔斯泰因之间的石勒苏益格；其居民成分混合，南部是德裔占优势，北部主要是丹麦裔。荷尔斯泰因公国和石勒苏益格曾经被称为易北公国。这三个地区只是以共主邦联的形式联合在一起。

丹麦本土的人口数量大约是两个易北公国的总人口的两倍。

在两个易北公国中，荷尔斯泰因是德意志邦联的成员。丹麦国王兼任荷尔斯泰因公爵，在法兰克福议会有他委派的全权代表。但是石勒苏益格不属于德意志邦联，邦联对其完全没有支配权。虽然存在这个重要的差别，荷尔斯泰因和石勒苏益格自认为它们不可分割地联系在一起，因为15世纪时丹麦国王曾经发表过声明，宣布它们应当永远不分开。"永不分割"（*Up ewig ungedeelt*）是两个公国的全体德裔居民的口号。

此外，丹麦王国与两个公国所实行的王位继承法不同，这使问题变得愈加复杂。在公国，"萨利克（Salic）"继承法是有效的，也就是说女性没有资格继承王位。由于这一法律，1837年维多利亚成为英格兰女王时，汉诺威与英国的王位分离了。然而依据丹麦的法律，女性也有资格继承王位。丹麦的弗雷德里克七世没有子女。那么谁应该继承丹麦的王位,谁应该继承两个公国?多年来人们一直为此激烈争论。希望继承问题促使公国与王国本土分离的公国的德裔人赞成奥古斯滕贝格(Augustenburg)公爵继承公国,许多饱学之士正忙于证明他有继承权利。

多年来,丹麦人与德意志人确实相安无事地生活在一起。18世纪的时候,丹麦的重要大臣是伯恩斯托夫和著名的施特林泽(Struensee)医生那样的德国人,后者曾经是阿尔托纳的内科医生。一般情况下,以前丹麦国王也仁慈地对待德裔臣民。伟大的德裔历史学家特奥多尔·莫姆森(Theodore Mommsen)是世界闻名的《罗马史》的作者,出生于荷尔斯泰因公国,由于丹麦国王发放的津贴,他才能从事学术研究。然而逐渐增强的民族主义情绪摧毁了这种平和的环境。在1848年革命时,德意志的民族主义公开而激烈地爆发了。荷尔斯泰因和石勒苏益格的德意志人起来反抗"外来的丹麦枷锁",并受到众多来自德国的志愿者的协助,普鲁士国王也暂时提供过援助。奥古斯滕贝格公爵成了临时政府的首脑。可是普鲁士国王放弃了陷入危机的石勒苏益格－荷尔斯泰因,起义转眼失败了。奥古斯滕贝格公爵被迫逃亡。

到了这个阶段,强国开始干预了。各个强国出于不同的理由,都对维持丹麦的完整感兴趣。英格兰尤其如此,因为丹麦控制着波罗的海,当时波罗的海对不列颠的贸易和航海极其重要,于是在伦敦召开了一次会议。其成果是1852年5月签订的伦敦条约议定书,它规定丹麦领土的完整,包括两个公国,并解决了继承权问题,宣布格吕克斯堡(Glücksburg)的克里斯蒂安(Christian)亲王同时继承丹麦的王位和两个公国。奥地利和普鲁士这两个德意志强国签署了这一协议,但是德意志邦联没有签署。经过普鲁士驻德意志议会的全权代表奥托·冯·俾斯麦的协商,受到劝诱的奥古斯滕贝格公爵与丹麦国王签订了一个协议。在该协议中,公爵以他的高贵名誉承诺,他本人和他的家族都决不做任何"可能扰乱或危及丹麦国王的领土的和平"的事情,并且"不反对王位继承和宪法的安排"。公爵并未在协议中明确表示放弃假称的继承权,因为丹麦政府断言他的继承权从不存在,故而无从放弃。在这一点上丹麦政府犯了一个粗心的严重错误,将来不得不付出高昂的代价。公爵放弃了他在公国的分布广泛的大量地产,交给丹麦国王,换得了几百万泰勒的报酬,大致相当于40万英镑。

这一协议导致了无休止的论战。不过奥地利和普鲁士共同在伦敦条约上签字并发表声明后,又发生了更多的争端。一方面,包括普鲁士和奥地利在内的强国一致认为,丹麦和两个公国应当制定通用的宪法,并统一成"一个秩序良好的整体"。另一方面,奥地利和普鲁士要求两个公国都保留各自专门的代表权(或者等级会议),石勒苏益格公国不可以并入丹麦王国,不可以采取任何以合并为目标的措施。

于是丹麦政府遇到了一个可谓无法解决的难题。要找一部既能被丹麦议会(Rigsraad)又能被两个公国的等级会议(Stände)接受的宪法,简直是不可能完成的任务。对于丹麦议会而言便利的宪法,两个公国肯定不能接受。德裔与丹麦裔的人口比例是无法克服的困难。德裔居民不到总人口的三分之一,因此只要两个民族以相同的比例选派代表,德裔在共同的议会中就永远是少数。避免这种危险的唯一方法是让德裔代表人数翻倍,可是丹麦人不愿意让步。按照俾斯麦的说法,这就好比把圆形的桩子嵌进方孔里。

俾斯麦在成为普鲁士首相之前,就已经接触过石勒苏益格－荷尔斯泰因问题。由于它独一无二的特殊性,他没有从德意志的角度看待这个问题。关于石勒苏益格的德裔是否受到丹麦统治者的虐待,他并不关心。在与一个英国外交家谈话时,他甚至嘲笑那些德国的狂热分子,因为丹麦官员粗暴地对待一个醉酒的德裔居民,就能激起他们的爱国激情。他只从普鲁士扩张的角度考虑一切问题。无论在法律还是历史方面,普鲁士对两个公国都没有任何权利。尽管如此,俾斯麦的目标从一开始就是让普鲁士吞并它们,对于在两个公国发生的一切事情,是否有助于实现他的目标就是他唯一的判断标准。早在1857年,他在法兰克福写信给曼陀菲尔说:"假如冲突迅速平息,双方都完全满意,我看不出我们(即普鲁士)会得到什么益处。控制我们的行动,防止人们以为我们正在回避对自己使命的清楚明确的要求,亦即反对外国、维护德国的利益,这无疑是正确的。但是只要荷尔斯泰因人在公爵的统治下非常幸福地生活,他们就不会再对普鲁士感兴趣。这种兴趣也许对我们有助益,即便不是在目前,也会在未来可能的紧急关头有用。"

在俾斯麦眼中,荷尔斯泰因的德裔的福利有悖于普鲁士的利益。大多数爱国的德国人强烈地盼望两个公国在自己的世袭君主的统治下独立,可是那正是他最厌恶的,因为那意味着普鲁士永远没希望吞并它们了。普鲁士没有任何资格吞并它们,可是他没有为此烦恼。有一项权益总是凌驾于法律或历史的一切权益：征服的权益。要获得这项权益，必须付出战争的代价。俾斯麦十分清楚这一点，他不害怕战争。在接管普鲁士政府事务的几个月之后，他如此写道："我毫不怀疑，唯有通过战争手段，才能以符合我们意愿的方式解决全部丹麦问题。只要我们认为时机合适，我们随时可以找到机会发动这场战争。"

丹麦国王的突然死亡，就是这样的有利时机。当时形势已经高度紧张，因为在此前数日，丹麦议会刚刚通过了一部新宪法，在德国人看来——无论是正确的还是误解——该宪法意味着丹麦吞并石勒苏益格，也就是破坏了1852年丹麦国王对奥地利和普鲁士的承诺。弗雷德里克七世去世时，尚未在宪法上签字。依照伦敦条约，他的继承人格吕克斯堡的克里斯蒂安亲王登基，成为丹麦国王及荷尔斯泰因和石勒苏益格公爵。在政府和首都哥本哈根的民众的压力下，他在宪法上签了字。

然而正在此时，奥古斯滕贝格公爵的长子弗雷德里克发表了一份声明，宣布他已经接管两个公国。他的父亲公爵为了他曾经放弃了自己继承王位的权利。于是各国签订伦敦条约想要防止的情况发生了。

奥古斯滕贝格所采取的这种稀奇步骤的合法性在当时和现在都引起了热烈的争议。德国人正确地指出，公爵承诺过不做任何可能扰乱或危及丹麦国王的领土的和平的事情，因此所谓公爵为了儿子放弃权利与他的庄严承诺不一致。另一方面，德国人又指出他从未放弃继承权，而且他拿到的钱最多相当于他让给丹麦国王的地产的价值。他们断言，该协议不能在任何情况下约束公爵的儿子,他在协议签订时已成年,并且没有签字。然而这件事最重要的一面是石勒苏益格的全体居民坚决主张,除非得到他们的同意,否则两个公国的继承权不能放弃,他们的代表即等级会议从未那样做。对他们而言,不管有没有协议,奥古斯滕贝格都是他们的公爵。

话虽如此,从严格的法律视角来看,这些论证足以使德国人确信,他们是在为正当的理由斗争,是在协助小奥古斯滕贝格并争取两个公国的独立。德意志民族联盟和其他许多民众组织都声援小奥古斯滕贝格,而且连威廉国王也倾向于支持他和两个公国的事业。此时国王做梦都没有想到吞并石勒苏益格和荷尔斯泰因;而俾斯麦十分清楚,在任何情况下都不能向国王透露他的真实计划。他面临很多巨大的困难,其中之一就是必须对所有人隐瞒自己的计划,包括国王、王太子(他是奥古斯滕贝格的朋友)、大臣、议院,当然还有外国。在这方面他几乎完全成功了。唯一产生怀疑的外国外交家是英国大使安德鲁·布坎南爵士,他是个精明的苏格兰人,他在1863年12月12日的报告中写道:"普鲁士作为主要交战国可以宣称征服的领土应该归其所有,假如未来的战争不具有这种性质……假如俾斯麦没有竭力为普鲁士攫取更实质性的利益……而是帮助奥古斯滕贝格家的儿子获得石勒苏益格-荷尔斯泰因的公爵领地,只要得到荣誉就满足,我会感到很惊讶。"布坎南确实正确地理解了俾斯麦的想法。

设想一下俾斯麦在丹麦国王去世时面临的困难,再看到他竟然设法克服了一切困难并最终赢得胜利,我们必定以为那几乎是个奇迹。他的内行技巧和狡诈,他的精力和勇气,他的固执的决心和毅力,他的谋略和灵活机变,他的自信和不择手段都是无与伦比。不过我们一定不能忘记,他奉行的是丝毫没有掺杂民族或道德动机的强权政治和内阁政策。俾斯麦本人在《思考与回忆》中强调过他的政策的这一面,亦即纯粹的强权政治。他写道:"我提醒国王,他的每位直系前任,包括他的哥哥在内,都为国家赢得过一块领土……我鼓励他也这样做。"至于内阁政策,这里可以引用俾斯麦的另一句话。在写给雷希贝格的一封信中,他向那位奥地利同僚提议道:"我们都应当在内阁政策的实用基础上坚持立场,不容许德意志民族情感那种政治家的教条搅浑水。"

他确实不受他所谓的"民族情感"政治的影响,那也就是其他人所称的德意志民族感情。他甚至毫不犹豫地煽动外国反对德国。1863年12月末,德国人民正在焦急地等待他们两个公国的同胞获得解放时,俾斯麦与英国大使布坎南进行了一次面谈。英国外务部提交了一份照会,抗议德意志邦联的政策。听了俾斯麦的言论之后,布坎南只得向拉塞尔报告说:"关于阁下传达的消息的性质,俾斯麦必须提出的唯一意见是,女王陛下的政府提议使用的语言**不足以决定**他们的目标的实现,因为德国各地盛行一种看法,认为大不列颠不会认真地反对邦联分离石勒苏益格－荷尔斯泰因与丹麦王国的尝试,而且由于自由主义报刊的宣传,这种看法影响日增,所以女王陛下的政府应当用符合外交形式的**最强硬的语言**……这个过程也许会使**英国舰队封锁**他们的海岸线。"

多么非同寻常的可笑事情!德国人民认为这位伟大政治家是德意志民族感情的英雄,他却诱导英格兰威胁德国,用舰队封锁德国的海岸线！

两个因素对俾斯麦有利，而且他知道如何在最大程度上利用它们：政治和法律状况的复杂和混乱，以及强国之间的不一致。事实上，只有一个强国即大不列颠认真地看待伦敦条约。英国首相帕默斯顿认为丹麦的完整很重要，值得为之战斗。但是他已经是80岁的老人，早已过了鼎盛时期。现在他不是俾斯麦的对手；此外，女王也是一个障碍，因为她在处理一切问题时都尽量考虑她去世的伴侣，觉得她的"天使"也会看见。她在内心深处赞同德意志而不是普鲁士，因此讨厌伦敦条约，将希望寄托在奥古斯滕贝格公爵的儿子身上。1863年7月，帕默斯顿事先没有与内阁商议，就在下议院鲁莽地宣布："我们——至少我确信，倘若有人企图用暴力侵害（丹麦的）这些权利并干扰其独立，他们将看到后果，他们的对手将不仅仅是丹麦。"

这种威胁不可能吓倒俾斯麦那样的人。没有常备军的英格兰能做什么呢？法国本来可以提供军队，有理由猜想，帕默斯顿在发表上述宣言时曾希望得到法国的协助。法兰西和大不列颠的合作应该能挫败用武力解决石勒苏益格－荷尔斯泰因问题的任何企图。然而由于1863年的外交事件及不列颠外务大臣拉塞尔勋爵的处理方式，英法合作变得障碍重重。拿破仑感到在波兰发生起义时各国反对俄国的行动中，拉塞尔在他有难时袖手旁观，而且欧洲代表大会的挫折严重冒犯了他。英国与法国不能达成共识还有另一个因素。拿破仑政策的意识形态基础是民族性原则。伦敦条约使德意志民族的居民服从丹麦人的统治，不符合这一原则。拿破仑的理想是依照居民的民族分割两个公国，石勒苏益格北部的居民是丹麦人，应当属于丹麦，其余地区应当属于德国。俾斯麦使皇帝理解，他十分愿意把石勒苏益格北部留给丹麦。

在弗雷德里克国王去世之前，德意志议会正忙于"联邦执行"，反对作为荷尔斯泰因公爵的丹麦国王。荷尔斯泰因无疑是德意志邦联的成员。违反联邦义务的成员要负法律责任，成为邦联"执行"的对象。邦联的宪法包含关于"执行"的详细规章，它编制得非常一丝不苟，因此执行的过程缓慢而冗长。在这个问题上，邦联的领导者是中等邦国的政治家们，萨克森的博伊斯特男爵和巴伐利亚的全权大使冯·德·普福尔滕（der Pfordten）。他们是德意志民族运动的捍卫者，坚决反对伦敦条约，邦联和他们的邦国都没有在该条约上签字。

1863年4月，特韦斯滕议员质询首相时，普鲁士议院中也盛行相同的观点。特韦斯滕要求政府宣布，丹麦政府破坏了伦敦条约，因此它失去了法律效力。但是俾斯麦不愿意为伦敦条约的法律效力争论。另一方面他触怒了下议院，因为他用可能最刺耳的方式宣称："倘若我们认为有必要发动战争，不管你们是否同意，我们都会那么做。"包括普鲁士国王在内，当时伦敦条约是所有德国人的噩梦。

丹麦国王去世之后，邦联认为"执行"不再恰当了。因为"执行"仅适用于邦联成员，既然丹麦国王不再是荷尔斯泰因公爵，他就不再是邦联成员了。邦联成员国和德国人民普遍的观点是，他是丹麦国王不是荷尔斯泰因公爵。邦联应当采取的措施不是"执行"而是派部队"占领"，代表合法主人的利益进行"占领"。议会必须决定的是谁是合法主人。

那恰恰是俾斯麦不容许发生的事。假如议会决定奥古斯滕贝格是合法的公爵,那么普鲁士吞并公国的希望就完全破灭了。于是他利用自己可以支配的一切手段阻止议会决定继承权问题,并迫使它继续"执行"。而在议会中获得多数票的唯一途径是诱导奥地利政府与普鲁士合作。

此时此刻,弗朗茨·约瑟夫和雷希贝格掌握着决定未来的关键。假如他们拒绝俾斯麦的提议并与中等邦国联手,俾斯麦的计划就必然失败。那样普鲁士在议会中将只占少数而无能为力,奥地利作为德意志民族事业的领袖,将得到压倒性多数的欢呼。然而皇帝和他的大臣未能领会这件事的重要性。奥地利确实签署了伦敦条约,每个方面都归因于雷希贝格的合法论点,即这一条约仍然有约束力,尽管丹麦的情况有变。不过雷希贝格的决定性动机并非法律上的理由。他那保守派的头脑不喜欢民众运动。在他眼里,中等的邦国与普鲁士不同,不能构成抵御革命的壁垒,而普鲁士积极地与自己的议会进行斗争。他还对皇帝和其他大臣们提出了另一个观点。他说,坚持伦敦条约是为了奥地利的明确利益。假如奥古斯滕贝格公爵的儿子成为荷尔斯泰因公爵,他无疑会追随普鲁士,也就是说在议会中跟着普鲁士投票。奇妙的是,俾斯麦在完全相反的意义上利用了相同的论据。他告诉他的国王,奥古斯滕贝格公爵的儿子会在议会中跟普鲁士作对。两个强国恰巧对公爵儿子未来的态度做出了完全相反的臆断,结果都拒绝了这位倒霉的王子。

由于这些原因,雷希贝格劝说皇帝接受了俾斯麦的合作提议。在奥地利和普鲁士的强迫之下,议会非常勉强地决定必须在1864年1月1日前开始"执行"。这一决议在德国激起了怒火,因为人们以为它是两个公国向丹麦臣服的新步骤。德意志独立邦国的各个议院有500名代表聚集在法兰克福,抗议这一决议,并建立了36名代表组成的委员会,捍卫两个公国和奥古斯滕贝格公爵的儿子的合法权利。特韦斯滕、西贝尔和代利奇的舒尔策(Schulze-Delitzsch)等普鲁士议员都是这个委员会的成员。

不仅是议员和报纸谴责俾斯麦的政策。普鲁士的行政官员几乎都反对他,甚至包括他部下的外交官员。俾斯麦写给普鲁士驻巴黎大使冯·葛尔茨伯爵的信件表明了这一点。该信收录于俾斯麦的《思考与回忆》中,不过我们应当一起阅读葛尔茨的回信,后者揭示了事情的另一面。这里引用俾斯麦的信件的一个段落就足够了:"你不信任奥地利。我也是。但是我认为目前正确的策略是与奥地利联手。至于分手的时刻何时来临,又是哪一方主动,我们等着瞧……我绝不害怕战争,恰恰相反……或许你很快就会确信,我的计划中也包括战争。"另一方面,葛尔茨回信说:"你不是得到多数支持的首相。你能作为首相存在,仅仅是依靠国王的信任,而国王必须保持一种状态以便维持这种信任,即**充分了解问题的全部方面**(*en pleine connaissance de cause*)。"他指责俾斯麦用"恐怖主义手段"阻止大使们向国王汇报他们的看法,致使国王无法再正确地获悉各种各样的观点。他写道:"那无疑不是代议制政府,可是也不是君主制政府;不如说,那是首相对外国事务的独裁。"后来不止一位德国大使将复述这段话。

然而这些困难都无法阻止俾斯麦朝自己的目标逐步前进,他极其谨慎,却又绝对无所畏惧,鲁莽到令人惊讶的程度。他知道拿破仑的态度非常重要,就利用一切手段争取他。这年12月底,皇帝派去哥本哈根的法国将军弗勒里(Fleury)前往柏林,见到了俾斯麦。普鲁士首相提及半途而废的欧洲代表大会,并告诉将军,由于涉及波兰问题,他不能同意全体代表大会。那是普鲁士不能忍受的。他接着说道:"与其容许讨论我们在波兰的领地,那还不如死掉,我宁愿割让莱茵行政区。"

俾斯麦为什么谈起莱茵地区?弗勒里并未提及。俾斯麦如此暗示的理由是他知道拿破仑一直梦想得到莱茵河左岸地区。那或许只不过是个梦想,但是假如皇帝希望这个梦想成为现实,这一暗示就颇具诱惑力,可能会促使皇帝帮助俾斯麦。

7. 与丹麦的战争以及伦敦会议

邦联的部队进军荷尔斯泰因,丹麦人未开一枪就撒退了,俾斯麦的下一步目标是调动普鲁士军队进驻石勒苏益格,然后与丹麦开战。因为普鲁士与奥地利协作才能开战,两国必须缔结同盟。俾斯麦不仅成功地做到了这一点,而且从条约中排除了可能约束他未来的行动自由的条款。连雷希贝格也明白,这种伙伴关系不可能持久,两国的利益不会始终一致。两个公国与奥地利的间隔相当于整个德国的东西向宽度,可是它们与普鲁士直接相邻。这样奥地利不能自己吞并两个公国,因而必定会怀疑普鲁士的动机。于是为了预防不利的状况,奥地利采取了十分必要的保护措施,提议给结盟条约附加一个前提条件:除非得到双方的同意,否则一定不能放弃丹麦王国的领土完整以及克里斯蒂安七世的继承权利。假如这一条款成为条约的一部分,奥地利就能发挥占马槽的狗的作用,阻止普鲁士贪婪地吞噬奥地利自己无法消化的肥肉。然而俾斯麦凭借真正奇迹般的外交手腕,竟然劝诱奥地利人放弃这一条款,默认了俾斯麦提出的另一种方案,最后事实证明它毫无价值。

驻柏林的奥地利大使卡罗伊现在相信俾斯麦是奥地利的真正朋友。多么可惜,他没有听见俾斯麦与驻柏林的意大利公使德劳奈(de Launay)的一小段对话!俾斯麦在一次舞会上见到劳奈,指指对方的剑,微笑着说:"意大利的剑。"德劳奈回答:"既然您已经选择了另一个同盟国,看来您不需要意大利的剑。"俾斯麦说:"噢,另一个,他是我们雇佣的。""不用付钱吗?"德劳奈问道。"他为普鲁士国王工作。"(*Il travaille pour le roi de Prusse.*)然后他转向法国大使,津津有味地转述他刚才拿自己的同盟国开的精彩玩笑,正是在那天晚上,奥地利和普鲁士军队刚刚联合侵入了石勒苏益格。

雷希贝格虽然从许多地方收到了警告,还是盲目地参与了这场战争。这个问题在奥地利议会辩论了整整四天,很多自由主义者的议员尖锐地批评他的政策。他们的演讲和表现证明他们的政治洞察力和明智的判断力比政府强得多。一位自由主义者领袖说了一句非常精明的话:奥地利每犯一次错误,就在德意志变得更不受欢迎,甚至普鲁士政治家的所有罪孽也不能摧毁德意志人民对普鲁士寄予的希望。另一个人预言,这场战争之后普鲁士将变得非常强大,因为战争将导致统一的领导权落入一个精力充沛、任性固执、无所畏惧的男人手里。第三个人问了一个非常中肯的问题:"普鲁士刚从弗雷德里克二世那里窃取并消化了西里西亚,现在它的魔爪伸向了两个公国。我们让自己的军队演奏军团的美妙音乐,用军鼓和小号的轰鸣引导普鲁士人进驻两个公国。可是要用什么曲调才能引导他们离开?"

在后来的岁月里,奥地利的爱国者们将一次又一次重复这个问题。

1864年2月1日,普鲁士和奥地利的军队穿越了石勒苏益格边境。丹麦人决定战斗,并希望英格兰帮助他们。俾斯麦尽其所能强化丹麦人的这种希望,因为他必须打败丹麦才能赢得征服的权益,和平的占领是没用的。然而拉塞尔所做的仅仅是请德意志的两大强国发表有约束力的书面声明,宣布他们不会侵害丹麦王国的领土的完整性。在俾斯麦的劝诱之下,不情愿的国王以含糊不清的方式发表了声明。当然,俾斯麦完全无意遵守诺言。他的格言是:我们说话是友好的($In\ verbis\ simus\ faciles$)。他知道,占有者在诉讼中通常总是占上风,普鲁士军队一旦占领了两个公国,他就能讲另一种语言了。他在政务会告诉国王,他的承诺不会限制他未来的行动自由,维护丹麦的领土完整的保证肯定并且永远不会约束普鲁士。

入侵石勒苏益格之后,在2月3日的委员会会议上,威廉同意了那个声明。同时俾斯麦还第一次透露了他的真实目标,即吞并两个公国。虽然俾斯麦在他的《思考与回忆》中对于这次透露的描述不值得相信,有一点无疑是真的:草案的页边空白处的一条评注显示,国王大吃一惊,不同意俾斯麦的政策。但是俾斯麦不予理会，毫无良心上的不安。只要威廉让他自行其是，他就可以自由地在机密文件上写任何他想写的东西。俾斯麦毫不怀疑，威廉最后肯定会忠于霍亨索伦王室的神圣传统，拿走他能得到的东西。

丹麦人太弱，无法长期抵抗奥地利和普鲁士军队的进攻。4月18日，普鲁士部队猛攻丹麦的最后一个要塞迪彭（Düppel）的防御设施，然后占领了整个石勒苏益格。直至这个阶段，英国才开始干预，在伦敦召集伦敦条约的签约国开会商谈。俾斯麦不得不派普鲁士的代表参加会议，但是他知道如何处理这种情况，结果这次会议未能以任何形式阻碍他的行动。他没有亲自前往伦敦，相信能够从柏林更好地远程操控。他还乐意接受德意志邦联收到的参加会议的邀请，邦联的代表是博伊斯特男爵。他知道博伊斯特和奥地利人看法不一致，因此他可以轻易地避开和解，无须履行任何义务。丹麦人不情愿地做出让步却为时已晚，他不断抬高要价，实际上使和解变得不可能。

奥地利不能从这场战争中获取任何利益，雷希贝格只希望结束这场战争，然而完全孤立无援。不列颠全权大使克拉伦顿（Clarendon）勋爵愤怒地说："俾斯麦是个没有信仰无视法律的人，雷希贝格在他眼里就是黑人。"其他强国迫使奥地利和普鲁士用清楚的、不会引起误解的方式说明他们发动战争的目的时，这次会议达到了高潮。5月28日，奥地利代表在大会上以奥地利和普鲁士的名义宣读了一份声明，要求石勒苏益格和荷尔斯泰因与丹麦彻底分离并统一成一个国家，其最高统治权属于奥古斯滕贝格，"（奥古斯滕贝格）拥有最合适的继承权，由议会确保其得到认可,而且拥有压倒性多数的居民的支持和赞成。"丹麦不能接受这一提案,于是谈判破裂了,战争继续进行。

德国的庆祝活动是毫无异议的,因为奥古斯滕贝格终于得到了应有的地位。普鲁士和奥地利的庄严宣告不可能存在任何其他理解方式。

唯有一个人的理解与众不同。俾斯麦从未梦想过受这个声明的约束。奥古斯滕贝格公爵的儿子成为荷尔斯泰因－石勒苏益格公爵的希望仅仅过了三天就完全破灭了。伦敦会议的庄严宣告之后过了三天,6月1日晚上,公爵的儿子与俾斯麦进行了一次谈话,这次谈话结束时他的厄运就注定了:他在余生中始终是一个没有领土的王子。俾斯麦熟知如何用普鲁士的过分要求激怒和吓唬这位王子,使王子的回答显得对国王忘恩负义。倘若俾斯麦希望找到解决方法,事情就好办了。可是他想要的不是和解而是冲突,而且他掌握着全部王牌,王子孤立无援。

我们如此解释俾斯麦的态度,并不算诽谤。他本人用更直白、更冷嘲热讽的方式讲述过此事。1865年秋天,他在加施泰因遇见了他的老对手博伊斯特。他们的交谈十分友好而坦率,这时俾斯麦的政策已经获得胜利,可以毫不犹豫地嘲弄不幸的奥古斯滕贝格公爵的儿子。他说:"在伦敦会议上,我给王子套上了犁,以便让牛耕地,犁一开始动,我就放掉了牛。"博伊斯特写道:"确实如此。"(*Verba ipsissima*),凡是了解俾斯麦的人都不会质疑这个正宗俾斯麦式比喻的真实性。

丹麦不可避免的军事失败,令大不列颠只得面对是否应当进行武力干预的问题。帕默斯顿和拉塞尔赞同干预,虽然现在拿破仑可能保持距离。而女王表示反对。在内阁中,格莱斯顿领导的多数派击败了帕默斯顿,他断言英格兰没有准备好战争。他的这一论点无疑是正确的。英格兰没有常备军,不能独自与两个军事强国为敌。对帕默斯顿而言,这是一个苦涩的时刻,是他成功的政治生涯中最沉重的失败。罗伯特·塞西尔(Robert Cecil)爵士是后来的索尔兹伯里侯爵和大不列颠首相,他在1864年4月的《评论季刊》上表达了英国的一部分公众的苦涩感情:"危机终于来临。英格兰曾经坚持的让步全部徒劳无功。她公开表明高度尊重的独立终结了。她试图像朋友一般帮助的人民面临遭到清扫的危险。最肆无忌惮、恬不知耻的掠夺的历史纪录即将达到极点。但是只要进行有效的援助,英格兰就置身事外……她的誓言和威胁随着去年的雪一起消失,她满足于从犬儒哲学的视角袖手旁观,看着那些信任誓言的人毁灭,以及那些足够聪明、一脚踢开威胁的人胜利。"

丹麦遭到伦敦条约的所有签约国的离弃,被迫进行和平谈判。1864年8月,双方在维也纳缔结了和平条约。丹麦国王不得不放弃两个公国,将他的全部权利转让给奥地利皇帝和普鲁士国王。俾斯麦本人也前往维也纳参与谈判,在维也纳附近的申布伦(Schönbrunn)皇宫,弗朗茨·约瑟夫和威廉讨论了胜利者应该如何处理战利品的问题,俾斯麦和雷希贝格都在场。现在奥地利准备转让全部战利品,也就是把两个公国交给普鲁士,条件是普鲁士不仅必须保卫奥地利在意大利的行省威尼斯,而且在某些情况下必须帮助奥地利夺回米兰和伦巴底。据俾斯麦讲述,威廉谢绝了弗朗茨·约瑟夫的提议,因为他没有权利拥有两个公国。但是这并非决定性的理由。帮助奥地利在意大利抵御拿破仑和维托里奥·埃马努埃莱(Vittorio Emanuele)，那最不符合俾斯麦的意图。至于两个公国，他并不着急。他十分确定它们迟早是自己的囊中之物，况且还有其他。

为了庆祝和平，雷希贝格邀请他著名的普鲁士同僚去他的乡间别墅克滕霍夫(Kettenhof)，与所有外国外交官一起参加宴会。俾斯麦在那里抓住机会，以他独特的不慎重的方式与法国大使格拉蒙(Gramont)公爵攀谈。他告诉对方，只有普鲁士能够让拿破仑得到莱茵河左岸，而英国不行。"倘若我们与法兰西联手前进，可以比其他任何国家都做得更好，因为我们一开始就能提供法兰西想要的东西，而其他强国只能口头承诺。我们并不盼望欧洲发生大火灾。但是假如真的发生大火灾，我们不会是遭受损失的一方。我们不畏惧这种前景。"数年前他写信给奥托·冯·曼陀菲尔时表述过相同的思想："大危机正是刺激普鲁士成长的恶劣天气，只要我们勇敢地、可能不顾一切地利用不利条件。"

直至此刻，欧洲还没有政治家怀疑俾斯麦不仅无所畏惧，而且绝对毫无顾忌。只要听见他与格拉蒙的不慎重的谈话，任何人都会猜测，他此刻的盟国奥地利将变成他的敌人，遭到他大胆而毫无顾忌的攻击。

8. 丹麦战争的后果

根据维也纳和约，丹麦国王不得不将两个公国的全部权利转让给奥地利皇帝和普鲁士国王。可是究竟有哪些权利？大多数德国人回答道：根本没有！参照1864年5月28日伦敦会议上的声明，奥地利和普鲁士都强调，奥古斯滕贝格拥有两个公国的最合适的继承权。为了巩固该声明的效果，博伊斯特试图在德意志议会通过一项有利于奥古斯滕贝格的决议。但是俾斯麦的强硬威胁阻止了议会的决定。他尽全力给公爵设置了尽可能多的障碍，举例来说，他编造出一个新的觊觎高位者，此人名叫奥尔登堡（Oldenbourg）大公，与沙皇有联系，因而应该有把握得到他的协助。俾斯麦反对奥古斯滕贝格公爵的儿子，不仅是因为他妨碍普鲁士实现野心，还因为他是坦率的自由主义者，也是普鲁士王太子的朋友。

另一方面，对于两个公国的一个决定性的安排，奥地利和普鲁士意见不一致。因此两国同意暂时以共同占领的方式进行治理。他们设置了所谓的"两国共管的国家"。奥地利和普鲁士不得不联合管理两个公国。那实际上意味着普鲁士正在逐步向目标前进，而奥地利只得勉强表示同意。

此时邦联的部队仍在荷尔斯泰因驻防，他们的待遇可以说明这种情况。俾斯麦事先没有与盟国奥地利商量，就用武力威胁并驱逐了邦联的部队，即使奥地利是主持邦联的强国。对奥地利政府来说，这是最令人不快的处境。由于担心同盟关系破裂，奥地利采取了息事宁人的策略，只要普鲁士做出一些形式上的让步，就容忍事情的实质。

雷希贝格不再是奥地利的代表了。不仅奥地利人民，其他大臣也意识到了他的政策的失败。当时仍在议会有牢固地位的施默林请皇帝在他与雷希贝格之间进行选择。弗朗茨·约瑟夫解雇了雷希贝格，不过他任命的继任者是另一个保守派，施默林不太可能愿意与那个人意见一致。弗朗茨·约瑟夫不想让他的大臣们意见一致。倘若他能够让大臣们彼此对立争斗，他自己的权力就巩固了。雷希贝格的继任者是前将军门斯多夫（Mensdorff）伯爵，他是个拥有大量财富的平庸贵族，恰巧与维多利亚女王和其他欧洲君主有关系。由于门斯多夫缺乏政治领袖的资质，现在奥地利外务部德意志分部的主管比格尔莱本更有权势了。他已经渐渐倾向于批判雷希贝格的政策。雷希贝格在他任职的最后一段日子里才开始怀疑俾斯麦的真实本性，他把普鲁士首相的一封信送给国王，并评论道："这封信的语言值得一个卡武尔（Cavour）。"在维也纳宫廷，卡武尔是邪恶的化身。雷希贝格的悲剧性责任在于直至为时已晚，才察觉到俾斯麦及其政策的真实本质。

俾斯麦将驱逐邦联的部队视为一种力量测试，现在他明白他赢了。他肆无忌惮地告诉英国大使内皮尔（Napier）勋爵，德国农民习惯在初春把牛群全部送去牧场，任凭公牛们一决胜负。"最强的公牛会赢，然后牛群在整个夏天保持和平。那正是我所做的。现在我已经赢了，希望不会再遇到困难。"

由于普鲁士对待德意志邦联的方式和奥地利的默认，敏锐的萨克森大臣博伊斯特现在十分清楚，当时那种形式的邦联已经变得不堪一击。他告诉奥地利公使，人民直接选举的德国议会从今以后不可避免，奥地利最好不要把这张王牌留给俾斯麦。否则俾斯麦吞并两个公国后将进一步征服整个德国。由于单凭武力不可能实施这种政策，勇敢的俾斯麦将寻求并获得德国议会的批准。他说,俾斯麦是普鲁士精神的原型,他是难以应付的力量。他警告奥地利人,不要指望正直的威廉国王能保护他们。"我担心讲良心和道德原则的普鲁士国王比不择手段的国王更危险。不管国王怎样,普鲁士的政策都同样危险。区别只有一个:每个人都会警惕不择手段的国王;讲良心和道德原则的国王的人格得到人们的信任,他的行动却未必合理。"

多么精确的预言!然而奥地利的政治家认为博伊斯特的提议太鲁莽,他们依旧希望与俾斯麦达成共识。无论如何,他们不可能不明白,"两国共管的国家"这种暂时状态如果无限期延长对奥地利没有益处,他们试图征得俾斯麦的同意,找出一个明确的解决方案。奥地利不想要两个公国,哪怕只是一部分领土。它赞成让奥古斯滕贝格公爵的儿子即位,并在伦敦大会的声明中已经承认了他的继承权,这样就能阻止普鲁士吞并两个公国。比格尔莱本竭尽全力,用出色的急件劝诱普鲁士同意这个解决方法。这些函件明确地记述,考虑到普鲁士的奉献和地理位置,可以要求在两个公国得到某些特权。俾斯麦起初没有回应,直至1865年2月,他不能再拖延回复了。不过对于维也纳和觊觎高位者双方而言,他的回复都比最坏的预期更糟糕。俾斯麦提出的让奥古斯滕贝格继承两个公国的条件非常面面俱到,公国的每项重要职能几乎都由普鲁士政府掌握,公爵得到的仅仅是有名无实的地位。俾斯麦甚至鲁莽地告诉王太子,他设计这些条件的目的就是让维也纳和公爵的儿子都不接受。比格尔莱本看了回信之后惊呼道:"与其在这种条件下当公爵,我宁可到乡下当农民种土豆去。"

维也纳与柏林的谈判差不多破裂了。俾斯麦将位于荷尔斯泰因的出色港口基尔改造成普鲁士的海军基地,罗恩向议员们公开宣布,普鲁士在任何情况下都会坚定不移地守住这个港口,他们两人使情况变得更严重。与此同时,俾斯麦要求维也纳同意驱逐奥古斯滕贝格公爵的儿子,奥地利人表示拒绝,他就正式谴责他们破坏同盟的基础。

这时普鲁士实际上正在吞并两个公国的道路上顺利前进。由于威廉国王尚未认可,吞并还不是官方的政策。国王仍有一些良心不安,与奥古斯滕贝格公爵的儿子相比,他既缺少头衔又没有更正当的权利。俾斯麦十分了解他的国王,知道两种互相矛盾的理由正在他的头脑中争着占据上风。一方面,国王不愿意夺走属于另一位君主的合法权利;而另一方面,他又渴望占据两个公国,如同亚哈王(Ahab)垂涎拿伯(Naboth)的葡萄园一样。因此他只想摆脱良心的不安,阻止首相得到两个公国。俾斯麦必须消除这些顾忌,而他当然知道方法。他请王家评审员对两个公国的继承权问题进行法律上的专业鉴定。他确信他可以完全信赖王家评审员,他们肯定愿意给出最有利于普鲁士王室的意见。腓特烈·威廉四世在他情绪极端保守的时候发明了王家评审员。他组建的上议院是国王专制独裁的工具,为容克贵族的利益服务,他给国王保留了一种权利,可以凭"国王的特殊信任"委派一些律师成为上议院和王家评审会的成员。除了"新纪元"的短短数年,只有最反动的律师能获得最高法院或国家律师的重要职位。因此王家评审员是经过挑选的,他们代表着普鲁士的反动精神,并且是以最极端、最不容妥协的形式。他们的主席是极端反动的司法大臣冯·利普（Lippe）伯爵。事实上，大多数王家评审员的鉴定意见更加惊人：丹麦国王克里斯蒂安最初是石勒苏益格和荷尔斯泰因的唯一合法君主。根据维也纳和约，他已经将全部权利转让给了普鲁士和奥地利的君主，因此现在后者拥有两个公国的合法继承权。以上证毕（*Quod erat demonstrandum*）。

王家评审员的鉴定意见没有给独立的法律专家留下深刻印象，他们批评并且大肆破坏这个鉴定结果，德国人甚至两个公国的居民也不买账。荷尔斯泰因人继续坚持忠于奥古斯滕贝格，大多数德国人同意加格恩（Gagern）的看法，这位1848年法兰克福国民议会的著名主席说："将来人们只可能带着讽刺的意味谈起普鲁士国王的正义感和普鲁士法官的责任感。"然而俾斯麦丝毫没有受到困扰。唯一要紧的是威廉已经摆脱了良心上的不安。现在国王能够说服自己，他想要的仅仅是他有资格获得的东西。此外，俾斯麦知道如何使国王对那位倒霉的王子产生个人的反感情绪，以致国王觉得无须对他履行任何义务了。

9. 1865年5月29日的国王政务会

司法大臣得知了大多数王家评审员的鉴定意见，这时国王召集大臣和一些主要将军开会，其中包括军队的参谋长毛奇，组成一个政务会，郑重地商讨关于普鲁士的要求的限度的重要问题：普鲁士是否应该要求吞并，抑或坚持2月时的条件，哪怕要冒战争的风险？这个政务会于1865年5月29日成立，是这一时期最重要也最稀奇的委员会之一。我们仍可以看到冯·毛奇将军草拟的官方外交条约草案和照会。尽管如此，几乎所有历史学家都对俾斯麦建议这个政务会采取的政策有别的看法。

在对可能的策略进行熟练的分析以后，俾斯麦指出，即使普鲁士排除2月的条件中最令人不快的部分，例如要求两个公国的军队的士兵和水手宣誓服从普鲁士国王，以缓和该条件，普鲁士也能以很好的条件达成协议。至于战争，他主张国际形势是有利的。"话虽如此"，他接着说，他建议"只是尝试缓和2月的条件，**倘若尝试失败了，我们再转向更高的目标**"。然后他说出了最关键的一句话："假如陛下对这些条件不满意，希望完全吞并两个公国，这就只能是**国王的自由决定**的结果。"

所有发言者尤其是将军们都赞同战争，包括曼陀菲尔和毛奇在内，虽然后者比较谨慎。唯独王太子维护奥古斯滕贝格公爵的儿子的权利，主张公正的和解。他提醒众人，普鲁士与奥地利和南部各邦国的战争将是一场"德意志的内战"。俾斯麦强烈抗议这个名称，补充说："如果禁止与法兰西结盟并与奥地利开战，那么普鲁士的策略就不再可能了。但是如果向奥地利宣战，结果不仅是吞并两个公国，而且必须重新安排普鲁士与德意志的中等邦国和小邦国的关系。"这时俾斯麦第一次在国王在场的情况下表述了他的著名思想，即必须用"铁和血"整顿并统一德意志。

俾斯麦的这段言论有许多种不同的解释，确实在一定程度上难以理解。无论如何，俾斯麦的意思不可能解释成他想放弃，通过普鲁士的让步避免与奥地利发生战争。他想避免的仅仅是在当时发生战争，因为他还不确定法兰西和意大利的态度。他与过去一样想吞并两个公国，只不过他认为通过有些迂回的途径达到目的能获得更大益处,表现出愿意妥协和让步的态度,可以美化普鲁士。"假装受害者的角色",往后事情就会更顺利。不过他知道仅凭吞并的要求,不足以向目前的同盟国宣战。虽然他希望吞并,他必须给战争找一个目标,一个在当代人和后代看来都合理的借口。这个最终目标只能是德意志的统一。为了这个伟大的目标,他不得不帮犹豫不决的国王做好思想准备。因此他将全部责任推给国王,并希望推迟战争的爆发。与此同时,他竭尽全力在财政、外交和军事方面为战争做准备,并使石勒苏益格-荷尔斯泰因的冲突进一步加剧。

10. 宪法冲突的持续

俾斯麦没有试图迎合议会。在这个关键时刻,事情不会非常困难。反对在战争中获胜的政府永远不是容易的事。对普鲁士自由主义者而言尤其困难,因为他们在战争前曾经倡导的政策在战争期间变得在某种程度上过时了。他们与德国的其他自由主义者一样,赞成石勒苏益格-荷尔斯泰因在奥古斯滕贝格的治理下独立。可是现在普鲁士吞并两个公国的想法在普鲁士人中间变得日益流行。举例来说,《福斯报》(*Vossische Zeitung*)是进步的报纸,是柏林受过教育的中层阶级最喜欢的新闻媒体,特赖奇克以自己的热诚方式宣扬吞并的时候,该报纸却向他欢呼。老瓦尔德克是 1848 年的英雄,进步党最激进的派别的领袖,却反对建立一个中等大小的新国家,支持两个公国与普鲁士合并。莫姆森的故乡就是荷尔斯泰因,却写了一本小册子,试图说服他的同胞与普鲁士合并是为了他们自己的利益。其他议员们至少赞成公国与普鲁士签订条约,赋予德意志的主要国家永久性的特权地位。1865年6月,特韦斯滕在议院发表演说,倡导这种解决方案。他高度赞扬俾斯麦的外交政策,并认可他的许多目标。但是他清楚地表示,自由主义与俾斯麦式的强权政治之间存在重大的原则分歧。他说:"我们不是正统主义者,我们知道每种既得利益都必须让位给民族的永久的基本利益,哪怕是高贵堂皇的正统主义也不例外。不过无论是君主的还是平民的权利,当这类权利引起麻烦时,我们都不应该把它们当成碎纸屑和嘲弄的对象。"

议员们的意见分歧太大,在任何严格的议程上都不可能达成一致。关于重大的宪法问题即没有预算案的政府,下议院不可能让步,而俾斯麦的优势越大,就越不愿意向议院妥协。在这个问题上,国王确实最不愿意做出丝毫让步。现在他的军队已经获胜,他像任何专制主义者一样,认为胜利纯粹是他个人的功劳,议会没资格插手。在国王眼里,议会的唯一职责是投票提供他认为维持军队所必需的资金。这样妥协就不可能了,俾斯麦变本加厉地挑衅。举例来说,他用未经斟酌和令人不快的措辞攻击议院委员会的关于海军问题的报告。该报告的作者是著名的病理学家菲尔绍(Virchow)教授,19世纪最伟大的医学大师之一。教授以同样的方式回应俾斯麦并怀疑他的诚实的时候,俾斯麦发出了挑战。他对这一点极度敏感,虽然他私下嘲笑有些政治家竟然不知道谎言是政治的一部分。

冲突照旧十分尖锐。俾斯麦不仅不设法缓和矛盾,而且准备进一步采取更激烈、更具煽动性的措施。他告诉国王,不可能继续按照宪法统治国家,有必要在这个或下一个冬天进行某种深远的改变,一次针对议员的"打击"。他所谓的"打击"只可能是一场政变。

11. 国际形势

与此同时,普鲁士和奥地利之间关于两个公国的管理的争端显得日益频繁而严重。奥地利人几乎一直采取守势,仿佛普鲁士人蓄意采取行动,使他们的立场不堪一击。俾斯麦送去维也纳的急件也变得更加尖刻、更有挑衅性。

俾斯麦从来不会犯低估敌人力量的错误。他知道奥地利尽管面临各种困难,仍然是一个军事强国。因此他在做出覆水难收的事情之前,必须先非常小心地审视国际形势。俄国的恶意尽可能针对奥地利,因而完全不必担心。事情在很大程度上取决于拿破仑和意大利预计采取的态度。

拿破仑在意大利的势力很强。意大利政府和人民有理由感激皇帝,因为法国在意大利与奥地利交战时帮助过他们。但是两国之间存在一个重要问题:罗马问题。1848年拿破仑作为法兰西第二共和国的总统,曾经派法国部队去罗马协助教皇庇护九世(Pius IX),反对加里波第和罗马共和国。经过光荣的战斗——可以参考特里维廉(Trevelyan)教授的出色描写,加里波第战败,教皇返回了罗马。可是拿破仑未能撤回他的部队。意大利王国建立之后,就更不可能撤退了。意大利的每位爱国者都认为罗马是自己国家的自然首都。几乎可以肯定,法国的驻防部队一旦撤退,意大利人就会立即进军罗马,那就意味着教皇的俗世统治的终结。拿破仑在法国的统治要依靠天主教教士和民众的教权主义思想,所以他认为教皇的失势对他的王权是危险的打击,在任何情况下都必须防止这种情况发生。另一方面,他又希望尽可能迅速地撤回部队。于是他在1864年9月与意大利王国签订了一个条约,意大利承诺永远不攻击教皇国的领地,并帮助它抵御任何侵略。拿破仑承诺在意大利王国的首都从都灵迁至佛罗伦萨的两年之后撤回法国部队。几个月以后这一转接按时生效了,可是意大利人民仍然没有宣布放弃对罗马的要求。1864年12月,罗马教皇在他那边正式颁布了通谕《忧心如焚》(*Quanta cura*)和《谬论概要》(*Syllabus errorum*),表明他不愿意向现代世界做出任何让步。

维也纳宫廷用不信任的眼光旁观事态的发展。倘若意大利未能进入罗马,是否会转向威尼斯?如果奥地利可以指望普鲁士帮助抵御意大利的新攻击,就会愿意在两个公国的问题上做出重要让步。俾斯麦断然拒绝了这种帮助,因此维也纳只得转向巴黎,强调两国在维护教皇的世俗权力的问题上有共同利益,试图与拿破仑结成良好关系。俾斯麦不喜欢这些谈判。他的政策是让通往巴黎的道路只为他一人开放。由于不信任巴黎的普鲁士大使冯·德·葛尔茨,他格外注意与驻柏林的法国大使贝内代蒂(Benedetti)先生培养关系。贝内代蒂与威廉国王在埃姆斯(Ems)的一次面谈被认为是1870年战争的起因。可是在这些年里,俾斯麦与贝内代蒂的交往非常友好,甚至当法国大使卧病在床时还前去探望;俾斯麦在他面前说话最无保留、最不慎重——

例如关于国王和王太子,这是一笔好交易。贝内代蒂确实是支持法兰西与普鲁士互相理解的朋友,因此在皇帝面前尽力强调俾斯麦的观点。

另一方面,拿破仑的政策在法国议会遭到了尖锐的批评。特别是注定走厄运的墨西哥远征,其失败在 1865 年变得显而易见。阿道夫·梯也尔(Adolphe Thiers)提出了最尖锐、最严重的批评,他曾经是路易-菲利普的首相,后来成为法兰西第三共和国的首任总统。梯也尔抨击了拿破仑的政策的核心,即民族性理论。他试图论证,帮助意大利和德意志实现统一是绝对违背法兰西的利益的。他喊道,统一起来的 4000 万德国人和 2600 万意大利人会结成同盟,使法兰西成为牺牲品。

然而这些批评并未说服拿破仑改变对外政策的方向。恰恰相反,在梯也尔发表演讲之后不久,拿破仑授权贝内代蒂请俾斯麦直白地说明他想从皇帝那里得到什么,又愿意提供什么作为回报。可是俾斯麦没有参与。贝内代蒂对这种态度的解释是俾斯麦知道法国的协助需要一些牺牲,那是普鲁士国王不愿意付出的代价。当然,他所设想的让步是莱茵河左岸。该地区只有一部分属于普鲁士,其余部分属于巴伐利亚和其他德意志邦国。

为了胜过意大利,俾斯麦利用普鲁士在关税同盟的影响力,诱导中等邦国与意大利缔结商业条约。在奥地利看来这是不友好的举动,因为意大利仍旧是奥地利的敌人。哈布斯堡王朝在意大利王国的统治尚未得到正式的承认。可是当时奥地利不仅面临外务困难,而且遇到了国内事务的问题。施默林的宪法仅在一部分人口中发挥恰当的作用。最大的麻烦是匈牙利人,他们谢绝进入王国共同议会。后果是皇帝不再信任施默林,撤掉了他的职位。皇帝指定的继任者是一位老保守派贵族贝尔克雷迪(Belcredi)伯爵,他被称为立宪制度的敌人,不喜欢德国人在君主国占据优势地位。这也打击了奥地利在德意志的地位。

在这种形势下,俾斯麦于1865年夏天开始针对奥地利发起犀利的外交运动,并加强攻击奥地利在两个公国的地位。他要求奥地利同意驱逐奥古斯滕贝格公爵的儿子;他表示他会毫不犹豫地逮捕那位王子,将其囚禁到普鲁士的要塞里。为了证明他有能力这样做,在尚未与奥地利政府达成共识的情况下,他已经逮捕了荷尔斯泰因的一个报纸编辑;此人碰巧受普鲁士管辖,被普鲁士部队押送进了一个普鲁士监狱。德国人纷纷公开声讨这种对待新闻出版自由的野蛮方式。可是无论是国民还是奥地利政府的抗议,俾斯麦都丝毫不为所动。

1865年7月,外交运动达到了高潮。当时俾斯麦正在波希米亚的卡尔斯巴德(Karlsbad)泡温泉。他从那里寄出了四封急件,其中充满对维也纳的怨言,他声称倘若奥地利拒绝接受他的提议,他将单方面采取必要措施,并不顾任何风险将其贯彻到底。现在形势如此严峻,内务大臣奥伊伦堡感到有义务告知王太子,普鲁士与奥地利的决裂或许比任何人所预想的都更早发生。当时王太子正在北海的一个浴场度假,就敦促他的父亲一方面与皇帝达成共识,另一方面与奥古斯滕贝格公爵的儿子达成共识。国王在雷根斯堡(Regensburg)召开了大臣政务会,王太子没有出席。驻法大使葛尔茨伯爵从巴黎被召回参加会议,据他转述,俾斯麦在罗恩在场的情况下声称普奥战争仅仅是时间问题,目前就是最有利的时机。会议的结果是给奥地利送去了一封简洁的挑衅性的急件,宣称只要奥地利不接受普鲁士的要求,就等于拒绝继续进行谈判。

在这封急件抵达维也纳之前,奥地利外务大臣门斯多夫伯爵曾经通过驻维也纳的普鲁士大使询问俾斯麦,国王是否愿意以个人面谈的方式接见奥地利的一名秘密使节,为了寻求和解最后再努力一次,俾斯麦同意了。收到雷根斯堡急件后,门斯多夫怀疑面谈的时机或许过去了。可是俾斯麦告诉他,他仍然十分乐意接见他的使节。虽然他并不害怕彻底决裂,只要可能存在其他解决方案,他还不希望"砰"地关上大门。这正是俾斯麦的典型方法。只要有可能,他总是让每扇门都敞开着。

12. 加施泰因专约

当时俾斯麦和国王正在加施泰因泡温泉。维也纳的秘密使节来到了那里。他是慕尼黑的奥地利公使布洛梅(Blome)伯爵,没有人比他更不适合这项工作。布洛梅是强硬的保守派,施默林的垮台使他很高兴,他又是皈依罗马天主教的信徒,认为所有政府的最高职责是投入全部资源,为实现1864年的罗马教皇通谕服务。他对德意志的民族运动没有兴趣,也不同情奥古斯滕贝格公爵的儿子。他将俾斯麦视为保守派政治家,而且是保守派反对革命的共同斗争的战士。在跟俾斯麦打过交道的人中,他最容易落入俾斯麦的口号的陷阱。俾斯麦由于优秀的智慧和技巧,在个人谈判中总是占据上风,不过最容易应付的还是布洛梅伯爵。

这次谈判的结果是加施泰因专约(1865年8月14日)。它分隔了两个公国,从而终结了奥地利-普鲁士两国共管的状态。南部公国荷尔斯泰因的行政管理权移交给奥地利,北部公国石勒苏益格的管理权交给普鲁士。普鲁士国王向奥地利皇帝支付现金,买下了小公国劳恩堡(Lauenburg)。位于荷尔斯泰因的基尔的防御工事委托给了普鲁士。这样奥地利获得的土地两边都被属于普鲁士或由普鲁士管理的领土包围了起来。

加施泰因专约在普奥双方都引起了愤慨的抗议。德国人民认为它不可原谅地违反了原则,因为在石勒苏益格-荷尔斯泰因问题最初出现时,不仅德国而且奥地利和普鲁士都曾经呼吁两个公国应当"合二为一并且永远不可分割"(up ewig ungedeeld)。拉塞尔勋爵在一封急件中直率地谴责该条约:"加施泰因专约践踏了……所有新旧权利,它顾及和承认的唯一力量是**强权**。"法国公使德律安·德·吕(Drouyn de Lhuys)的批评同样坦率:"我们遗憾地发现,该协议的唯一基础是武力,唯一的正当理由是分享的互惠互利。如今的欧洲已经不习惯这种模式的程序,在最黑暗的历史时期肯定可以找到它的先例。"维多利亚女王义愤填膺。克拉伦顿勋爵声称,普鲁士对两个公国不可避免的吞并是瓜分波兰以来最丑恶的行动。他还说,不过4000万德国人中唯独国王俾斯麦一世既有意图又有毅力实现此事。

加施泰因专约背后潜在的原则令普鲁士大使也感到恐怖。巴黎的普鲁士大使葛尔茨伯爵写信给伦敦的普鲁士大使伯恩斯托夫伯爵说:"加施泰因专约使我们永远走上了欺骗、武力和违反法律的道路。"

签订条约的双方同样应该受到责备。从政治角度来说,毫无疑问普鲁士是赢家,奥地利是输家。人民茫然不解,不明白奥地利为什么竟然会缔结这种性质的协议。巴伐利亚的首相惊呼:"每当我谈判签订条约的时候,如果俾斯麦肯接受我的授权书,我就高兴了。"普鲁士公开声明执意走强权政治路线,可以负担破坏原则和条约的责任。可是奥地利不能,因为其存在本身要依靠条约,它的政策最终要以维护法律的保守主义原则为基础。普鲁士公然反抗德意志邦联,而奥地利不仅是首席强国,它在整个德国的地位取决于德意志各邦国政府的友善,可是加施泰因专约深深冒犯了各邦国。假如奥地利能肯定石勒苏益格-荷尔斯泰因问题已经结束,它有把握地占领了荷尔斯泰因,事情就不同了!但是维也纳宫廷过于怯懦,不敢彻底破坏条约,犯了一个不可原谅的错误,提议两个公国的分割应当只是**暂时的**。这样就让俾斯麦可以利用一切机会重提这个问题,扰乱奥地利对荷尔斯泰因的管理。不过对弗朗茨·约瑟夫皇帝能有什么期待呢?皇帝竟询问**俾斯麦**的意见,问**他**是否认为加施泰因专约对奥地利有益?上帝欲使其灭亡,必先使其疯狂。(*Quem Deus perdere vult, prius dementat.*)

B. 通向布拉格和约

1. 比亚里茨,1865 年

在执行计划的过程中,俾斯麦没有浪费时间。他一边在加施泰因谈判,一边努力促使意大利与普鲁士结盟反对奥地利,并引诱拿破仑赞成。可是他的尝试失败了,拿破仑和意大利首相拉马尔莫拉(la Marmora)将军都在玩跟俾斯麦相同的游戏。每个人都在等待别人先迈出无法后退的一步。意大利人尤其希望在表明态度之前确认普鲁士不会与奥地利私下联手出卖他们。俾斯麦刚向意大利首相保证过不可能跟奥地利达成协议,就立刻缔结了加施泰因专约,拉马尔莫拉因此非常愤怒。

现在俾斯麦决定与意大利间接交涉,也就是通过拿破仑的帮助。德律安·德·吕的尖锐评论深深触怒了他。但是他很快明白,虽然皇帝本人采取主动,他不仅不希望引起任何实际后果,而且担心这样会让奥地利和普鲁士联手反对法国。因此加施泰因专约缔结之后过了几个星期(1865年10月4日至11日),当普鲁士首相在比亚里茨出现时,皇帝十分乐意与俾斯麦交谈。

为了准备与拿破仑交谈的理由,俾斯麦给过贝内代蒂在柏林的代理人、法兰西代办(chargé d'affaires)一些不详细的暗示。此人是勒菲弗·德·贝艾纳(Lefebvre de Béhain),后来担任第三共和国在罗马教廷的大使。俾斯麦告诉这位年轻的外交官,加施泰因专约不包括任何反对法国的秘密条款(这是真的),而且强调其性质是暂时的,条文模棱两可,他可以随时使奥地利卷入新的争端。这仅仅是他的诱人暗示的简单介绍。他还告诉勒菲弗,假如法国希望在种族和语言的近似性所指示的地区扩张领土和势力,他不会反对。他的意思当然是指据说拿破仑非常急于得到的**比利时**。不过这还不算完。他又说,普鲁士与奥地利和德意志南部各邦国的战争结束之后,皇帝甚至有可能获得德意志的一部分领土。意料之外的暗示让勒菲弗大吃一惊,问俾斯麦是否可以向巴黎汇报。俾斯麦明确给出了肯定的回答,他希望拿破仑了解他的意图。

在俾斯麦离开比亚里茨前夕,勒菲弗回复了问题,这次俾斯麦的表现更加露骨。他展示了石勒苏益格-荷尔斯泰因地区的地图,指出会让普鲁士满足的边界;他把石勒苏益格北部丹麦人居住的地区留给丹麦,这符合拿破仑的愿望和他的民族主义。不过俾斯麦补充说,只有得到皇帝的帮助才能实现这个计划,那时皇帝就有资格使他的统治扩张至"**所有讲法语的地区**"。这还是指比利时,俾斯麦用这个诱饵引诱拿破仑。

可是拿破仑没有上钩。我们不知道俾斯麦和拿破仑在比亚里茨的谈话的确切内容。不过我们可以肯定,拿破仑并未先提起比利时,俾斯麦也避免谈论它。真相似乎是拿破仑不想做决定。那不是他的强项,但是那年春天他生病以后,这个弱点变得更糟糕了。他的病是膀胱结石引起的,最后导致了他的死亡。

在返程路上,俾斯麦在巴黎与非常有权势的意大利大使尼格拉(Nigra)交谈了一次。他告诉对方,与奥地利的战争不可避免,极力主张意大利和普鲁士结盟一起战斗。他一回到柏林就立刻开始用新的照会、新的责难和新的要求骚扰奥地利。此外,他还怂恿现在的石勒苏益格总督冯·曼陀菲尔将军不停地骚扰奥地利的荷尔斯泰因总督加布伦茨(Gablenz)。俾斯麦在11月的一份声明中透露了他的计划:"我们不得不装死(*faire le mort*),表现得仿佛我们十分满意暂时的解决方案;同时我们不停地向维也纳抱怨奥地利在荷尔斯泰因的管理,并继续公开投诉奥地利,以便有能力应付在某些情况下比较急剧的发展。"(*Unter Umständen schärferer Entwicklung fähig.*)加施泰因专约签订了短短几个月之后,他已经在计划**向同盟国开战**了。到 1866 年 1 月底,他成功地触怒了长期忍耐的奥地利政府,奥地利送来了一份措辞尖刻的照会,这样他就可以告诉贝内代蒂他不会再回复,并且认为维也纳与柏林宫廷的亲密关系结束了。

因此,俾斯麦与奥地利公开决裂仅仅是一个时机问题。

2. 宪法冲突的激化

与此同时,由于俾斯麦对宪法的新攻击,宪法冲突再次激化了。在议会演讲的自由是普鲁士宪法明确保证的基本权利之一。它明令禁止因为在议会的发言而起诉议员。普鲁士宪法的起草者从英国议会的历史中学到了经验。尽管如此,俾斯麦和他的司法大臣——臭名昭著的冯·利普伯爵仍然下令控告进步党议员特韦斯滕,指责他在下议院的演说中诽谤了普鲁士法院。特韦斯滕无疑既不是激进分子也不是蛊惑民心的政客,只是一个坚持原则、温和中庸的普鲁士爱国者。他本人就是法官,因此他的批评格外有效果,这也是俾斯麦和利普想除掉他的原因之一。

这次起诉最初被法院驳回了,因为它违反宪法。但是普鲁士最高法院特别法庭是利普挑选出来的,1866 年 1 月,它用不值得复述的诡辩回避了宪法问题,决定允许起诉。那是普鲁士司法史上最黑暗的一页。特韦斯滕在议院感叹地正告卑鄙的利普:"你可以用普鲁士君主国的全部命令装饰你的法官。但是你的装饰无法掩盖**这些法官和我们国家的名誉所遭受的伤害**。"此话完全正确。后来被俾斯麦任命为最高法院(Reichsgericht)首席(德国的一种首要法官）的爱德华·希姆森（Eduard Simson）说："目前的政府允许新闻出版自由就无法进行统治，不对法官施加不正当的影响就无法进行统治，让议会存在言论自由就无法进行统治。可是政府为何竟能浪费普鲁士不可取代的未来，换取一点点时间，只为暂时维持现状？我愚笨的头脑实在难以理解这种事情。"

议院的辩论是对政府的道德处决，公众舆论完全赞同议员们。贝内代蒂写道，情况比预料的更激动人心。卡罗伊说，俾斯麦的政府在国内政治领域已经黔驴技穷。两人一致认为，俾斯麦将借助对外政策的手段寻找走出困境的途径。

3. 1866 年 2 月 28 日的国王政务会

在这种形势下，威廉国王于 1866 年 2 月 28 日主持召开大臣政务会，商议普鲁士未来的政策。出席人员强调了这次政务会的重要性：不仅有王太子，而且包括驻巴黎大使葛尔茨伯爵、军队参谋长毛奇将军、石勒苏益格总督曼陀菲尔将军和国王最重要的私人顾问艾尔文斯雷本。其实会议必须解答的问题仅有一个，就是应当选择和平还是战争。

俾斯麦声称普鲁士与奥地利的战争不可避免，请求国王授权派一位特别使节前往佛罗伦萨，**与意大利缔结盟约**，并努力获得拿破仑的某种保证，尤其是在**战争的目标比占领两个公国更高**的情况下。他认为时机不合适，还不能详细谈论这个更高的目标；不过它无疑意味着普鲁士在德意志的新地位。国王肯定对他的首相的目标有所怀疑，因为国王声明，普鲁士的政策目标决**不可**

以是废黜德意志各邦国的君主。唯独王太子反对俾斯麦,谈起了友好的战争(Bruderkrieg)。但是又没人响应他。毛奇热心地支持与意大利结盟,并认为这是赢得军事胜利必不可少的条件。俾斯麦从国王那里得到了他想要的授权。现在他的道路畅通了,战争确实不可避免。

在政务会进行讨论的过程中,内务大臣奥伊伦堡坚决主张,战争是摆脱宪法困境的一种方式。可是俾斯麦回答,那永远不能成为发动战争的理由。这正符合他以前在议院说过的一句话:"对我来说,对外政策本身是一个目的。"他拒绝用它作为手段去达到另一个目的。

4. 1866 年 4 月 8 日,与意大利结盟

对俾斯麦来说,最重要的是国王授权与意大利谈判结盟事宜。他以前就在不断地努力争取意大利政府。可是在加施泰因专约签订时,驻佛罗伦萨的普鲁士大使乌泽多姆刚刚向拉马尔莫拉将军保证,俾斯麦准备与意大利缔结盟约,因此拉马尔莫拉十分震惊,绝不愿意再跟那个狡猾的普鲁士首相作进一步的交易。他宁愿与意大利的老敌人奥地利达成共识。一位与奥地利关系非常好的意大利贵族马拉古齐(Malaguzzi)前往维也纳,提议割让威尼斯地区,换取几百万的报酬。但是弗朗茨·约瑟夫不是从强权政治而是从声望的角度考虑问题。身为欧洲最古老的王室的代表,他的自尊心不允许他做这种交易,而且他的一些教士顾问强烈反对,劝告他不要与教皇的敌人达成协议。拉马尔莫拉在这

边没有成果,只得转向普鲁士。

为了与意大利达成协议,俾斯麦一次又一次敦促乌泽多姆影响拉马尔莫拉。他认为这一同盟非常重要,因而允许乌泽多姆比任何人都更了解他的秘密想法,虽然他根本不喜欢乌泽多姆。在1866年1月的一份照会中,他向乌泽多姆披露了自己的想法,他要使普鲁士的政策回归更基本的民族基础,并使普鲁士与民族主义的力量相结合。七年前当俾斯麦从法兰克福被召回时,曾经向一个自由主义者朋友翁鲁表述过相同的想法,他的论点是普鲁士唯一可靠的同盟者是德国人民(第一章第五节)。尽管他呼喊保守主义口号,对普鲁士自由主义进行粗暴攻击,俾斯麦从未忘记在法兰克福议会学到过的教训。

2月28日俾斯麦在政务会上请国王授权与意大利结盟时,已经知道拉马尔莫拉准备好了。2月24日乌泽多姆发电报说,意大利国王维克多·埃马努埃尔(Victor Emanuel)和首相正在期待普鲁士的结盟提议,并共同对奥地利发动战争。俾斯麦计划派冯·毛奇将军前往佛罗伦萨。3月12日,他给毛奇下达了真正高明的指示,说明他的意图是与意大利结盟迫使意大利跟随普鲁士卷入战争,但是不应该**迫使普鲁士履行发动战争的义务**。因此同盟要有意大利**单方面履行义务**的性质。直至最后一刻,俾斯麦还保留着两手准备,没有断绝战争与和平解决的可能性,意大利人当然没有察觉这种迹象。不过俾斯麦明确指示毛奇告诉他们"雄心勃勃的普鲁士人的更高目标"。他写道:"我们的目标至少是北德意志,1849年的国家宪法曾经有意在那个范围实现中央集权。"1849年的国家宪法是革命的法兰克福议会的成果,当时俾斯麦作为议员在普鲁士下议院发表演说（1849年），谴责它是彻头彻尾的"有组织的政治混乱"（第一章第三节）。如今他在给毛奇的指示中写道："我们认为这部宪法在军事和政治方面**表达了民族的自然需求**，虽然其他方面受到了政党倾向的影响。"这与那个反革命的俾斯麦简直判若两人！

毛奇前往佛罗伦萨的任务中止了，因为意大利的特别使节戈沃内（Govone）将军于1866年3月来到了柏林。戈沃内与俾斯麦的谈话内容的报告非常有趣，它们清楚地表明了俾斯麦的方法。事情并非一帆风顺。双方都完全不信任对方。意大利人担心俾斯麦拉拢他们仅仅是为了做给维也纳宫廷看，以便要挟奥地利让步。谈判刚开始的时候，戈沃内写信给拉马尔莫拉，如此描述用计取胜的俾斯麦："毒蛇会咬冒充内行的骗子。"（*Et la vipère aura mordu le charlatan.*）威廉国王用各种各样的借口避免与他见面，使他更加不信任对方了。国王照例无法下定决心。虽然遇到这些障碍，多亏拿破仑三世的帮助，谈判终于成功，普鲁士和意大利签订了结盟协议。

俾斯麦反复告诉戈沃内，一切都取决于法国皇帝的态度，**只有得到法国的同意**，他才能实行他的计划。意大利贵族阿雷塞（Arese）伯爵与皇帝有私交，维克多·埃马努埃尔国王派他去见拿破仑，询问是否应当与普鲁士结盟。在法国大臣们不知情的情况下，拿破仑接见了使者，表示赞成结盟，不过补充说，他只是以个人身份如此建议，**不承担任何责任**。明知会造成影响最深远的后果，却如此轻率地决定，而且试图推卸责任，这是多么荒谬的策略！当然，他们不可能逃避后果和责任。其实俾斯麦的巨大成就在很大程度上应该归功于他的敌手是如此软弱的政治家。弗朗茨·约瑟夫是没有丝毫政治直觉的平庸人物,拿破仑聪明得多,总是在策划和梦想,却不能下定决心,又看不到自己行动的后果和疏漏之处。

在关键点上,该协议使俾斯麦得到了想要的东西:普鲁士没有发动战争的义务,但是一旦普鲁士宣战,意大利就必须一起行动。不过意大利人坚持修改了条款,规定假如普鲁士在三个月之内没有宣战,同盟关系就自动终结。显然俾斯麦必须立刻开始行动。

该协议事实上**破坏了德意志邦联**。邦联的宪章明确禁止成员国与外国结盟,反对其他任何成员。邦联的目标是共同保护全部成员,这种结盟确实与邦联的存在本身相悖。普鲁士与意大利结盟反对奥地利,就是违反了德意志宪法的基本原则,正如1861年南卡罗来纳和南部其他州退出联邦违反了美国宪法一样。在邦联的50年历史中,其成员国从未做过这种事。难怪威廉国王感到犹豫不决,因此他在有生之年始终不允许解除该条约的保密状态。更糟糕的是,几个月后,战争即将发生,他却以名誉向奥地利皇帝弗朗茨·约瑟夫保证,根本不存在这种协议。博伊斯特说过,讲良心和道德原则的国王的人格得到人们的信任,他的行动却未必合理,这句话完全正确不是吗?

俾斯麦自然很清楚自己做过的事。他对贝内代蒂说:"我诱导普鲁士国王破坏了他的王族与哈布斯堡王室的亲密关系,与革命的意大利缔结同盟,可能接受与法兰西帝国达成协议,在法兰克福提议改革邦联,建立大众欢迎的议会。我为我的成功感到自豪。"

他确实有充分理由感到自豪。那是他自己的政策的彻底胜利。

5. 普选权

与意大利结盟之后,俾斯麦连一天都没有浪费,就开始发起了一场必然以战争告终的政治运动。4月9日,协议签订的第二天,普鲁士首相在法兰克福向议会递交了准备已久的提案,号召**通过普选方式由全体德国人民直接选举出**一届德国议会,接收和讨论关于治理的建议,以便改革联邦宪法。它是该议会收到过的最具革命性的提案。

其中最轰动的一点是普选权。这意味着德国的每个成年人都应该有平等的选举权:每人一票。在德意志的任何邦国都不存在如此民主的选举权。那是1848年革命和1849年的国家宪法提出的选举权,俾斯麦曾经称后者为"政治混乱",普选权尤其如此。如今他为什么完全改变了想法?

此前数年,有一个人以最大的干劲和激情倡导过普选权,他就是费迪南德·拉萨尔(Ferdinand Lassalle),德意志社会民主党的创建者。他是民主主义者和革命派,但是他希望借助普选的手段推翻德意志进步党,他认为该党是布尔乔亚即中产阶级的化身。进步党也是俾斯麦的敌人。同仇敌忾使这两个人走到了一起。这个犹太裔的天才革命者具备卓越的思想、丰富的知识、出色的谈话技巧和个人魅力,给俾斯麦留下了非常深刻的印象,两人在夜晚秘密交谈过许多次。1878年,俾斯麦在德意志帝国议会(Reichstag,相当于下议院——译者注)为反对社会主义者的议案进行辩论时,不得不谈及与拉萨尔的关系,他用热情的措辞称赞拉萨尔的人格,并说每当他们的谈话持续几小时后不得不结束时,他总是感到遗憾。

拉萨尔的论点是进步党的政治地位全部取决于三级选举权,如果采用普选,其优势就会立即消失。他甚至主张从国王的命令开始着手,也就是说利用一次政变。俾斯麦认真考虑了这个提议,但是发现风险太大,成功机会不确定。不过他牢牢记住了拉萨尔的观点。当然,虽然他们都希望自由主义者失败,两人期待的结果完全不同。拉萨尔关心的是城市底层的无产阶级,希望投票结果是社会主义者的胜利。而俾斯麦考虑的是从事农业的地区。自身的经验告诉他,容克贵族和乡绅们对这些地区的体力劳动者和穷人们有非常强大的影响,因此寄希望于保皇主义者的选举。国王抗拒如此革命性的提案,俾斯麦告诉国王,普选权会把他高高托起到**革命的洪水永远无法触及的岩石**上。他写信给葛尔茨说:"在做决断的时刻,群众总是会站在国王一边,无论他是以开放还是保守的方式进行统治。"他认为人们反对他的独断专行的做法只是中上层阶级的肤浅的骚动。他既不能正确理解中间阶层的感情,又不能正确理解劳工阶层的感情。他在实践中模仿的是拿破仑三世,其政府得到群众支持,却遭到一部分受过教育的中上层阶级的反对;拿破仑为了除掉第二共和国而引入普选权,并且成功了。俾斯麦自信能够获得同样的成功。

现在我们肯定知道,俾斯麦的预见是错的,他的算计全盘皆输。由于他的狡猾和干劲,他确实成功地用普选权的手段削弱和羞辱了德意志的自由主义。赢家无疑不是国王。获益最多的是俾斯麦最热烈的敌人天主教中央党和社会民主党；当革命终于在1918年发生，普选权无疑不是受威胁的君主制度可以依靠的岩石。

其实俾斯麦同时还有另一种想法，既可以实现他的愿望，又可以避免普选权的危险性。他计划组建的议会有名无实，**缺乏真实的政治权力**，没有议会的正常功能。这是异常的，他交给议会的提案完全没有提及德意志议会的正常权限和职能。他希望不受约束。然而他注定会发现，纵然是像他这样拥有巨大权力的人，在胜利之后也不能随意从国民那里夺走他曾经给予的东西。他宣传的**思想**甚至比他的强大个性**更强有力**。德意志帝国议会尽管软弱，仍然是一个政治议会，不能单凭国王的意志就置之不顾。

俾斯麦在《思考与回忆》中说，他提议普选权，因为它是当时自由派所知的最强有力的道具。他希望通过这一提案表明，普鲁士对德意志民族有真诚的兴趣和良好的愿望，当它为普选权和国家议会拔剑与敌手战斗时，希望国民集合到它周围。但是这个愿望也落空了。奥地利和中等大小的邦国拒绝玩他的游戏，直截了当地否决了普鲁士的提案。他们把提案交给议会的一个委员会，请普鲁士提出完整的改革计划。此外，俾斯麦的提案未能深深打动公众。人们不信任俾斯麦，大多数人认为这个计划只不过是一次战术上的演习，连特赖奇克也称之为"冒险家的政策"。另一方面，保守主义者存在分歧。普鲁士保守党的大多数成员只是盲目追随政府。现在其领袖瓦格纳（Wagener）在普鲁士政府中担任重要职位，他倡导普选权，将其视为反对自由主义和代议制政体的工具,并建议把它改造成有利于他的党派的形式。但是路德维希·冯·格拉赫(Ludwig von Gerlach)坚决反对,他是前不久去世的利奥波德·冯·格拉赫将军的弟弟,保守党的创建者之一,也是货真价实的保守派。在外国,批评的反响比赞扬更强烈。不过《旁观者》如此评价俾斯麦:"他的政策令人厌恶,但是他的目标是伟大的,他的计划充分周密,他的能力不可思议。"

6. 避免战争的努力

现在每个人都明白,战争即将爆发了。德国人极度激动。绝大多数普鲁士人都反对战争;很多城镇居民写信给国王,恳求他维护和平。那个时代的德国人无疑是热爱和平的,不是战争狂的民族。他们尚未受到"铁和血"的信条的传染。外国的外交家们也在忙着朝和平的方向努力。俾斯麦绞尽脑汁去刺激奥地利进行挑衅或侵略。他了解奥地利的军事系统的弱点:它调动军队的速度比普鲁士慢三到四个星期。奥地利确实遇到了在军事上没有准备的国家必然面临的进退两难的困境:要么仓促备战,因而被指责侵略;要么按兵不动,冒着在一开始就被击败的风险。在这种情况下,奥地利政府采取了一个聪明的外交措施,成功地设法使普鲁士政府发表声明,承诺只要奥地利遣散军队,普鲁士就也那样做,这是一个不小的成就。这种形势对俾斯麦不利,但是在拉马尔莫拉的帮助下,他又恢复了行动自由,因为后者在4月28日宣布,意大利将被迫动员武装力量进行自卫。现在奥地利宣布不能遣散南部的军队,俾斯麦则声称既然如此,普鲁士就不可能遣散军队了。但是由于拿破仑的行动,又出现了新的危险。5月5日,皇帝告诉意大利大使尼格拉,奥地利愿意割让威尼斯地区给法国,只要意大利让奥地利放手去干,在德国获得相等的领土补偿,法国就可以立刻将其移交给意大利。拿破仑当然知道普鲁士与意大利的秘密同盟,故而询问尼格拉意大利能不能放弃。拉马尔莫拉当即谢绝了这个诱人的提议,拯救了普鲁士。他给尼格拉发电报说:"我们不能让普鲁士完蛋,对我们来说,这是荣誉和忠诚的问题。"

在这种形势下,德意志贵族安东·冯·加布伦茨(Anton von Gablenz)试图挽救和平,他是普鲁士的议会成员。他与他的兄弟、奥地利的荷尔斯泰因总督路德维希·冯·加布伦茨达成一致后开始行动。加布伦茨在维也纳和柏林都进行谈判,俾斯麦的坚定、决断和对形势的掌握与维也纳的混乱形成对照,给他留下了深刻印象。奇妙的是,俾斯麦赞同加布伦茨的使命,其动机并非他后来喜欢宣扬的德意志爱国主义,而是为了安抚国王的良心。他事先几乎可以肯定加布伦茨不会取得任何成果,然后他就能说,奥地利拒绝了公道的折中方案。那样他就能帮助国王有效地克服内心残留的顾虑。不过在俾斯麦给加布伦茨的改革草案中,没有一句提及德国议会和普选权,这一点值得注意。关于改革后的邦联的军队构成方式,他的提案要精确严谨得多;也就是书面规定普鲁士国王应当成为北德意志部队的总司令。这是威廉一世唯一真正感兴趣的问题。

这整段插曲代表了俾斯麦典型的双管齐下的政策。他知道如何同时探索两条完全不同的途径,保持两条路畅通,延迟自己做决定的时间,直至他可以绝对确定走哪条路能更迅速、更有效地达到他的目的。

7. 要俾斯麦性命的企图。补偿问题

这时发生了一件最令人激动的事,有人企图取俾斯麦的性命。5月7日,在他从王宫走向自己办公室的路上,一个年轻人在菩提树下大街(Unter den Linden)朝他开枪。攻击者是一个学生费迪南德·科恩(Ferdinand Cohen),他的继父卡尔·布林德(Karl Blind)参加过1849年革命,正在伦敦过流亡生活,是伟大的意大利革命者马志尼(Mazzini)的朋友。科恩失败以后被关进监狱,第一天夜里就自杀了。因此我们对他的计划几乎一无所知。不过有一点毫无疑问,他想杀死自由的最危险的敌人,拯救德意志的自由。民众同情攻击者而不是俾斯麦,他虽然提议了改革,还是不得人心。这里可以引述一个例子:柏林大学的一位教授匆匆跑进菩提树下大街的一家书店,愤慨地喊道:"这个国家的左轮手枪质量太差!"这位教授就是著名的生理学家杜波伊-雷蒙(Dubois-Reymond)。四年以后,杜波伊-雷蒙却在大学礼堂演讲时严肃地说:"我们柏林的教授们是**霍亨索伦王朝的精神上的守护者**。"——时代变迁,我们也随之改变。(*Tempora mutantur et nos mutamur in illis.*)

不过并非只有小人物随着时代和环境改变。制造历史的大人物也会被自己的思想、计划及其后果改变。俾斯麦想组建一个共同的德国议会,进一步使普鲁士统领新的德国,可是他不能留

下自己议会和保守派的领袖的压制者。德意志民族的统一是自由主义者的思想,凡是打算利用这一思想的政治家,不管他是否愿意,都会被迫走上自由主义道路。俾斯麦虽然刻薄地评论自由主义者,以他的冷静理智,不可能不知道他们对他的事业是不可或缺的。无论选举权是什么形式,保守派都不太可能在德国议会中占据多数。在愿意齐心协力统一德意志的其他任何邦国中,都不存在普鲁士类型的保守党。正在此时,俾斯麦与他在反革命时期的保护者路德维希·冯·格拉赫突然断交了,这并非巧合。俾斯麦的道路完全不符合格拉赫的原则,而且格拉赫的个性太强,不可能追随俾斯麦。

这一新情况的最重要的后果是普鲁士国内的冲突必须停止,必须找到解决方法。政府没有预算案的状态不可能无限期地持续下去。况且俾斯麦没有忘记,王太子难以接受并反对宪法冲突,没人知道他继承王位之后会发生什么。还有一个特殊因素在相同方向上发挥作用。财政大臣是格拉赫那种类型的坚定的保守派,他不愿意跟着俾斯麦发动战争。现在必须找一个新的财政大臣,他应该既愿意又有能力处理战争时期非常困难的财政情况,并设法筹措不可或缺的战争资金。俾斯麦找到了前任财政大臣冯·德·海特,他已经于1862年退休,因为他拒绝打破对宪法的誓言,在没有预算案的政府任职。冯·德·海特愿意接受这个危险的职位,不过条件是让俾斯麦承诺请议会给予补偿。这里的补偿是英国议会习惯使用的术语。在政府的支出超过议会投票批准数额的情况下,政府偶尔要请议会给予补偿。俾斯麦承诺为冲突当年的全部开支申请补偿,只要他在战场上赢得胜利。于是冯·德·海特出任财政大臣，顺利地取得了资金。

另一方面，一部分反对党的自由主义者感到现在普鲁士的整个未来面临风险，所有内部分歧必须淡化为背景。进步党的一位最激进的议员老齐格勒（Ziegler）是拉萨尔的朋友，他在布雷斯劳（Breslau）的市民们面前大声喊道："普鲁士的民主之心就在普鲁士的旗帜飘扬的地方！"其他不那么乐观的人则希望人民团结一致抵御外敌。俾斯麦与议员中的自由主义者进行了多次面谈。其中包括特韦斯滕，俾斯麦请他草拟一份补偿的议案。特韦斯滕起草的议案非常适度，他没有异议。然而国王反应激烈，驳回了该议案并发表了典型的评论："可是它跟宪法一样。那样他们就又能抢走我的军团了。"他忘记了，他是宪法规定的君主。我们能理解俾斯麦对一个自由派议员说的话："没人能想象我必须与什么样的困难做斗争。"

特韦斯滕向俾斯麦明言了他和他的朋友们愿意做到什么程度。他们决不愿意做的是牺牲法律**摧毁普遍的道德基准**。俾斯麦是否重视他们的观点？如果我们听见特赖奇克在战争前夕与俾斯麦面谈之后说过的话，我们就会持怀疑态度。特赖奇克无疑是普鲁士占据支配地位的最热烈的鼓吹者，他承认俾斯麦的人格给他留下了非常深刻的印象，可是他补充说："对于世间的**道德力量，他没有丝毫概念**！"

8. 欧洲大会的提议

国际形势的难解之处在于法兰西皇帝的态度。没人知道在发生战争的情况下他会采取什么政策。理由非常简单：皇帝自己也不知道。他给阿雷塞的建议，确实帮助俾斯麦与意大利缔结了盟约。可是他不久就开始怀疑，普鲁士的胜利是否对他有益处？他甚至无法确定自己究竟希望战争还是维持和平，最后他又想起了欧洲大会的老念头。5月24日，法兰西、大不列颠和俄国三个中立国发出欧洲大会的邀请，要开会解决石勒苏益格－荷尔斯泰因、意大利以及德意志邦联这三个问题。这次邀请危及俾斯麦的政策，所以他极其恼怒。但是他知道，如果谢绝邀请就会蒙受破坏和平的污名，因此他第一个接受了。他是真正的政治家，然而弗朗茨·约瑟夫的大臣们不是。至少为了替奥地利的军队赢得准备时间，他们本来应该乐意接受邀请，可是他们提出的参加会议的条件是办不到的。由于敌人的错误，俾斯麦再次摆脱了非常困难的处境。宣告大会取消的电报送达时，贝内代蒂正巧与俾斯麦在一起，首相高兴得跳起来叫道："现在是战争的时候了，国王万岁！"

在这个结局之前的数日，俾斯麦的情绪高度紧张。为了争取拿破仑的赞同，他愿意采取极端手段。在这段时间，曾经负责进行结盟谈判的意大利将军戈沃内又来到柏林。他问俾斯麦，能让法国满足的边界是否存在。俾斯麦回答道："噢，是的，摩泽尔（Moselle）。就个人而言，我的**德意志成分比普鲁士成分少得多**。我不反对把摩泽尔与莱茵河之间的全部领土割让给法国：包括普尔法茨领地（Palatinate）和普鲁士莱茵省的一部分。但是国王受到王后的影响；他会有最大的顾虑，唯有在要么赢得一切、要么失去一切的时刻，他才可能同意割让这些领土。"两天以后，他告诉贝内代蒂,在某些情况下,他会尽力影响国王,说服国王把上摩泽尔和卢森堡的领土割让给法国,让法国获得有利的边界。他补充说,国王建议法国吞并所有讲法语的地盘。

这不是他第一次也不是最后一次用这个诱饵引诱拿破仑。

9. 战争的爆发

现在奥地利与普鲁士之间显然不可能以和平方式解决石勒苏益格－荷尔斯泰因问题,于是奥地利被迫开始设法拉拢中等大小的德意志邦国。6月1日,奥地利为此在德意志议会提出了问题。俾斯麦的回应是命令石勒苏益格的普鲁士部队进军荷尔斯泰因。他希望奥地利与普鲁士部队的交锋会引燃火药桶。但是石勒苏益格的司令官曼陀菲尔依据骑士精神行动,容许加布伦茨指挥奥地利部队平安地撤离了荷尔斯泰因。俾斯麦非常失望,给曼陀菲尔写了一封信,这封信是他最非同寻常和典型的作品之一。他知道曼陀菲尔热诚地欣赏席勒的戏剧《华伦斯坦》(*Wallenstein*),只要一有机会就引用其中的台词。于是他也引用《华伦斯坦》。俾斯麦写道:"你说暴力行动使精神陷入窘境,我用德弗罗斯(Deveroux)[刺杀华伦斯坦的凶手]的台词回答你:'朋友,警告的时候到了。'(*Freund, jetzt ist's Zeit zu lärmen.*)"信的结尾是这样的:"仓促草就,还请原谅。由于早晨收到您的电报,我的神经不能正常活动,以致现在如此反应。您繁忙的老朋友,俾斯麦。"不过签名后边还有另一段来自《华伦斯坦》的引文。写着信时,他想起还有一段台词更适合表达他的心情。他命人去取一份剧本来，写完信时书拿了过来。他找到华伦斯坦发现留给自己的只有公开背叛这一关键时刻所说的台词，附到了签名下方：

Ich tat's mit Widerstreben,

Da es in meine Wahl noch war gegeben.

Notwendigkeit ist da, der Zweifel flieht,

Jetzt fecht ich für mein Haupt und für mein Leben.

（Er geht ab, die andern folgen.）

我拔出宝剑，犹豫不决，阵阵疑惧，

内心总有些抵触反感，

因为我还有选择的余地，还能回旋，

如今非下决断不可，凶手向我举起了刀！

疑虑顿时消散！

现在我是为自己的脑袋、为自己的生命而战。

（华伦斯坦退场，其他人跟随他。）

连最挑剔的读者也会不禁被这封信征服，其他任何政治家都不能在这种关键时刻写出这种旁征博引的信件。

普鲁士占领荷尔斯泰因后，奥地利的回应是在议会提出动议，要求调动除普鲁士之外的全部邦联成员国的部队。倘若采纳这一动议，议会就明确与普鲁士对立了。中等大小的邦国希望尽可能拖延时间，避免表明立场，于是巴伐利亚首相提出一个修正案，不仅不调动普鲁士军团，也不调动奥地利军队。他希望以这种方式保持中立。另一方面,俾斯麦向议会提出了他的改革计划。他的计划的首要特点是从未来的德意志中排除奥地利。换言之,他回归了法兰克福的国民议会于 1849 年采纳的宪法。这个计划最早只能在议会投票表决奥地利的动议的会议上进行商讨。俾斯麦已经下定决心,一旦议会投票表决奥地利的动议,他就在议会上发作,因此实际上不可能商讨该计划。他命令普鲁士的代表在投票之后立即宣读普鲁士的声明,宣布动议本身以及部分邦联成员国的认可暗示了对邦联宪章的破坏,因此是违法的,没有法律效力。俾斯麦下令,即使奥地利的动议未能获得多数票,也要宣读该声明。这十分清楚地表明,他提出的所谓违反宪章的法律论据仅仅是借口,他自己也完全明白。事实上,他在两个月前刚刚与意大利结盟而违反了邦联宪章,还有什么资格指责其他成员国违反宪章呢?

1866 年 6 月 14 日,议会进行了投票。奥地利和巴伐利亚的动议都以多数票通过了。普鲁士的全权代表立刻宣读了俾斯麦嘱咐的声明,虽然它不适合多数人的实际投票结果。

但是那有什么关系呢?普鲁士的声明就是**战争宣言**。每个投票的邦联成员国——不是反对普鲁士,就是支持巴伐利亚的动议——都面临受到普鲁士军队攻击的危险。

俾斯麦达到了他的目的:在与意大利的协议规定的三个月期满之前,战争爆发了。奥地利受到两条战线的威胁。现在最后的语言只剩下剑。

在这里恰好可以提出一个后来引起历史学家们的诸多争议的问题:俾斯麦是否从一开始——也就是说自从 1864 年与丹麦

议和——就有意对奥地利发动战争？对于这类战争,他无疑从来没有良心不安,后来甚至称之为"友好的"战争。不过他是否**想要战争**就是另一个问题了。答案是假如他能够通过常规的外交手段达到目的,他也愿意不要战争。如果他在确认没有其他路可走之前就发动战争,哪怕只提前一天,也不符合他惯用的方法。他不可能预先知道奥地利为了避免战争准备做出多少让步。战争结束后有人说,奥地利的最佳策略本来是做出足够的让步,消除诉诸武力的必要性。举例来说,雷希贝格在余生中一直坚持认为,假如沿用他的政策,本来可以避免这场灾难。无须赘言,这是有偏见的看法。

经过两代人的时间以后,如今我们可以问,假如奥地利依据声明放弃在两个公国的权利,交换别的地方的特许权,使普鲁士获利,是否能够挽救与普鲁士的同盟？然而这种政策的缺点在于为普鲁士力量的增强寻找一个补偿条件。若要以割让普鲁士领土的形式给奥地利补偿,哪怕只是一小块土地,威廉国王也绝对会断然拒绝。与此相反,俾斯麦决定夺走奥地利的与邦联主席职位相关的特权。凡是愿意把邦联当成废物抛弃的奥地利政治家都必定要求普鲁士在欧洲政策领域做出让步,以便补偿其势力的损失。那只能意味着让普鲁士支持奥地利反对意大利,而俾斯麦坚决反对这种支援。因此很难看出普鲁士的同盟对奥地利有什么价值。可是从长期角度说,倘若同盟的一方得到全部益处,而另一方仍然两手空空,任何同盟都是无法维持的。俾斯麦希望自己骑在马鞍上,同盟者当马,他只喜欢这样的同盟。1879年他与哈布斯堡王朝缔结的盟约同样如此。只要他是首相,就能保持骑手的地位,这应该感谢他个人的优越。可是他的继任者不同。于是1864年的同盟破裂了,因为奥地利不能拿到自己的一份。1879年的同盟没有破裂,但是当奥地利"骑上马鞍",它使同盟双方都卷入了一场灾难。

因此我们可以得出结论,虽然俾斯麦并非从一开始就决心故意向奥地利挑战,但他推行的政策使战争无可避免。奥地利政治家的错误在于他们未能及时发现战争确实必然发生,有必要作军事和政治方面的准备;不过既然战争无法避免,我们就不应该责备他们未能阻止这场战争。

10. 普鲁士的胜利

法兰克福投票的第二天,即6月15日,汉诺威、德累斯顿(Dresden)和卡塞尔(Cassel)的普鲁士外交使节向这些政府递交了最后通牒。俾斯麦在投票的数日之前已经把通牒交给了公使们,嘱咐他们一旦收到电报命令就送出去。投票的消息一抵达柏林,他就立即下了命令。最后通牒要求这些政府无条件接受普鲁士的改革计划并遣散部队,并要求在当天午夜之前回复。

萨克森有所准备,立刻撤回了与奥地利皇帝有联系的军队。汉诺威的君主——失明的格奥尔格五世(Georg V)性格非常顽固,曾经犯过许多愚蠢的错误。他始终抱着一线希望,不想卷入冲突,因而没有作任何准备,无法进行有效的抵抗。此前几个月里,俾斯麦一直努力争取汉诺威的自由主义反对党的领袖本尼希森和米克尔。本尼希森支持在普鲁士的领导下统一德意志,但是他拒绝参与有关他的国家的谈判。他不希望成为自己的国王和国家的叛徒。格奥尔格国王决定忠诚地履行对德意志邦联的义务，他明白国家面临极大的危险，可是他毫不犹豫地拒绝了最后通牒。他说："身为基督教徒、君主和圭尔夫（Guelph）王族成员，我不能选择其他的路。"他率领部队向南进军，希望与德意志南部邦国的部队建立联系。他们在朗根萨尔察（Langensalza）与普鲁士人发生小规模战斗并赢得了胜利，但是几天以后的6月29日，他们被完全包围，最后只得投降了。格奥尔格国王逃往英格兰。

6月15日晚上，俾斯麦与英国大使洛夫特斯（Loftus）勋爵一起在他办公室的花园里。时钟指向午夜时，俾斯麦对洛夫特斯说："此时此刻，我们的部队正进军汉诺威、萨克森和黑森－卡塞尔（Hesse-Cassel）选帝侯国。这是一场认真的战斗。**假如我们战败，我就不会再回来。**我只能死一次，被征服者适合死亡。"毫无疑问，俾斯麦不会在战败后幸存——很多人同样如此。

普鲁士没有失败。三个星期后的7月3日，普鲁士在柯尼希格雷茨（Königgrätz）击败奥地利，取得了决定性的胜利，这场战役在西欧被称作萨多瓦（Sadowa）战役。战斗激烈而艰苦，一切取决于王太子的援军能否及时赶到。他在为时已晚之前抵达战场，普鲁士大获全胜。奥地利人逃走时，一位普鲁士将军对俾斯麦说："阁下，现在您成了伟人。但是假如王太子来得太迟，您就会成为最大的恶人。"此话完全正确，俾斯麦也明白。不过一事成功万事成，柯尼希格雷茨战役之后的晚上，俾斯麦成了普鲁士的英雄、筹备并赢得战争的伟大政治家。每个人都认可和承认他的天赋。军队在战场上赢得了胜利，而他的政策使之成为可能。他曾经独自一人克服了不计其数的困难。

11. 拿破仑尝试调停

普鲁士在柯尼希格雷茨的重大胜利在整个欧洲引起了极大反响。每个人都感到新时代正在开始，不仅是德意志，整个欧洲的势力均衡发生了彻底的改变。欧洲的强国都感觉到了这种变化，尤其是法兰西。拿破仑突然处在最糟糕的立场上。虽然他与敌对双方都谈判过，但还是不能及时果断地做出决定。他在4月帮助普鲁士与意大利结盟，又在6月与奥地利签订了秘密协议。他期望战事拖延下去，那样他就能在适当的时机进行调停。然而他尚未准备好，一切就在短短几个星期内结束了。

战败之后的第二天，驻巴黎的奥地利大使理查德·梅特涅（Richard Metternich）把维也纳的授权转交给拿破仑，皇帝曾经承诺帮助安排奥地利与敌人议和。第二天，皇帝正式宣布承担调解和居中斡旋的职责。一时之间法国人满腔热情，因为他们以为皇帝是欧洲和平的拯救者和仲裁人。然而他们很快就不抱幻想了。外务大臣德律安·德·吕建议皇帝至少动员一部分军队，并派一个观察团前往莱茵河。可是皇帝没有采纳他的建议，而是听了其他反对德律安的顾问的意见；这种致命的无所作为的主要原因是他的疾病。这段时期他正在忍受剧烈的病痛。皇后尤金妮（Eugénie）告诉梅特涅："皇帝不能走路，睡不着觉，而且几乎不能进食。"皇后甚至建议他退位。柯尼希格雷茨战役之后，博伊斯特匆匆赶到巴黎寻求帮助，目睹皇帝的精神和身体状态却深感震惊,仅仅数年以前,此人还被认为是欧洲最聪明、最强健的君主。"他像个孩子一样咕哝着,不停地说:我还没准备好战争。(*Je ne suis pas prêt à la guerre.*)"

那也是个人政权的一个侧面。

在这种状态下,拿破仑的斡旋尝试没机会成功。现在他不得不应付的对手具有迅速而坚定的决断力,其力量由于胜利而极大增强,在另一方面又完全精通各种各样的外交技巧。俾斯麦不仅知道如何防止拿破仑的干预对他的计划造成严重损害,而且把拿破仑的行动描述成怀有敌意的,将使皇帝在适当的时候被迫付出巨大代价。拿破仑要求普鲁士与奥地利进行和平谈判,当贝内代蒂带着皇帝的消息抵达普鲁士指挥部时,按照俾斯麦本人事后的说法,他立下了"汉尼拔的复仇誓言"。不过从法国的角度来说,拿破仑防止欧洲的势力均衡完全逆转的尝试只是他的职责而已,俾斯麦在反复发表声明并向拿破仑提议之后,肯定料到了这样的事。他曾经对戈沃内说,他的计划取决于皇帝的态度。事实上,他也必须感谢皇帝帮助他与意大利结盟,他向拿破仑抛出的诱饵是让法国获得所有讲法语的领土,而且在这些谈判期间一再重复过。他对陪同贝内代蒂来到普鲁士指挥部的勒菲弗·德·贝艾纳说:"您记得吗?1852年普鲁士和奥地利达成了关于丹麦的著名协议,12年以后,它变成了获得石勒苏益格和荷尔斯泰因的工具。好吧,您必须对比利时国王说,普鲁士不可避免的领土扩张和政治地位的提高令您担忧,预防危险并修复平衡的方法唯有一个:他必须使比利时的命运与贵国联系在一起,让比利时成为法国的北方堡垒,这样法国只是再次恢复它的自然权利。"当然,那意味着以后法国会像普鲁士不久前对待两个公国一样对待比利时——吞并它。

另一方面，为了给普鲁士军队争取接近维也纳的时间，俾斯麦竭尽全力推迟谈判。他完全不顾危险，千方百计迫使奥地利宫廷屈膝。实例之一是普鲁士在布拉格发布公告，致"光荣的波希米亚王国的全体居民"，向波希米亚人和摩拉维亚人——也就是捷克人——承诺实现他们的民族目标。那不仅打击了奥地利政府，而且更严重地打击了奥地利的德裔居民。

12. 匈牙利军团

俾斯麦还运用类似的策略组织一个"匈牙利军团"对抗奥地利。后来他告诉雷希贝格，在拿破仑干预以后他才开始着手组建军团，因为最紧迫的任务是尽快迫使奥地利投降。这是彻头彻尾的谎言。在战争爆发之前，俾斯麦已经开始在匈牙利组织反叛。他与1849年的革命者克洛普卡(Klapka)将军商谈，让他担任匈牙利军团的司令官，打算由背弃哈布斯堡王朝的匈牙利人组成一个军团。普鲁士是一个注重军事的君主国，况且它声称捍卫君主统治的原则，这种煽动士兵背叛和逃亡的行为确实非同寻常。与这种策略联系在一起，这里应当引用驻佛罗伦萨的普鲁士大使乌泽多姆在6月16日寄出的一封不寻常的急件，它由"刺进心脏"(Stoss ins herz)这个名字而著称。意大利首相拉马尔莫拉将担任军队总司令，乌泽多姆在急件中建议这位将军不要浪费时间围攻奥地利人在意大利的要塞，而是直接向维也纳进军，在王国的中心与普鲁士军队会合。然后两个同盟国打算在匈牙利煽动叛乱,并组建一支游击队,经过西里西亚进军该国。如果计划成功了,他们就不是打击奥地利的手足,而是刺中了奥地利的心脏。

1868年拉马尔莫拉提前公开发表了这封急件,引起了巨大的轰动。俾斯麦不加掩饰地声明,这封信是乌泽多姆自作主张写的,与他完全没有关系。那也不是真的,急件的实质性内容来自俾斯麦数天前给乌泽多姆下达的命令。

然而匈牙利军团令俾斯麦大失所望,匈牙利居民丝毫没有让普鲁士人帮他们摆脱哈布斯堡王朝统治的意愿。他们不仅不响应建立军团的号召,而且进行反抗,帮忙赶走普鲁士人。事实上,在交战双方签订停战协议(1866年7月26日)以后,军团才侵入了奥地利领土。军团越过了停战协议划定的边界线,管理军团的普鲁士军官没有认真阻止这种破坏停战协议的行为,结果入侵彻底失败了。军团匆忙撤退,奥地利逮捕了指挥官克洛普卡将军的副官泽埃尔-托茨(Seherr-Tosz)伯爵。泽埃尔-托茨伯爵受到军事法庭审判,并被判处死刑。俾斯麦亲自给泽埃尔-托茨下达过指示,虽然依据法律这一判决是正确的,他还是竭尽全力营救泽埃尔-托茨,这并不奇怪。但是俾斯麦运用的方法令人惊讶。他威胁说,倘若奥地利执行军事法庭的判决,他就要枪毙陶特瑙(Trautenau)的十个市民,因为他们碰巧因禁在普鲁士的监狱里。陶特瑙是波希米亚的一个小镇,后来被称为"苏台德-德意志"(Sudeten-Germany)。在战役的最初几天,一个普鲁士军团翻山越岭占领了它,但是又被奥地利将军加布伦茨赶走了。普鲁士士兵声称陶特瑙的居民从屋子里朝他们开枪,为此抓住市长和另外九个市民，把他们关进了监狱。他们的指控完全没有事实根据，不过在巷战和撤退的慌乱之中，很容易发生这类误解。但是后来发生的事就不可原谅了。那些相当年长的市民们在普鲁士的监狱里囚禁了七个星期，戴着镣铐，遭受虐待，没有法官审问他们，甚至没人告诉他们受到什么罪名的指控，显然不可能依据法律控告他们。俾斯麦威胁要枪毙这些受害者，除非奥地利容许匈牙利的叛徒逃脱惩罚。

让俾斯麦高兴的是，和平条约中包含互相大赦的内容，这样泽埃尔－托茨就得到释放，陶特瑙的市民们也能回家了。

13. 尼科尔斯堡

俾斯麦虽然鲁莽地向奥地利宣战，在决定性的一点上，他心甘情愿去做拿破仑想要做的事。他无意让普鲁士吞并奥地利的任何领土。他确信这样的占领不仅无益，而且对于普鲁士王国是一种负担。更重要的是，他颇具远见地认为，使哈布斯堡王朝成为永远的敌人不符合普鲁士的利益。柯尼希格雷茨战役之后不久，他就对王太子的军事顾问施托施（Stosch）将军说：" **为了我们自己的未来，我们需要奥地利的力量。** "

然而威廉国王的头脑中不存在这种见解，他的想法很简单：征服者有资格从降服的敌人那里拿走一点东西。俾斯麦写信给妻子说："如果我们不夸大自己的需求，不相信自己已经征服了整个世界，我们就会得到与付出的努力相应的和平。可是我们——这里当然是指国王——既容易沮丧又同样容易陶醉，我只得承担这个吃力不讨好的任务,给酒里掺点水,把真相说出来,我们不是单独在欧洲生活,旁边还有三个邻居。"这是一个真正的政治家的想法和语言。但是执行他的政策会遇到最大的困难,国王以他惯常的顽固进行斗争。在尼科尔斯堡(Nikolsburg),国王与首相发生了极其剧烈的争执。王太子在日记里写道:"昨天我在场的时候,国王说了一些严厉的话,俾斯麦竟然哭了。"最后还是王太子帮助俾斯麦战胜了国王的顽固。柯尼希格雷茨大捷的第二天,俾斯麦已经与王太子和解了。现在王太子确信俾斯麦是正确的,并且在不久的将来是不可缺少的人物。因此他与首相合作进行努力,最后国王让步了,虽然非常不甘愿,抱怨说"维也纳门前的征服者居然不得不吞下苦果,把最终判断留给后代"。

后代们已经给出了清楚而不容置疑的判断。俾斯麦的崇拜者和批评者一致认为,他在尼科尔斯堡实现初步和平时所表现出的稳健和自我节制,是他的持久声望的最确定、最好的基础之一。人们认为,尼科尔斯堡和约为1879年德意志帝国与哈布斯堡王朝缔结的同盟做好了准备。

14. 吞并和虐待法兰克福

在和平的其他方面,俾斯麦并未表现出同样的稳健和自我节制。普鲁士完全吞并了德意志邦联的四个成员国:汉诺威、黑森-卡塞尔、拿骚(Nassau)和法兰克福自由市。普鲁士要利用胜利的机会摧毁分隔它在德意志西部的领土与在东边占据的大块领土的障碍,这很容易理解。但是就算不完全吞并和驱逐三个古老王朝，本来也可以达到这个目的。这一切不仅仅是政治上的权宜之计，而且是原则的问题。国王的神圣权利是君主统治原则的基石，普鲁士政府，尤其是普鲁士国王公开声称坚持这一原则。在战争的几个月之前，国王在 2 月的政务会上曾经郑重抗议，拒绝任何"抢劫王权"的行径（第二章 B 第三节），维克多·埃马努埃尔在意大利做过这种事，令每个有良心的普鲁士保守派都感到恐惧和痛恨。现在国王却完全赞成废黜那些不幸的同胞君主，而且似乎比他的首相更积极。柯尼希格雷茨战役之后过了几天，俾斯麦在给巴黎的大使葛尔茨发送指示时写道："我个人并不认为，邦联的有利改革与立即获得这些国家之间的差别具有足够的实际重要性，以致让我们赌上王国的命运。"这话十分正确，可是他并未照此行动，反而坚持主张完全吞并。可能为了让国王同意对奥地利采取温和的政策，他不得不这样做。他敦促葛尔茨说服拿破仑赞成普鲁士吞并德意志北部的三四百万人口。7 月 22 日，葛尔茨拍电报给俾斯麦说拿破仑赞成了。这超出了俾斯麦的预期，而且确实很难理解拿破仑为什么做到这种地步。俾斯麦和普鲁士公众都希望也吞并萨克森；但是奥地利积极反对，因为奥地利感到萨克森是唯一完全履行了义务的盟国。于是唯有萨克森必须加入普鲁士组织的新邦联。

法兰克福自由市并入普鲁士，这件事本身没什么可惊讶的。可是普鲁士对待这个城市的方式十分异常。法兰克福的代表曾经在议会投票支持巴伐利亚的动议。这样俾斯麦就有充分的借口把它当成敌人，虽然它实际上从未参与过任何军事行动。普鲁士占领法兰克福时没有遇到任何抵抗，却把它当成有敌意的被征服的城市对待。率领普鲁士军队的容克贵族们高高兴兴地征用财物、征收高额捐款,施加尽可能多的压力,俾斯麦支持他们的做法,而且没有良心不安。普鲁士军队强迫法兰克福捐出了 600 万荷兰盾之后,司令官埃德温·冯·曼陀菲尔(Edwin von Manteuffel)又要求该市在 24 小时内再交纳 2500 万荷兰盾,他毫不羞愧地谈论对这个城市的掠夺。席勒的崇拜者补充说,他或许可以与残酷压迫荷兰的西班牙统治者阿尔巴(Alba)相比,可是他并不在意。法兰克福市长彻底绝望,上吊自杀了。

征收 2500 万的命令是俾斯麦下达的。此外,他在尼科尔斯堡与威廉国王发生尖锐冲突的那天,俾斯麦发了一封电报给曼陀菲尔说,如果法兰克福不捐钱,每耽搁一天就多索要 100 万,还应当禁止该市通过铁路与外界联系,而且关闭人和货物进出的城门,换言之,使居民挨饿逼迫他们投降。

这些野蛮行径令外国感到震惊,本尼希森称之为"无法用言辞描述的卑鄙事情"。奥古斯塔王后郑重地恳求国王仁慈地对待一个即将纳入他的王国的城市。数年以后,法兰克福捐出相当可观的一笔钱,帮助贫穷的东普鲁士,王后说她一想起法兰克福曾经遭受普鲁士人的苛待,就感到很羞愧。

15. 美因河线

和平环境使普鲁士在北德意志占据绝对优势。奥地利不仅被排除出德意志,而且同意让普鲁士依照自己的意愿重新组织北德意志。不过新组织不包括南德意志，这是拿破仑同意普鲁士吞并北德意志诸邦国的条件。为了维持某种程度的势力均衡，拿破仑紧紧抓住美因河线这一希望。与此相应，1866年8月23日普鲁士和奥地利在布拉格签订决定性的条约时，规定普鲁士掌控的新德意志组织局限于美因河以北。美因河以南的德意志邦国脱离这个组织，并获得权利组建一个**独立存在的国际联盟**。不过在签署这个条约之前，俾斯麦与巴伐利亚、符腾堡和巴登缔结了秘密同盟条约（*Schutz- und Trutz-Bündnisse*），致使这种**独立存在的国际联盟**变得不可能。在该盟约中，巴伐利亚和符腾堡的国王以及巴登大公承诺在发生战争的情况下，他们的全部军队将听凭普鲁士国王的调遣，并接受其指挥。俾斯麦威胁要吞并他们的部分领土，从而迫使这些邦国签订条约。博伊斯特在他的回忆录中称这种方法是马基雅维利式权谋术的极致。他写道："破坏协议的事在历史上并非罕见。但是事先破坏协议，这是专门属于天才的俾斯麦的创新。"

从国际法的角度来说，这种批评是合理的，不过我们一定不要忘记，这些同盟条约是俾斯麦用来与拿破仑斗争的武器。他借此确保在与法国交战的情况下，南德意志各邦国会追随他。他认为当法兰西皇帝试图给自己弄点东西的时候，这场战争可能就迫在眉睫了。

16. 与拿破仑的外交斗争

拿破仑的理论是，只要他继续充当调停人，他就不能为自己要求任何东西。但是当这些谈判结束，他认为自己可以不受约束地谋取利益了。于是他在7月23日委托贝内代蒂询问俾斯麦是否赞成签订秘密协议，让法国得到卢森堡并使边界恢复1814年的状态。7月26日，贝内代蒂在普鲁士指挥部第一次与俾斯麦谈话。俾斯麦以完全内行的态度讨论这不受欢迎的问题。他暗示大使事情很有希望，但是又告诫他，这些接洽方式会给国王留下恶劣的印象。贝内代蒂退下以后写信给外务大臣说："与法兰西缔结密切和永久的同盟对普鲁士政府是有益的，哪怕要付出割让领土的代价，在整个普鲁士，唯独俾斯麦理解这一点。"1870年的战争期间，这封信落到了俾斯麦手里。他读到这句话时十分震惊，在页边空白处写道："那么他真的相信了！"

法国外务大臣德律安受到贝内代蒂的报告的鼓舞，让大使给俾斯麦送去一份秘密结盟协议的草案，得寸进尺地提出了割让德国领土的要求。那天是8月1日，俾斯麦和贝内代蒂已经返回了柏林。拒绝这个提议是容易的，但是俾斯麦做得更多：他设法使该提案的要点和他的拒绝落入了法国反对党的一家报社之手。此事的公开发表引起轰动，法国政府遭受了严重损害，德律安被迫辞职。

现在接管谈判的是法国国务部长（ministre d'état），权势仅次于皇帝的第二号人物鲁埃（Rouher）。他是德律安的政敌，真诚地支持与普鲁士结盟。他指示贝内代蒂以最友善的方式谈判，避免任何形式的威胁。他不要求德国割让领土，只要得到比利时和卢森堡——用俾斯麦本人的表述，就是讲法语的国家。8月中旬，贝内代蒂与俾斯麦进行了一次私人的秘密谈话。他将这次谈话的结果写成一份草案,并亲手誊写了两次,因为他接到的指令是确保绝对机密。一份副本送给鲁埃,另一份副本送给俾斯麦,后者承诺将其呈递给国王。然后贝内代蒂离开柏林去卡尔斯巴德泡温泉,一边期待俾斯麦发电报召他回柏林签署条约。然而他既没有收到电报,也没有拿到草案的副本。法国向普鲁士宣战的一星期之后,他在1870年7月25日的《泰晤士报》上看到了这份草案。

俾斯麦发表这份草案,是为了让英国公众确信拿破仑的实际目标是获取比利时。他在很大程度上成功了,尤其因为《泰晤士报》制造了一种印象,让人以为这个草案是不久前提出或更新的。俾斯麦本人还发表了官方声明,助长了这种诠释。贝内代蒂当然陷入了非常尴尬的处境,他发表相当笨拙的声明试图辩解,却徒劳无功。他跟俾斯麦一样把真实与谎言混合在一起,不过在这场游戏中,俾斯麦远远比他高明。尽管如此,这份草案起草的年代与1870年普法战争的起源毫无关系,贝内代蒂在这一点上说的是真话。况且我们不应该忘记,俾斯麦曾经不择手段地用比利时吊法国的胃口。格莱斯顿怀疑,假如俾斯麦事先没有给他理由让他相信普鲁士准备沿该草案规定的路线前进,贝内代蒂是否可能提出这样的方案?他的怀疑完全正确。

第三章　北德意志邦联和普法战争

1. 补偿议案

俾斯麦不仅必须与国外的敌人,而且必须与普鲁士议会和人民和解。民众的感情确实经历了相当大的变化,1866年7月3日的普选表明了这一点。在正式开战之前,俾斯麦已经解散了下议院。选举日碰巧是柯尼希格雷茨战役的那一天。当然,选民们在投票时还不知道普鲁士的大捷。不过他们无疑受到了战争气氛的影响,很少有人能避免这种影响。因此很多选民从支持反对党转而支持政府,亦即支持保守党。保守党赢得了以前的三倍的席位。自由派的多数地位没有被彻底摧毁,但是被严重削弱了。尽管如此,进步党党员冯·福肯贝克(Forckenbeck)仍当选为议长,他后来成为柏林市长。他与王太子关系不错,王太子常常咨询他的意见,俾斯麦对此很了解,故而不信任他。

新下议院考虑的首要问题是政府违反宪法的行为要如何进

行补偿。为了走出这一步,俾斯麦费尽周折才成功征得国王的同意。一些反动派大臣——比如利普伯爵都反对他。但是俾斯麦坚持己见。他太深谋远虑,不可能没有认识到自由主义尽管失败了,仍然是一股强大的力量,倘若不加以安抚,他未来的计划会遇到严重障碍。此外,说话结结巴巴从来不是他的做法。"我们说话是友好的(In verbis simus faciles)",他在《思考与回忆》中谈及他对补偿问题的态度的段落末尾写道。他还在同一章节中十分正确地写道:"我从未怀疑,有可能赋予王权正确整顿国内形势所必需的力量。"

补偿议案其实只是承认两个议院投票通过的预算案是政府开支的必不可少的基础,因此随后必须投票通过近年来的开支,以便获得宪法基础。但是为了将来重复同样的程序,这一议案有没有给予保障?只要听到国王的话,我们就知道完全没有。他既天真又冒失,居然在议案投票表决之后告诉下议院议长福肯贝克,如果今后再出现类似的情况,他会**重复同样的不合宪法的程序**。为了避免新的危机,俾斯麦和福肯贝克只得把这句话视为非官方发言处理。

在普鲁士和德意志自由主义的历史上,补偿议案的投票是决定性的时刻。尽管存在各种疑虑和反对,议院不可能驳回该议案。但是仍然存在很严重的异议。宪法的斗争曾经是原则的斗争,法治国家,亦即法律统治的国家这一原则面临风险。斗争刚开始时,格奈斯特(Gneist)曾经请俾斯麦尊重德意志人民的信念,德国人坚定不移地相信道德和法律秩序在国家历史中是最持久的决定性因素(第二章第一节)。现在事实证明这种信念具有欺骗性。法律的捍卫者失败了，并非因为他们犯了错误，而是破坏宪法的政府所主导的对外政策才华横溢，而且赢得了反对派议员及其选民们非常欢迎的一场胜利，他们的目标始终是在普鲁士的领导下统一德意志。他们只能感谢这个结果，以及俾斯麦的领导。获得胜利的是军队，虽然他们曾经反对军队改组的某些方面。未来的世代极有可能会得出结论说，他们的反对是彻底错误的。人们多么容易忘记面临危险的原则。要吸引选民关注原则，总是比让他们关注利益困难得多。我们是不是应该害怕，总有一天没有人再关心原则？

不同的自由主义者对这些问题的回答各不相同，结果由于补偿议案的投票，进步党分裂了。投票赞成的议员们组建了一个独立党派，后来发展成"民族自由党"。它的一些领袖有这样的趋势：福肯贝克、特韦斯滕、翁鲁和拉斯克（E. Lasker），他们越来越走向最前线。由于普鲁士新近获得的行政区和并入北德意志邦联的小邦国的大多数自由主义者加入这个党派，它变得更重要了。尤其重要的是，以前汉诺威自由主义反对党的领袖本尼希森和米克尔也加入了这个党。他们具备杰出的政治天赋，但是对原则不那么执着。创建该党的普鲁士人宣布，他们既要在对外政策方面支持政府，又要在国内政策的问题上**保持警惕，忠实地履行反对党的**义务，这是真诚的宣言。他们充分了解普鲁士政府，意识到反对党往往是必需的。但是汉诺威人没有相同的经验，总是倾向于折中解决，而且经常在事实证明妥协是不可避免的之前就妥协。米克尔惊呼："理想的时代过去了，政治家的职责不是寻找合意的，而是寻找可以实现的。"对于一个承担着与俾斯麦合作这种重大而艰难的任务的党派,这是最糟糕的口令。因为俾斯麦要在民族自由党内部寻找同伴,在即将到来的 10 年里在议会中支持他。如果一个党派不得不与刚强冷酷的人打交道,就必须具备坚强的意志,否则就有丧失独立性的危险。

当政府提议给获胜的将军们捐款时,下议院表现出了感情的变化。下议院坚持要求俾斯麦排在名单第一位。他拿到了至少 40 万泰勒,大约相当于 6 万英镑。他用这笔钱在波美拉尼亚的瓦尔济(Varzin)购置了一个大庄园,多年来那里一直是他最喜欢的住处,每当他健康状况不佳,或者国王或帝国议会制造麻烦的时候,他就退隐到那里休息。

2. 先于州议会的吞并。俾斯麦生病

对于普鲁士吞并汉诺威、黑森－卡塞尔、拿骚、法兰克福以及石勒苏益格－荷尔斯泰因的政府议案,下议院的所有派别都赞成。关于两个公国的问题,特韦斯滕说:"我确信奥古斯滕贝格公爵的儿子是两个公国的合法统治者,我的意见至今仍未改变。现在他被迫离去,在任何环境下都不可能归还,但是我们一定不可以歪曲和诋毁自己昨天还相信的东西。"普鲁士对两个公国没有任何所有权,但是现在它是**最卓越的**德意志邦国。因此在德国人民的未来的永久权利的名义下,吞并被正当化了。然而此后多年,两个公国的居民一直感到这次吞并侵害了自己的权利。

汉诺威有一个大党派继续举起废黜国王的旗帜,反对势力仍然比较强大。而在普鲁士,只有老议长冯·格拉赫和少数没有政

治影响力的保守派反对废黜国王,因为那公然违反了君主制度原则。这也是俄国沙皇亚历山大的意见。他在信中写道:"我保留我的看法,当一支笔的轻轻一划就摧毁了整个王朝,君主制度遭受了严重的打击。虽然实行者不是革命而是王权,这种打击并未因此减轻。"威廉国王收到他的俄国外甥的这封信很不高兴。从原则而言,沙皇毫无疑问是正确的。威廉国王自己在感情上也认同这种观点,既然他歧视本尼希森那样的汉诺威人,只因他们离弃他们的老国王,变成了普鲁士爱国者。

虽然俾斯麦应该对违反君主制度原则的做法负责,他知道如何增强自己的君主的权力和权威,使其达到在他刚开始执政时似乎还不可能的程度。这是他最惊人的成就之一。

1866年9月,俾斯麦不得不离开几个星期。他的身体已经完全搞垮了。由于不停工作、激动和紧张,连他钢铁般的体格也承受不住了。他变得神经衰弱,在几个星期中,他不能听也不能谈论任何政治话题。

约翰娜写道:"当他安静地坐着,看着蓝天和绿草,或者翻阅图画书时,他显得还算健康。"经过数星期的彻底休息,他恢复了健康。他于12月返回柏林,开始从事一项新任务:为北德意志邦联起草宪法。

3. 北德意志邦联的宪法

现在必须通过普选选举出一个帝国议会,讨论新的"北德意志邦联"(Norddeutscher Bund)的宪法。1866年10月,普鲁士下议院通过了安排这些选举的法律。很多自由主义者对这种普选没有丝毫热情。他们担心普选会遭到利用,如同拿破仑三世操控选举从而获得有利于政府的多数票一样。不过既然国王的保守主义政府提出民主的选举权,他们当然不能反对。

作为理所当然的结果,普选必须选举要制订新宪法的北德意志邦联议会(Norddeutscher Reichstag)。如此看来新宪法似乎会具有民主性质。然而一切都没有超出俾斯麦的计划。纵然他被迫准许通过民主投票选举新议会,他也同时剥夺了它的全部政治权力。他告诉过萨克森公使冯·弗里森(Friesen),他的计划是**用议会扼杀代议制政体**。他交给邦联的各个政府的宪法草案清晰地表明了他的目标,德意志帝国议会无权投票表决预算案。俾斯麦已经从普鲁士的冲突中学到,预算案在活跃的议会手里是一件武器。北德意志邦联的开支几乎全部是陆军和(目前)不重要的海军的军费,俾斯麦提议将军事预算永久固定下来。在永久性基础上,他的宪法草案规定每年征召入伍(Friedens-Präsenz-Stärke,和平时期存在的武装力量)的士兵数量占人口总数的百分之一,并规定应该给每个士兵发放固定金额的军饷。如果这一提案成为法律,帝国议会将被迫批准每年的军队预算案,而且不能以任何形式影响它。政府将在很大程度上独立于议会,议会却没有权力实行自己的意志。尽管如此,俾斯麦仍不满足,还要更进一步。他希望避免建立一个要承担责任的政府部门,这样帝国议会就不能为任何政治行动追究任何人的责任。

为此他想引入的道具是联邦参议院(Bundesrat,即联邦政务会)。他按照不久前废除的德意志邦联的联邦议院(Bundestag

的模式进行筹划,组成联邦参议院的也是各成员国政府的代表,他们不能依照自己的信念投票,而是依照各自政府的指示投票。连各国政府的票数也沿用旧联邦议会的惯例,只有一处修改:以前属于被吞并的国家的选票现在转给普鲁士原来就支配的国家。这个联邦参议院应该代表新邦联——联合政府(Verbündete Regierungen)。这是一个匿名的团体,关起门来秘密进行商讨,以不具名的方式做出决定,谁都不对帝国议会负责。联邦参议院议长的职位确实类似于联邦总理(kanzler),但是这个总理既不是大臣又无须承担责任,相当于某种尚书,不必在帝国议会面前为联邦参议院的决定进行辩护、解释或者促使其作决定。帝国议会有权制定某些重要法律,尤其是经济方面的。但是帝国议会采纳的每个议案都必须得到联邦参议院的批准才能成为法律,因此联邦参议院拥有绝对否决权。

这个草案的目标很清楚:让普鲁士国王在具有实际政治重要性的所有领域成为全权的领导人,不过做得不太露骨。联邦参议院只是表面,隐藏在背后的是国王。联邦参议院必须始终遵从普鲁士国王或他有权有势的首相俾斯麦的命令。

假如这个草案成为法律,普鲁士的政治生活就会终结。帝国议会将变成没有任何政治权力的辩论俱乐部,任何独立的个人都无法进入议会。老激进派瓦尔德克(Waldeck)打了个比方说,草案企图让普鲁士国王占据古罗马皇帝那样的地位。

在俾斯麦完成宪法草案之前,帝国议会如此构成,以致民族自由党得到了决定票。保守派议员的人数相当多,但是其中仅有一部分人与旧容克贵族持相同观点。许多议员组成了一个比较现代的党派，名称是 *Reichs-Partei* 或"自由保守党"。只要不必害怕激怒俾斯麦，他们就经常站在民族自由党一边投票。

现在如果民族自由党毫无保留地接受俾斯麦的提案，他们就等于背叛了自由主义的基础。德意志自由主义的理想曾经是议会制政府，如果在目前盛行的条件下不可能实现理想，民族自由党的职责至少是为德国议会争取足够的权力和效能，以便发挥某种程度的政治影响力。唯有通过这种方式他们才能向德国人民证明，新的德国并不只是普鲁士的一种军事机构。假设有希望扩张至美因河对岸，与南德意志的同胞们联系起来，北德意志必须有能力给他们普鲁士的军国主义以外的东西，军国主义不仅不能吸引南德意志人，而且使他们厌恶，民族自由党绝不可能倾向于在美因河畔止步。正如米克尔在他关于宪法草案的重要演讲中表述的，他们认为那只不过是开端的一个站点，为了继续旅程，发动机必须在那里添加燃料和水。

当然，这也是俾斯麦的想法，他不可能没看到这个论点的说服力。此外，他还在与邦联各国政府的谈判中学到，他需要帝国议会的协助，如果想随心所欲，就要给他们施加足够的压力。

俾斯麦和民族自由党双方都希望采取折中方案。虽然民族自由党得到的让步与他们的希望相比有所不足，俾斯麦确实在某些问题上退让了。他们成功地得到了**一个负责的政府部门**。由于本尼希森的动议，他们改变了联邦总理的地位，这样邦联的政治领袖——也就是普鲁士国王的一切政治行动都要依靠联邦总理的联署，后者凭署名承担责任。于是联邦总理成了邦联的负责大臣，也是其政府的政治和行政首脑。这一动议的后果是俾斯麦亲自担任联邦总理,虽然这不是他最初的本意。但是,这是唯一符合他的政治权力的地位。后来北德意志邦联扩展成德意志帝国时,联邦总理改称帝国宰相(*Reichskanzler*),俾斯麦是作为宰相载入史册的。

帝国议会还在其他几个方面成功增强了议会的重要性和影响力,例如规定每年一次的集会。然而在议员的报酬问题上,俾斯麦拒绝任何让步。他憎恨职业议员(*Berufs-Parlamentarier*),因为他害怕他们的影响。

最大的困难是军事预算案。经过激烈的长期斗争,加上王太子的全力斡旋,才终于用一个妥协方案解决了这个问题。最后福肯贝克的动议得到采纳,削减永久性预算,直至1871年12月末。1872年1月1日之后,征召入伍的人数应该由法律确定,还需要帝国议会的同意,这样年度预算案的规则似乎得到了保障。然而俾斯麦对这个妥协方案有不同的诠释。他一次又一次强迫帝国议会确定征召入伍的士兵数量,每次确定数年,起初是四年,后来变成七年。这种政策不止一次引起了危机,最终在1887年,他解散了议会。不过他每次都能推行自己的意志。

整体而言,帝国议会的修正案的效果是进步的。其结果当然不是议会制政府,但是比俾斯麦起初希望推行的遮遮掩掩的专制主义更好。在宪法辩论的演讲中,他说了这句著名的话:"我们只要把德意志放上马鞍,它自会知道怎样骑乘。"假如俾斯麦以来的计划得以实施,德意志就不能"骑马"了。民族自由党的修正案使宪法可行,使德意志能够"骑马"。不过,只要俾斯麦还是宰相,他就会握紧缰绳,马儿就不得不服从他的意志。

1869年,俾斯麦写信给罗恩说:"在我眼里,我们的国王统治德意志的形式从来不是很重要。为了确保他统治德国这一**事实**,我已经使出了上帝赐予我的全部力量。"这段话确切而清楚地描述了他起草的德国宪法的目标。他虽然并未获得想要的全部东西,不过收获足以让他完全满意。

在宪法辩论期间的一次演说中,俾斯麦谈及了普选权。考虑到他直言批评三个等级的选举权,这次演说尤其著名。他称三个等级的普选权为任何国家构想过的最荒谬最低劣的选举权。可是他有没有在普鲁士废除或者至少改革这种荒谬低劣的选举权?没有!他从未以任何方式改革普鲁士下议院的这种选举权,遑论用普选权取而代之。他发现选举总是让他得到一个符合他愿望的议院,尽管是三个等级的选举。无论选举方式是否符合他对选举权的判断,他唯一在意的是能否达到这个目的。倘若通过普选产生德意志帝国议会与通过三个等级选举产生普鲁士邦议会(Landtag)的结果截然不同,对他来说就更好。因为在那种情况下,他可以依靠其中一个议会反对另一个。

民族自由党为北德意志邦联的宪法进行投票时,虽然不能使全部主要观点都得到赞成,他们希望将来会有机会发展和改革宪法。然而他们遇到了俾斯麦的顽固阻力。引起争议的一个问题是除了帝国宰相之外,其他对邦联负责的大臣们组成的机构。当然就长期而言,纵然是俾斯麦,也不可能一个人管理德国的政策和行政的全部领域:对外和对内政策、财政、经济,等等。自由党特别想要一个承担责任的财政大臣。但是俾斯麦坚定不移地表示反对。他绝不可能愿意设置一个大臣执行管理委员会,也就是由一个主管的首相和地位平等的大臣组成的委员会,它过去在普鲁士存在,今后将继续存在。他直言不讳地告诉帝国议会,他要让这个执行管理委员会运作起来困难重重。自由党议员拉斯克回答,他们希望宰相的地位等同于英国首相,也就是说,首相指导内阁的政策并能够迫使反对派大臣辞职,俾斯麦的抵抗有些变弱,不过仍然坚持反对。他绝对不愿意放弃自己的分毫权力。

实际上即使他的一个合作者担任一个部门的主管,也就是说承担政府的某些工作,俾斯麦也认为承担正式责任的是他自己。他的确发现了一个经济方面的出色合作者,此人就是鲁道夫·德尔布吕克。当时经济事务和经济立法特别重要,为了终结不同邦国使用各自的法律的状况,必须给新的北德意志制订统一的法典,例如通用的贸易和工厂法律,通用的度量衡,通用的货币制度,等等。要执行这些计划,德尔布吕克是能找到的最佳人选。他熟悉所有这些领域,不知疲倦地工作,并且同意民族自由党的原则和目标。他总是不偏不倚、保持客观,而且知道如何与依主观行事、急躁易怒的首相打交道。俾斯麦在这些事情上不过多干预,几乎任凭他不受约束地放手去做。他知道此人可以信赖。尽管如此,德尔布吕克没有成为邦联的大臣。他只得满足于"联邦首相办公室主管"的职位,担任宰相的下属。

4."威尔芬基金"

对于1866年的成就,北德意志的统一,以及吞并美因河线,德国人民有什么感受?在北德意志,占压倒性多数的人认为这些是重大的进步。甚至在被吞并的领土,反对也不是始终不变。在石勒苏益格－荷尔斯泰因,大多数人确实依旧支持奥古斯滕贝格,认为普鲁士的吞并违反了法律。不过反对情绪并不强烈。汉诺威的情况不同。一部分居民加入了民族自由党,而其他人为吞并感到极度悲痛,依旧忠于圭尔夫家族。他们被称作威尔芬派(*Welfen-Partei*,威尔芬家族(Welfen),在意大利被称为圭尔夫家族(Guelfo),是德国传统贵族世家。在历史上的不同时期,该家族成员先后统治过士瓦本、勃艮第、意大利、巴伐利亚［拜恩］、萨克森和汉诺威公国［又称不伦瑞克－吕讷堡公国］,也是英国汉诺威王朝的祖先——译者注)。他们的反对并没有随着时间流逝而减弱。相当一部分居民从未与霍亨索伦王朝或普鲁士政府和解。

俾斯麦对待废黜的汉诺威国王的方式使他们的反对愈加强烈。格奥尔格五世曾经拥有一大笔财产,他的代表与普鲁士政府必须就此开始进行谈判。格奥尔格五世的代表是以前的汉诺威大臣路德维希·温特霍斯特(Ludwig Windthorst),他是有坚定信仰的罗马天主教徒,现在是帝国议会和普鲁士下议院的成员。双方达成了对前任国王相当有利的协议。普鲁士政府承认他的财产中相当多的一部分是他的私人资产,他虽然不能拿到现金,却可以拿到利息。尽管普鲁士议会强烈反对,这一协议还是得到了认可。1868年3月3日,包含这一协议的法律按时公布。同一天又公布了国王的一道命令,宣布没收格奥尔格五世的全部收入,交由普鲁士政府处置,用于"控制和镇压企图暗中颠覆普鲁士统治的格奥尔格五世及其代理人"。为了证明这个惊人的措施是合理的,普鲁士政府强调说,格奥尔格五世拒绝承认普鲁士吞并了他的王国,他继续在威尔芬军团(Welfen-Legion)中,作为反抗普鲁士的一支军队的核心。那的确是事实,但是此前他们缔结并认可协议时,普鲁士政府和议会已经知道这些。温特霍斯特在议院发表了有说服力的演讲,指出从法律角度来看,这些论据完全不堪一击。进步党议员鲁道夫·菲尔绍(Rudolf Virchow)教授发出了严肃警告,反对任凭普鲁士政府不受控制地自由处置这么一大笔钱。他预言这样会导致严重的腐败,这个预言成真了。俾斯麦利用威尔芬基金(Welfen-Fonds)——通俗的名称是爬虫基金(Reptilien-Fonds)——贿赂德国新闻出版界,还从事与所谓的"格奥尔格国王的暗中颠覆倾向"完全无关的其他政治活动。我们应当看到,威尔芬基金在建立德意志帝国的过程中发挥了作用。但是我想在此援引一个例子,借以阐明俾斯麦的典型思考和行动方式。他垮台以后,内政大臣冯·伯蒂歇尔(Boetticher)先生特别令他狂怒不已,因为他怀疑此人与皇帝威廉二世合谋推翻他。为了败坏伯蒂歇尔在公众中的声誉,他发表了一个故事说,多年前伯蒂歇尔由于岳父的渎职行为陷入严重的财政危机时,他俾斯麦用威尔芬基金的一大笔钱挽救了他。这件事是真的,只不过俾斯麦隐瞒了一个事实:他没有告诉伯蒂歇尔这笔钱来自威尔芬基金,只说这是来自老皇帝的个人礼物。

俾斯麦主张,来自威尔芬基金的礼物的接受者欠了他个人的债,不是对国家,甚至不是对国王,这就是这个卑鄙的故事的最典型的特征。

直至卡普里维(Caprivi)继俾斯麦之后担任首相,才废除爬虫基金,将其收益交付给格奥尔格国王的继承人,结束了这件丑闻。

5. 南德意志和奥地利

在南德意志,巴伐利亚和符腾堡两个王国以及巴登和黑森两个大公国不属于北德意志邦联。不过黑森大公国有一部分位于美因河以北,已并入了邦联。黑森的大部分居民倾向于认为民族自由党是德意志统一事业的盟友,但是政府强烈反对。巴登的居民和政府都热烈拥护德意志统一,威廉国王的女婿巴登大公同样如此。他们甚至赞成单独加入邦联,不包括德意志南部的其他邦国。1870年2月,民族自由党议员拉斯克在帝国议会提出了关于这些界线的一个动议,却遭到了俾斯麦的激烈反对。俾斯麦发表了愤怒的演说:"我并不希望撇掉牛奶的精华,任其余(指南德意志的其他地区)部分凝结。"

因为在巴伐利亚和符腾堡,状况远远不令人满意。在符腾堡,不仅国王和宫廷,而且居民中的民主人士也反对"普鲁士化"和"军国主义化"。符腾堡有一个非常强大而活跃的民主党,它认为北德意志邦联是一个扩大的普鲁士军事王国;他们最憎恨的就是军国主义。他们的怀疑并非没有根据,1870年春天施魏尼茨(Schweinitz)将军与俾斯麦的一次谈话表明了这一点。施魏尼茨那时是驻维也纳的德国大使,后来转去彼得堡,是一位正直的老派保守主义者,他说:"我们不再让容克占满我们的军队编制,那就是我们的权力的限度。"俾斯麦回答道:"我没有得到那样说的许可;不过**我已经照此行动了**。"南德意志没人愿意服从普鲁士容克们的命令。

统治巴伐利亚的是国王路易二世,他是个年轻的梦想家,对艺术感兴趣,对政治却没有丝毫兴趣。在政治方面,他唯一关心的是他的家族维特尔斯巴赫(Wittelsbach)王室的荣耀,他嫉妒其他所有王室,包括霍亨索伦,因为其显赫可能超过他。他最后发疯了,可能此人从未正常过。1866年的失败之后,路易撤换了负有责任的政府,委派高级贵族霍恩洛厄-席林斯菲尔斯特的克洛维(Chlovis of Hohenlohe-Schillingsfürst)亲王担任首相,他是自由主义者和上帝一位论派教徒,将在19世纪末成为帝国宰相。但是无论反复无常的任性国王抑或巴伐利亚居民,都不是霍恩洛厄的坚定支持者。

巴伐利亚人主要是罗马天主教徒,教士对他们的影响力非常大。如果哈布斯堡的古老天主教王朝失去对霍亨索伦的新教王朝的影响力,德国的罗马天主教不会高兴。

不过虔诚的天主教徒对形势的转折感到不高兴,还有其他更深刻的理由。奥古斯特·赖兴施佩格尔(August Reichensperger)是普鲁士议会中的天主教徒,既有高度文化修养又有真实虔诚的信仰,1866年底他在日记里写道:"近来我不得不服从神的决定时,很难不得出这样的结论:在世俗生活中,公正体现在小事上,而大事属于武力、狡诈和欺骗的领域,宗教或道德原则对它们没有影响,无论就目的还是手段而言。"另一位普鲁士天主教议员冯·马林克罗特(Mallinckrodt)在帝国议会发言说:"我坚持古老的原则,公正是王国之基础(*iustitia fundamentum regnorum*),但是在北德意志邦联的发源地,我未能发现公正。"

由于这种罗马天主教的感情，加上巴伐利亚的特殊神宠论，他们强烈反对以任何形式接近北德意志邦联——用他们的说法就是"普鲁士化"。反对党别有用意地自称为"巴伐利亚爱国者党"（Bayrische Patrioten-Partei）。在随后数年间，其实力没有减弱，反而越来越强。1870年春天，它的力量已足够强大，赶走了自由主义者霍恩洛厄亲王。

当德国南部的人民选举关税议会（Zoll-Parlament）的代表时，特殊神宠论者的反对力量变得显而易见，特别是在巴伐利亚和符腾堡。1866年的战争之后，关税同盟继续存在。现在俾斯麦改革了关税同盟，使南部各邦国不得不屈从。主要的改革是通过普选产生的关税议会这个机构，由它决定各种各样的关税规则问题。大多数南部议员反对统一，这个议会的辩论照例令希望统一的民族自由党很失望。

布拉格和约规定过，美因河以南的各邦国应该组成南德意志邦联。但是考虑到其他邦国对巴伐利亚的嫉妒，这一计划永远没机会成功。它们决不愿意屈从巴伐利亚的领导。此外，既然独立的邦国已经签订了秘密同盟条约，它们的部队都要听凭普鲁士国王的调遣，这种邦联还能做什么呢？

依照布拉格和约，奥地利认为南德意志是它的合法势力范围。于是在奥地利发生了非常有趣的情况。弗朗茨·约瑟夫皇帝任命博伊斯特担任他的外务大臣。博伊斯特本来已经被迫离开了萨克森政府部门，因为俾斯麦拒绝与他谈判萨克森和约。可是在他离职的两星期之后，经过约翰国王非常勉强的同意，他成了维也纳的外务大臣。当然，在德国人看来，他的任命是奥地利的**复仇**计划的公开声明。假如奥地利皇帝委任的外务大臣以前一直与俾斯麦在德国政坛上针锋相对,他就非常可能认为1866年的结果不是明确的,只要国际形势变得有利,就会尝试翻盘。对于这个突然获得如此重要职位的萨克森人,北德意志新闻界的反应是谩骂和嘲笑。俾斯麦无疑不喜欢这一任命,尽管如此,他还是告诉奥地利大使:"请转告博伊斯特男爵,我一点都不反对他。恰恰相反,我很高兴看到他出任奥地利的大臣。不管在德意志还是在萨克森,他都会给我造成不便。这里容不下我们两个人。我这么说,希望博伊斯特男爵不会责怪我失礼。"这是用十分文雅得体的方式问候失败者。当然,无论何时只要俾斯麦怀疑博伊斯特越过界线,他就会出动新闻出版界的全部走狗袭击他。而事实上,若要避免引起俾斯麦的怀疑,博伊斯特就几乎什么都不能做。

然而,先与俾斯麦发生冲突的是拿破仑。

6. 卢森堡问题

卢森堡大公国位于普鲁士、比利时和法兰西之间,曾经是德意志邦联的成员。卢森堡大公由荷兰国王兼任,其首都卢森堡市是邦联的一个要塞,它的守备部队由普鲁士人组成。

卢森堡与德意志的联系仅仅是表面上的。其居民不认为自己是德国人。1866年6月10日——也就是开战之前,俾斯麦向议会提交了他的新宪法草案,明确地将卢森堡(*Königlich-niederländische Landesteile*)排除在新邦联之外。邦联的解散,使卢森堡的普鲁士守备部队失去了合法性。尽管如此,他们还是继续驻扎在这个要塞。

现在为了让法国人民看到他能设法得到一些切实有形的东西,拿破仑皇帝希望获得卢森堡。他愿意支付现金,而需要现金的荷兰国王也愿意卖掉自己的大公国。问题在于俾斯麦会持什么态度。在俾斯麦与贝内代蒂的全部谈话中,拿破仑购买卢森堡的事占了很大一部分,俾斯麦表示非常赞成。贝内代蒂确信俾斯麦不会给皇帝制造任何障碍。拿破仑认为普鲁士帮助他获得卢森堡是友好的象征,他仍然没放弃这个念头。然而他的念头实际上与俾斯麦的想法大相径庭。冯·德·葛尔茨(von der Goltz)热情地支持普鲁士与法国的同盟,1866年12月,俾斯麦从疗养地复归之后写信给他说:"从我刚开始执政时起,我就认为普法同盟是符合两国利益的持久协定的自然表现。"

尽管这些预兆都很有利,这笔交易却失败了,而且把两国推到了战争边缘。俾斯麦赞同将卢森堡转让给拿破仑,但是他不会使自己受约束,不愿意用任何书面形式证明他的默认。他建议皇帝认可既成事实。可是荷兰国王虽然愿意卖掉卢森堡,却不想在任何情况下激怒俾斯麦。现在弱国的君主们都知道俾斯麦的敌意有多么危险。考虑到德意志的民族感情已经被煽动起来,荷兰国王感到必须格外小心谨慎。这时发生的两段插曲似乎尤其具有威胁性。

1867年3月中旬,俾斯麦公布了他与南部各邦国的秘密军事协定(*Schutz- und Trutz-Bündnisse*)。这被视为对法国的一种警告:假如卢森堡问题引发战争,法国就不得不应付团结起来的德国。另一段插曲是议院的催告,俾斯麦和本尼希森一起秘密编排过催告的文本。1867年4月1日,民族自由党的领袖冯·本尼希森在帝国议会发表催告,它正式宣布,德意志民族团结一致地反对任何使一个古老的日耳曼国家与祖国分裂的企图,要求政府确保普鲁士派部队驻防卢森堡的权利,防备"一切风险"。虽然俾斯麦对这一催告的回应相当谨慎,荷兰国王几乎不为所动,没有俾斯麦的事先许可就不采取任何行动,这不足为奇。俾斯麦不仅拒绝许可,而且责备法国政府对该事件处置不当。

拿破仑觉得受到了严重冒犯。对他来说,他特别喜欢的一个想法化为泡影了。有一次他在与葛尔茨谈话时将普鲁士和法兰西比作两个好朋友,他们虽然真心爱着对方,却在咖啡馆发生争吵,结果不得不进行决斗。莱茵河两岸的民族情绪都异常高涨。一时之间战争似乎即将爆发,两个伟大民族交战的起因竟然是卢森堡这样的小国家甚或普鲁士部队的驻防权利这种微不足道的小事,若让后世头脑清醒的人来评价,一定认为这太荒唐了。有一段时间,俾斯麦本人并不反对战争,他将卢森堡事件视为德意志民族荣誉的问题。他写了一份通知照会给在其他德意志邦国的普鲁士使节团,宣布了极度危险的信条:"如果一个民族**感到**它的荣誉受到了亵渎,那么其荣誉就**确实**受到了亵渎,必须采取相应的行动。"虽然说出了这种疯狂的宣言,俾斯麦的行动却十分谨慎。他每迈出一步必定给自己留下退路。最后双方在伦敦的国际会议上达成了妥协方案,从而避免了战争:拿破仑放弃获得大公国的计划,普鲁士宣布放弃在卢森堡继续派驻军队的权利,并摧毁那里的防御工事。签约国集体保证大公国的中立,可是这种担保没有实际价值。英国首相德比(Derby)勋爵和他的儿子外务部长斯坦利(Stanley)在英国议会断言,除非其他国家采取类似行动,没有哪个签约担保的强国会为此被迫采取军事行动。俾斯麦为这种诠释严厉地指责了他们。然而我们有充足的理由相信,他事先已经知道不列颠唯有在这种非常有限的意义上才会充当担保人,为了了结此事,他才接受了这种条件。事实上,在符合担保条件的情况下,法国的攻击从未发生过。但是尽管德意志做了担保,当1914年战争爆发时,它仍然毫不犹豫地占领了卢森堡。

经过双方的让步,卢森堡问题得以解决。俾斯麦晚年经常提及他的态度,证明他厌恶预防性战争。他声称他出于这种厌恶避免了战争,虽然这场战争的胜利与1870年的一样确定无疑。不过南德意志各邦国既没有做好战争准备又不渴望战争,这一事实似乎同样是他选择和平解决的动机。况且俾斯麦组织一个反对拿破仑的欧洲同盟的企图失败了。

整个事件在两方面至关重要,而且非同寻常。它揭开了俾斯麦的政策以及普法两国关系的新篇章。假定俾斯麦最初就诚心有意满足拿破仑的愿望(整体而言,证据指向这个方向),他就会同时发现由于德意志民族感情的反对,这种策略是不可能的。到那时为止他一直忙于在内阁制定政策,不考虑舆论,只听从普鲁士强权政治的利益需求。现在他明白不能再忽视舆论了。事实上,俾斯麦发现德意志人民的民族感情是他手中最强大的武器。从此以后,他注意使自己的公开言论与民族思想协调一致,开始作为德意志民族事业的捍卫者发言和行动。卢森堡事件是俾斯麦从普鲁士政治家成长为德意志政治家的转折点。

与此类似,该事件也是普鲁士与法兰西关系的转折点。现在拿破仑体验了1866年时奥地利的经历。他没有准备战争,现在正面临奥地利在危急关头陷入过的困境:要么仓促备战,因而被指责挑起战争,要么按兵不动,直至遭受攻击然后战败。他从经验中得出结论,为了能够在最短时间内调动军队,他必须尽可能迅速地改革法国军队组织。此后几年里,法国军队在战争部长尼埃尔(Niel)元帅的指导下进行改组,并遇到了强烈反对。在1870年战争爆发前夕,尼埃尔去世了。武装和平(*la paix armée*)的时代就此开始,欧洲大陆的国家纷纷准备战争,制造越来越多的武器装备,每个国家都试图比别的国家出价更高。

从这时起,欧洲开始流行一种神经紧张、焦虑不安的情绪。维护和平的信心已经不复存在。每个欧洲政治家都多多少少怀疑其他人。小规模的偶发事故看上去似乎呈现最具威胁性的规模。

作为这些情绪的实例,这里可以提及比利时铁路的事件,它在1869年春天扰乱了欧洲的和平。当时比利时是资本主义自由企业的原型,曼彻斯特学派的理论是占统治地位的福音。私人公司掌握着铁路,国家尽可能不加干预。连接法国边境与布鲁塞尔的一条重要铁路遇到了严重的财政困难,它所属的公司提议把经营权卖给法国的一家大公司东方铁路(*Chemin de Fer de l'Est*),后者欣然同意了。比利时政府认为不能允许法国公司管理一条连接首都的铁路线。于是政府急忙通过议会取得了阻止此类交易的授权,不仅禁止未来的协议,而且有追溯效力,可禁止已经缔结的协议。比利时政府开始运用这种权力阻止比利时铁路与法国公司之间的协议,后者就向法国政府请求保护。法国政府认为这是不友好的干预,向布鲁塞尔提出抗议。

这件事在欧洲引起了轩然大波,因为人们怀疑法国的计划是吞并比利时的开端。风波的中心是英格兰。维多利亚女王与比利时王室的关系十分密切,她认为自己有义务保护比利时,抵御拿破仑皇帝的险恶野心。外务部长克拉伦顿勋爵不像女王那样只从王朝的角度看待这个问题。他在1868年的普选中大胜迪斯雷利之后,格莱斯顿委派他掌管外务部。克拉伦顿非常熟悉欧洲大陆,支持不列颠外交政策的古老传统,即低地国家专属于英国的势力范围,不容许其他欧洲强国插手,因此他对法国皇帝充满怀疑。而另一方面,拿破仑和法国政府相信比利时政府的行动受到了俾斯麦的唆使。

两种怀疑似乎都没有根据。我们知道,1869年2月拿破仑的确给尼埃尔元帅写过一封信,考虑比利时事件是不是挑起战争的合适机会这一问题。但是这决不能证明他已下定决心,随时随地都会发动战争。对拿破仑三世来说,将深思熟虑转化成实际行动这一步总是非常困难。另一方面,我们知道他与事件的起因毫无关系,事先并不知道两家铁路公司的协议,后来他也尽全力设法和平解决这一事件。

我们大致可以肯定,俾斯麦与比利时政府的行动没有关系。克拉伦顿在法国驻伦敦大使面前以名誉担保,俾斯麦与比利时的顽固没有关系,他是完全正确的。普鲁士驻伦敦大使伯恩斯托夫伯爵希望比利时事件会发展成英法之间的冲突,询问格莱斯顿和克拉伦顿他们会采取什么措施反击法国。俾斯麦命令他避免这种问题。他担心克拉伦顿会反问,在与法国发生冲突的情况下,英国可以指望得到北德意志邦联的什么帮助?他也期待英国政治家对比利时事件有所反应,但是期待的方向完全不同,因此他不希望面对这种问题。

俾斯麦对比利时的独立毫无兴趣。纵然在卢森堡事件以后,他还是将比利时视为游戏中的一枚棋子,1868年3月他与皇帝的堂弟拿破仑亲王的谈话十分清楚地表明了这一点。拿破仑亲王头脑聪明却轻薄浮躁,是民族性原则的热心捍卫者,支持意大利和德意志的民族统一。他强烈地厌恶法国与德国交战的想法,认为那会给欧洲文明带来巨大危险。他前往柏林不是作为皇帝的使节,而是出于自愿,想要了解德国问题并与俾斯麦谈话。

亲王与首相进行了一次亲切的交谈,俾斯麦说话十分坦白而且轻率。俾斯麦建议法国吞并比利时,作为北德意志的势力扩张至南德意志的补偿。亲王反对说英国人会干预,俾斯麦轻蔑地回答道:"英国算什么?在我看来,衡量一个国家的重要性的标准是它能够投入战场的士兵数量。即使我们同意,英国又能做什么?**弱肉强食是弱者的命运**。"

在比利时铁路事件期间,俾斯麦在柏林对英国大使洛夫特斯(Loftus)勋爵说过类似的话。他说他可以任凭法国吞并比利时。他知道到哪里寻找补偿,暗示目标是巴伐利亚、波希米亚和荷兰。洛夫特斯大吃一惊,以致说起了政治强盗行为(*politique de brigandage*)。然后俾斯麦告诉他,英国应当跟他一起对抗法国。他说:"您只要宣布,任何故意破坏欧洲和平的强国都会被英国视为公敌,我们就会欣然与您联手,支持您的声明。"克拉伦顿勋爵将洛夫特斯的相关报告递交给首相时附上了这样一句话:"俾斯麦居心叵测,我们永远不能信赖此人。"克拉伦顿觉得俾斯麦的目标是离间英国和法国,不过他决心在任何情况下都要避免那种情况。

法国与比利时的论争终于和平解决了。其后俾斯麦于1869年6月7日写了一份照会给大使伯恩斯托夫伯爵,说拿破仑对这件事处理不当。正确的方式本来是"进军比利时,然后等着看其他强国会不会挺身而出拯救比利时,进攻违反协议的法国"。

1914年8月,俾斯麦的微不足道的后继者沿用了这个方法,众所周知,结果造成了一场灾难。

7. 法兰西、奥地利和意大利三方同盟的尝试

卢森堡事件之后,拿破仑被迫彻底放弃了与普鲁士结盟的希望,转而寻找其他盟国。1866年12月俾斯麦还说普法同盟是符合两国利益的持久协定的自然表现,现在却称法国为他不得不警惕的可疑邻居,"他的口袋里放着一把左轮手枪,手指扣在扳机上"。从那以后,他开始谈论与法国的**不可避免的战争**。

当拿破仑为即将发生的与普鲁士的战争寻找盟国时,他的目光自然落到了刚被普鲁士击败的奥地利身上。法兰西和奥地利这两个强国在一件事上有共同的利益:不允许普鲁士的势力越过美因河扩张至南德意志的邦国。换言之,两国的共同目标是维护布拉格和约。奥地利政治家博伊斯特应该会赞成以这种政策为目标与法兰西结盟。

拿破仑和博伊斯特于1868年7月开始谈判,谈判一直持续到1869年10月。1868年12月,意大利国王维克多·埃马努埃尔作为第三个同伴加入了谈判。这些谈判的故事特别有趣,不过这里只要提及我仔细研究过全部可获得的文件资料之后得出的最终结果就足够了。

这种联系引发的最重要的问题是谈判的目标究竟是不是**攻击性**的同盟,也就是说,为了恢复势力平衡并为奥地利的失败复仇而结成同盟,对普鲁士和北德意志邦联进行联合攻击。这个问题至关重要,因为我们必须借鉴这个答案来评判俾斯麦1870年的政策。他是否为了摧毁拿破仑正在建立的侵略性同盟而被迫对法国发动战争?

本书作者的意见是,法兰西、奥地利和意大利预期结成的同盟不是**攻击性**的同盟。博伊斯特在谈判的每个阶段都拒绝承担可能使奥地利作为好争斗的法国的同盟卷入战争的任何责任。在任何情况下,他都不想参加可能诱使法国与德国交战的同盟。他自己写道:"问题在于,法国究竟想加快还是推迟(*précipiter ou retarder*)与普鲁士发生战争。我们的君主想要维护和平。"他认真地坚持这一观点,以致他不止一次宁可完全放弃谈判,也不愿意在这一点上作任何让步。

这些漫长而复杂的交涉谈判的结果不是正式的条约,而是拿破仑与弗朗茨·约瑟夫皇帝交换的一通私人信件。奥地利皇帝的信件未见于记录。拿破仑的信件中决定性的句子是这样的:"假如陛下的帝国遭受攻击,我会毫不犹豫地立刻动用法兰西的全部力量帮助您。此外我向您保证,如果事先没有征得您的同意,我不会与任何外国谈判。"弗朗茨·约瑟夫的信件无疑没有更进一步,而且假如博伊斯特的说法可信,其中甚至没有包含在法国遭受攻击时提供援助的任何承诺。无论在什么情况下,这种援助承诺都不是无条件的,在法国发动侵略战争的情况下当然更不可能了。事实上,当1870年战争爆发时,拿破仑没有得到奥地利的帮助。

意大利国王既没有收到也没有写这样的信件。在无从解决的罗马问题上,法兰西和意大利依旧存在分歧。依照1864年9月的协议,拿破仑已经在1866年撤走了他的部队。但是1867年秋天,加里波第亲自攻击了教皇国,拿破仑被迫再次派遣部队。1867年11月3日,他的部队在门塔纳(Mentana)击败了加里波第。从那以后,他一直没办法结束法国占据罗马的状态。维克多·埃马努埃尔的大臣们拒绝与拿破仑签订任何协议,除非他先撤离罗马。可是皇帝发现他不可能撤退。

普法战争开始时,罗马问题仍然悬而未决,即使在这种最危急的时刻,拿破仑也不能放弃教皇以换取意大利的军事援助。虽然如此,几个星期过后法国的形势变得非常急迫,他不得不召回了罗马的部队,而在法国皇帝垮台的几个星期后,教皇的世俗政权也随即终结了。

这场冗长枯燥的谈判的成果非常有限,它对普鲁士无疑没有威胁性。

其实维护布拉格和约的问题还遗留着,它等同于德意志的统一问题。如果俾斯麦希望实现统一,他就必须考虑法兰西和奥地利的反对。不过这里还应该考虑两个因素。

普鲁士可以通过两种方式越过美因河线：与南部诸邦国达成协议，抑或违背他们的意愿迫使他们臣服。第二种方法没有实际可行性。与1866年战争刚结束时相比，1870年春天南部各邦国自愿加入北德意志邦联的可能性更小。居民的感情——特别是在巴伐利亚和符腾堡——已经发生了反普鲁士的决定性转折。这种转变的最令人印象深刻的迹象是巴伐利亚下议院以多数票推翻了巴伐利亚首相、上帝一位论派教徒霍恩洛厄亲王。这个多数包括"巴伐利亚爱国者"，巴伐利亚的主权、独立和领土完整的拥护者，以及普鲁士军国主义的反对者。

出于这些理由，普鲁士在1870年春天没有越过美因河线。

应该考虑的另一个因素是，由于拿破仑的帝国内部的新事态，法国用武力反对德意志统一的危险已经渐渐变小了。法国发生了从专制主义向自由主义的极好转变。引起这场转变的是皇帝于1870年1月2日任命的首相埃米尔·奥利维耶（Emile Ollivier）。他的思想是使拿破仑的帝国与自由主义兼容一致，用自由主义和议会制度取代皇帝的个人政权。奥利维耶称之为帝国自由主义（*L'Empire libéral*）。后来他在十六卷的长篇巨著中用这个标题讲述了拿破仑三世统治时期的故事。在1870年5月8日的公民投票中，法国人以压倒性多数通过了这些新的自由主义制度。

奥利维耶不仅真诚地维护和平，而且从1866年以来，他始终如一地公开表明自己的意见，即如果德意志民族决定统一，任何外国势力都没有权利阻碍他们。他一直声明反对法国干涉德国内部事务。任职以后，他努力澄清自己并未放弃这种观点。他接受了《科隆报》驻巴黎的记者的采访,留下记录声明他坚决反对法国以任何方式干预德意志未来的统一,只要那是大众的运动,不是人为安排的结果。鉴于目前正逐渐展开的事,我们应该牢牢记住这份声明。

篇幅所限,这里只能简短地提及1870年春天克拉伦顿勋爵支持欧洲裁军的行动。法国政府煽动克拉伦顿采取行动,自己却希望留在幕后。克拉伦顿寄了一些私人信件给俾斯麦,极力主张裁军,但是毫无结果。俾斯麦说裁军是"混乱的人道主义想法",那是与他最格格不入的。截然不同的思想正在他的头脑中渐渐成熟,几个月后世人就将得知他的新想法。

8. 霍亨索伦王室的西班牙王位候选人以及1870年法德战争的源头

凡是看过俾斯麦的《思考与回忆》二十二章的读者都会形成这样一种印象:1870年春天,德意志、普鲁士、威廉国王和俾斯麦都处于最平和的状态,由于法国的蛮横无理,他们才不情愿地卷入了一场完全出乎意料的战争。那本来纯粹是霍亨索伦王室的家族事务,与普鲁士或北德意志邦联完全没有关系,拿破仑和他的外务大臣格拉蒙使其变成了政治事务,为了捍卫民族荣誉,德意志才被迫拔剑战斗。

然而真相截然不同,与俾斯麦的故事相反。记录俾斯麦口述回忆的人最了解这一点。此人名叫洛塔尔·布赫尔(Lothar Bucher),在20年间一直是俾斯麦在外务部关系最密切的合作者,此前数年已经退休,俾斯麦倒台以后在瓦尔济和腓特烈斯鲁厄(Friedrichsruhe)独居,他就陪伴这位深受崇拜的主人,用他擅长的速记法和广博准确的知识协助写作俾斯麦的回忆录。布赫尔有着与众不同的性格和奇特的履历。他最初是激进派和1848年的革命者代表,在革命失败后被迫流亡。他在伦敦生活时当过《柏林自由主义者》的报纸通讯员,但是在英国失去了对自由主义原则和议会制度的信念。他在60多岁时返回柏林,离开自己的党派与俾斯麦合作。他生性孤僻多疑,在某种程度上是神秘主义者,他的灵魂向这位伟大政治家彻底投降,视其为唯一的理想人物。俾斯麦仅对少数几个人有类似于友谊的感情,布赫尔是其中之一。布赫尔无疑比其他人更了解俾斯麦最私人的秘密,也知道霍亨索伦王室候选人的内幕故事,因为他也在其中发挥了相当多的作用。他比任何人都更清楚俾斯麦如何完全歪曲了真相,在跟他的朋友布施交谈时,他直率地说霍亨索伦王室的候选人是"俾斯麦给拿破仑设置的陷阱",又补充说国王和王太子都对俾斯麦的操控手段的这种特征毫不知情。

由于不同档案馆的文件资料的公开发表,现在我们有可能再现事件的真实过程。罗伯特·罗德(Robert H. Lord)教授的著作《1870年战争的源头》(剑桥,Mass.,1924年)做出了特别重要的贡献。罗德公布了俾斯麦在1870年7月的关键时期的全部通信,并添加了高明的评注。在法国官方出版物《外交起源》(Les Origines diplomatiques)的最近几卷里可以找到其他重要的文件。

1868年的革命赶走了放荡的伊莎贝拉女王,其后西班牙王位一直空缺。西班牙的国民议会(Cortes)在普里姆(Prim)将军的领导下制定了民主制度与君主制度混合的宪法。但是他们没有君主填补王位的空缺,于是普里姆开始寻找既有能力又愿意戴上相当棘手的西班牙王冠的君主,而且此人必须信奉罗马天主教。可是普里姆找到的要么是他不喜欢的觊觎王位者,要么谢绝戴上这顶王冠。包括萨拉萨尔(Salazar)在内的少数西班牙人主张让霍亨索伦王室的利奥波德(Leopold)亲王继承王位。利奥波德是霍亨索伦-锡格马林根的查理·安东亲王的儿子,我们已经知道,后者在"新纪元"时期担任过普鲁士首相。他曾经是普鲁士王室成员,为了普鲁士国王,他放弃了自己的微型王国霍亨索伦-锡格马林根的最高统治权。王室家族的"王朝法"对这个家族分支及其全部成员都有约束力。主要问题在于,除非得到家族首领即普鲁士国王的明确许可,任何家族成员都不能接受王位。此外,查理·安东亲王是普鲁士的将军,他的儿子是普鲁士军队的军官。他的另一个儿子查理已经继承了亲王头衔,多年以后将成为罗马尼亚的第一代国王。

霍亨索伦王室的锡格马林根分支是罗马天主教徒,而普鲁士王族分支是新教徒。他们与许多外国君主家族通婚,但是他们自认为是德意志人,不是普鲁士人,这一点并非秘密。

起初无论在西班牙还是外国宫廷,都没有人认真看待霍亨索伦的利奥波德参加王位继承竞选这件事。在西班牙,支持者人数非常有限。萨拉萨尔是最主要的筹划人,他从普鲁士外交家冯·韦特恩(Werthern)那里第一次听说利奥波德的名字,后者那时刚成为普鲁士公使,前往慕尼黑的巴伐利亚宫廷。霍亨索伦的君王们自己对西班牙的王位完全漠不关心。

然而1869年5月,特奥多尔·冯·伯恩哈迪(Theodor von Bernhardi)在西班牙出现了。伯恩哈迪博学多才,是历史学家和经济学家,在柏林社交界、宫廷和政府都有非常好的关系。他的日记提供了普鲁士历史的宝贵资料,因此在历史学家中间相当出名。俾斯麦和毛奇经常雇用他执行机密任务。在1866年战争前和战争期间,他是驻佛罗伦萨的普鲁士公使馆的武官。现在俾斯麦派他去西班牙。他的日记的最后一卷记述了西班牙之行,但是对他的政治使命只字未提。日记的编订者是他的儿子,隐瞒全部政治信息一定有非常好的理由。他的儿子就是著名的弗里德里希·冯·伯恩哈迪将军,他的信条是这个国家正是德意志极端军国主义的化身。

特奥多尔·冯·伯恩哈迪在西班牙做了什么?伟大的英国历史学家阿克顿勋爵的文章《论普法战争之起因》①在某种程度上解答了这个问题。阿克顿提及,德国贵族统治阶级与德国学者有非常好的关系。据阿克顿记述,俾斯麦从圭尔夫家族的秘密基金中提取了5万英镑给伯恩哈迪使用。毫无疑问,伯恩哈迪用这笔巨款收买了西班牙的支持者。当然,他具体贿赂了谁永远是个秘密。我们不太可能知道普里姆将军是否收了一些钱,唯一能说的是他生活作风奢华,因此经常债台高筑。

1869年9月,萨拉萨尔在德意志出现了。韦特恩将他介绍给了霍亨索伦的王公们。他提出让利奥波德坐上西班牙的王位。虽然他的父亲完全赞同,利奥波德却拒绝了。1870年2月萨拉

---

① *Historical Essays and Studies*, p. 204.

萨尔又努力了一次，这次他呈递了普里姆给亲王、普鲁士国王和俾斯麦的信件。安东亲王也给俾斯麦写了信。俾斯麦于2月26日接见了萨拉萨尔，次日他给无条件反对参加候选的国王递交了一份私人报告，积极支持这一安排。他解释说，在德国与法国发生战争的情况下，西班牙政府的同情相当于两个军团，还强调说普鲁士国王的威信将会增强，使王朝在欧洲的地位"唯有古老的哈布斯堡模范可以比拟"。安东亲王在给俾斯麦的信中也表达了相同的思想："自从查理五世以来，历史上从未有过这样的王朝。"后来法国外务大臣格拉蒙公爵在法国议会发表声明并引述这段话时，它们显得特别引人注目。

尽管俾斯麦热情推荐，威廉国王仍然强烈反对参加候选。不过1870年3月查理·安东亲王和他的儿子利奥波德来到了柏林，在王宫中做客。3月15日，在俾斯麦的鼓动下，以给亲王庆祝的名义举办了一次晚宴，最重要的普鲁士名人都受到了邀请。俾斯麦在他的《思考与回忆》中说大臣们没有在王宫里开政务会。从正式的观点来看，确实没有正式的政务会。他们有充分的理由选择另一种比较私密的方式，建议进行这次讨论的正是俾斯麦本人。虽然如此，他们研究的问题极其重要：是否应该推荐利奥波德亲王接受候选人资格。出席者的名单就清楚表明了这次集会的重要性：除了王太子、霍亨索伦的王公、俾斯麦和大臣施莱尼茨之外，还有联邦财政大臣德尔布吕克、外务部副部长蒂勒（Thile）、战争大臣罗恩将军以及总参谋长毛奇将军。在俾斯麦的坚定领导下，所有大臣和将军们都主张接受候选人资格。

尚未说出的话与说出口的话同等重要，大臣和将军们谁都没有提及这个问题:霍亨索伦家族的人坐上西班牙的王位是否可能导致与法国发生战争?毫无疑问,他们都想到了这一问题。晚宴时鲁道夫·德尔布吕克坐在毛奇旁边,他问将军:"如果惹得拿破仑不高兴,我们有准备么?"毛奇点了点头,表达了他对普鲁士的胜利有充分信心。但是在国王能听见的距离内,所有人都对此只字不提。他们明白,只要国王察觉有可能引起战争的危险,他就会坚决反对参加候选。

他们不择手段地使用了这种聪明的策略,然而国王还是拒绝听从俾斯麦的建议,而利奥波德再次拒绝了参加候选。既然国王做出了决定,事件本来应该就此结束。但是俾斯麦毫不在乎,继续设法实行国王已经表示拒绝采纳的计划。几个星期以后,他派洛塔尔·布赫尔前往西班牙。布赫尔带回了非常乐观的报告。可是国王认为前景过于乐观,继续持否定态度。现在俾斯麦尝试用迂回战术,迫使安东亲王说服他的儿子接受候选人资格。由于利奥波德仍然不愿意,俾斯麦又派布赫尔前往马德里,给普里姆送去一封信。国王对俾斯麦在背后跟普里姆谈判感到愤怒,俾斯麦解释说,这是唯一有礼貌的行动方式。事实上,他通过布赫尔与普里姆就策略问题达成了一致,他们的第一原则是使别人相信俾斯麦和普鲁士外务部与此事毫无关联。布赫尔和萨拉萨尔一起秘密返回了德国。现在利奥波德终于答应接受,6月21日威廉国王"怀着非常非常沉重的心情"同意了这件事,依据王朝法,国王的准许是必不可少的。

到此时为止,一切都是秘密进行的。他们原本计划突然通知选举国王的国民议会候选人名单,迅速完成选举,这样欧洲就只能获悉既成事实。然而计划由于误解而失败了。萨拉萨尔带着许可返回马德里时国民议会延期了,秘密曝光,7月3日普里姆被迫向法国大使透露了霍亨索伦王室的王位候选人。

霍亨索伦王室的态度令拿破仑深受伤害。他一直善意地对待他们,现在他觉得他们对自己玩弄了卑鄙下流的花招。他只得非常严肃地看待这个事件。西班牙是位于法国南方的邻国,霍亨索伦家族坐上西班牙王位意味着对法国形成包围,在某些情况下或许还意味着两条战线上的战争。拿破仑知道法国人民会以这种眼光看待王位候选人的事,自从萨多瓦战役之后,他的外交失败已经削弱了他的权威,现在如果他不能阻止此事,他的权威将遭受不堪忍受的打击。对此忍气吞声可能意味着他的统治和王朝的终结。事实上,来自马德里的消息一公开,巴黎就变得群情激奋起来。

格拉蒙命令柏林的代办(Charé d'Affaires)勒苏尔(le Sourd)去外务部调查,看看柏林内阁是否与这个"阴谋"有任何关联。因为在这个非常关键的时刻,所有重要人物都不在柏林。国王正在埃姆斯接受治疗;法国大使贝内代蒂也在维尔德巴特(Wildbad)疗养;俾斯麦退回了"波美拉尼亚的森林",在瓦尔济的庄园休假。勒苏尔只得凑合着去找副部长蒂勒,后者参加过3月15日的霍亨索伦会议,他回答说,他对整件事情一无所知,对于他——也就是对于外务部而言,这件事并不存在。这个回答自然给格拉蒙留下了非常恶劣的印象,更有甚者,他已经从马德里获悉,俾斯麦曾经与普里姆直接通信。

现在法国政府应当怎么办呢?他们认为必须用强硬的措辞

警告普鲁士。格拉蒙在法国议会宣读了一份声明,引起了巨大的轰动,使欧洲看到战争已经一触即发。他说:"我们不会容忍某个国家让他们的王族坐上查理五世的王位,扰乱欧洲的势力均衡。"我们已经看到,俾斯麦和霍亨索伦的想法相当符合他的声明。格拉蒙最后宣称,若有必要,政府知道如何毫不踌躇、毫不手软地履行它的职责。

除了公开声明之外,法国政府还命令大使贝内代蒂前往埃姆斯,找正在那里泡温泉的威廉国王,直接向他提问。

到目前为止,我们可以确定俾斯麦是参加王位候选的幕后推手,此事与普鲁士完全没有关联的断言仅仅是一层帷幕,真相的大风一吹就肯定会落下。唯一的疑问在于,他是否操控了这件事,**故意使之导向战争**?这将反映俾斯麦的先见之明至少超越了同时代的所有政治家,假设他不知道:(1)法国会更有理由认为王位候选的事是一种挑衅,就像自萨多瓦战役以来俾斯麦使他们不断承受的外交失败;(2)拿破仑会为自己王朝的命运焦虑不安,如果他忍受这种挑衅;(3)让一个属于有国王的王朝的王子当王位候选人,违反了在19世纪已明确成型的国际惯例的规则。况且1869年时拿破仑已经告诉过他,他不会忍受霍亨索伦家族的人坐上西班牙的王位。因此俾斯麦至少知道自己正在**引发战争**。不过那时曾经近距离接触过他的人都更进一步,猜测他**想要**发动战争。比任何人都更了解他的布赫尔说过,霍亨索伦的王位候选人是俾斯麦给拿破仑设置的"陷阱";1871年7月3日,霍亨索伦的查理·安东亲王对未来的德国大使拉多维茨(Radowitz)说,俾斯麦引起这个事件的**意图仅仅是期望它导向战争**。

此前俾斯麦大费周章地使这件事隐晦不明,**在格拉蒙发表演说之后**,他却高兴地承认自己已经决定开战,并煽风点火。为此他极力与任何软弱做斗争;国王希望避免战争,正致力于退出王位候选,他却与国王不同。由于普鲁士外务部采取的消极态度,贝内代蒂拜访威廉国王并与他进行个人谈判,依据国际法他有资格这样做。可是这使俾斯麦焦虑不安,担心国王会改换他的政策。埃姆斯和瓦尔济之间往来的电报清楚地显示了这种对比,他们的语言和行动同样形成了对照:国王避免告诉他的宰相他正在维护和平,他既没有告诉俾斯麦他正在写信并派使者给霍亨索伦力劝利奥波德放弃,又没有请贝内代蒂留在埃姆斯,直至收到期待中的霍亨索伦的消息。只要看过俾斯麦在来自埃姆斯的电报上写下的情绪激动的评注,就能理解国王的担忧。7月11日的一封电报里包含国王的一句话:"致马德里,王子必须直接表达自己的(意见)。"俾斯麦加了一句评论:"表达?为什么?表达什么?要说什么?"电报接着写道:"贝内代蒂说他擅自决定再逗留24小时。"俾斯麦嘲讽地评论:"真是好心!"电报:"H.M.已经写信给霍亨索伦:态度如前,王子会决定,他会同意。"俾斯麦在最后一个词下方画了一条线,评论道:"同意什么?"更糟糕的是,7月12日埃姆斯寄来一封电报,说霍亨索伦已经发电报给国王:"王子自愿放弃候选。"俾斯麦十分恼怒,在"自愿"这个词下方划了两条线,并加上了一个大惊叹号。

俾斯麦在瓦尔济发现埃姆斯正在达成友好的协议,他的电报全都没用,遂决定亲自去埃姆斯。可是7月12日他抵达柏林时获悉利奥波德已经放弃候选,只得中断了旅程。一个星期后,法兰西代办向他宣战时他说了一番话,我们或许可以从这段话中推断他的动机。他抱怨说贝内代蒂给"生病的可怜国王"施加压力,又接着说:"如果官方正式质询,你认为我不应该从波美拉尼亚的森林深处匆忙赶到这里吗?……我同意,**假如我在埃姆斯,本来或许可以阻止战争**……"

退出王位候选是法国的重大外交胜利,也是俾斯麦的重大外交失败。他决心不接受失败,自己实行积极的计划并采取攻势,如果法国不让步,结局就必定是战争。可是毫无政治见识的拿破仑和格拉蒙对自己的成功不满意,反而帮俾斯麦免除了麻烦。

假如他们到此为止,世人都会称赞他们是胜利者,霍亨索伦的王位候选资格就会彻底作废。然而拿破仑犯了两个致命的错误。不负责任的巴黎新闻界和右翼民族主义者对这个结果不满意,因为它只代表霍亨索伦王族的私人事务,与普鲁士无关,而皇帝放任自己受到了他们的吵闹的影响。他的第二个错误是故态复萌,使用个人治理的老方法,瞒着其他大臣给格拉蒙下了一道命令。贝内代蒂收到了这道命令,奥利维耶对此一无所知,否则他或许能阻止。贝内代蒂接到的命令是要求普鲁士国王发表声明,宣布他同意王子辞去候选资格,并承诺将来也决不允许王子重新参加王位候选。

由于这些错误,拿破仑把自己送到了俾斯麦手里,威廉国王只能拒绝新的要求。普鲁士外务部在埃姆斯的代表阿贝肯(Abeken)发电报给俾斯麦,报告了这些消息。俾斯麦用经过算计的方式公开发表了这封电报,在德意志和法兰西都激起了民族情绪。俾斯麦用他特有的风格在《思考与回忆》中记述了他如何改编这封电报的故事,那是他永远不应该被遗忘的文学杰作。他的敌人们称这种"改编"为弄虚作假,俾斯麦自己的故事与这有很大关系。争论这个术语是否正确是毫无意义的。要点在于俾斯麦给这封电报赋予了新的含义,与国王的意图完全相反;另一方面,他把电报的时间地点标注为**7月13日埃姆斯**,使人们相信它表示国王的政策。

他是这样做的:首先,他将原来被一句重要的陈述分开的两个句子连到了一起,其次,他没有提及国王曾经通知大使收到了安东亲王确认辞去候选资格的电报。这样一来,埃姆斯电报中的"国王已通过 A. D. C. 通知法国大使,对他没别的话可说了"这句话就被赋予了故意不予理睬的严肃意味,与国王的本意完全相悖,而俾斯麦非常清楚这一点。当天晚上,俾斯麦在报纸的特别版上公开发表了这个有冒犯意味的版本的电报,煽动了民众的爱国激情。此外,他给德国和外国的所有宫廷都发送了相关通知,虽然他在7月18日的官方声明中予以否认。对于慕尼黑、伦敦和圣彼得堡,他甚至加上了不实的描述"贝内代蒂在散步时对国王讲了挑衅的话,违背了他的意愿"来使情况更严重。事实上,是国王对贝内代蒂讲话。

这则通讯的效果完全符合俾斯麦的意图。威廉国王看到报纸时惊慌地大声叫道:"这意味着战争!"他意识到他的宰相篡夺了宪法委托给他的宣战权利,留给他的只有形式上的措施。在决定性的7月15日,奥利维耶在法国议会发表演讲时所说的这段话也反映了俾斯麦的手段的效果:"有时国王会拒绝接待别的国家的大使:在全欧洲的报纸和电报上表达故意拒绝的姿态,这是很大的冒犯。"其实贝内代蒂注意到了一切形式的礼貌。"故意的公布造成冒犯的结果。"

俾斯麦为这个"故意"感到自豪,他责备那些反对者不想要战争的结果,即德意志的统一。

事实上,与法国的战争是实现德意志统一的唯一途径吗？这个问题还有争议。德意志民族确实完全不可能凭自己的自由意志建立一个统一的国家吗？如果普鲁士国王在这个国家占据压倒性优势地位,普鲁士军国主义是占主导地位的力量,那么巴伐利亚和符腾堡的居民并不想要这样的国家。假如普鲁士让步,削弱这些支配力量,是否可能赢得他们的支持？不过有一点是绝对肯定的:在任何情况下俾斯麦都不会做出这些让步。他在写给罗恩的信中十分诚实地说过,他的目标是让普鲁士统治整个德意志。我们将看到他完全成功地实现了目标。

现在回顾霍亨索伦王室的西班牙王位候选人的故事,我们可以确信那是俾斯麦的工作成果,我觉得布赫尔的那句话是正确的,此事是俾斯麦给拿破仑设置的陷阱。我个人相信,俾斯麦那样做的意图是使拿破仑陷入难以应付、进退两难的困境:要么遭受可能在未来威胁自己的王位的政治失败,要么发动战争;而且他预见到拿破仑会选择战争。因此战争的责任首先在俾斯麦身上。当然,应该承担责任的并非只有他一个。肆无忌惮的法国记者和政治家们只会轻浮愚蠢地叫喊"**进入柏林**";皇后尤金妮赞成战争,影响了她的丈夫;拿破仑本人和格拉蒙不知道适可而止,因而丢弃了一个极好的机会,他们都必须承担一部分责任。不过他们都是受人操纵,而不是操控者。唯独俾斯麦掌握了主动权,因为他事先知道别人会对他的行动有什么反应。他把他们当成工具利用,他们果然做了他想要他们做的事。他的优越远远凌驾于他们,远远比他们高明。因此只有他应该承担主要责任。

后来有一次俾斯麦心情忧郁的时候这样自责过:"要是没有我,那三场战争就不会发生,也不会有8万人丧生。"8万!普法战争间接导致了数百万人的牺牲,他们在那场战争的最后一枪打响时尚未出世,与之相比,这个数字显得多么小!

连最伟大的政治家也不能在绝对可怕的想象中预见到他的灾难性行动的全部后果,以及他释放的战争狂澜带给世界的无尽苦难。

9. 德意志帝国的建立

这里不可能讲述普法战争的故事以及俾斯麦在其中的作用。我提议在这里只讨论胜利的最重要的结果:德意志民族统一成了一个帝国,其领袖普鲁士国王加冕为德意志皇帝。

这场战争必定产生德意志统一的成果,这从一开始就是很多人心中先入为主的想法。在北德意志,赞成这种想法的居民占压倒多数,巴登和黑森-达姆施塔特的大多数人可能也是这样。反对者集中在符腾堡等地,尤其是巴伐利亚。巴伐利亚的"爱国者"试图宣布保持中立,避免他们的王国卷入战争。可是由于一部分成员的叛变,他们在议会遭到了挫败。那些人受到德意志民族热情的感染,提倡并投票赞成站在北德意志邦联一方参与战争。尽管如此,反对还没有彻底失败。事情在很大程度上取决于国王路易二世的态度。在7月的关键时刻,他下达了动员军队的命令,不过他的动机是否与民族感情有任何关系,这很值得怀疑。他对德意志民族事务没有兴趣。他理想中的君主是法国国王路易十四,还试图模仿他的奢侈豪华的奇异建筑。由于对建筑的放纵热情,他已经债台高筑。我们将看到,他的嗜好造成了非常严重的后果。在政治方面,他唯一关心的是维护他的家族维特尔斯巴赫王室的君权荣耀,他认为自己的家族比霍亨索伦更高贵更辉煌。为了逃避烦人的政府事务,他躲进了山里独居。他的兴趣属于艺术,他的性格完全是病态的,他的疯狂很可能早已开始发作。符腾堡的国王和王后是坚决反对普鲁士的,很多国民希望法国胜利。在他们不得不离开斯图加特(Stuttgart)时,有些人向法国大臣公开表达了这种希望。

在政治集团中,民族自由党第一个尝试影响南德意志的民众感情,让他们赞成统一。它是致力于德意志统一的党派。在这个问题上,爱德华·拉斯克(Eduard Lasker)是领袖,他是帝国议会和普鲁士下议院的议员。他充满民族主义激情,将比较犹豫的朋友们的保留态度一扫而空。拉斯克一度是最受欢迎的德国议员。后来他受到良心的驱使反对俾斯麦,就变成了新的反闪米特人运动的第一个受害者。由于拉斯克的倡议,民族自由党的一些主要议员去南德意志旅行,在那里鼓动民族感情并与当地政府谈判,取得了一些成功。俾斯麦不喜欢他们煽动大众的做法。因为他个人妒忌拉斯克,而且那是他希望以自己的方式处理的问题,他不喜欢让议员们在这件事上得到主动权。

俾斯麦更不喜欢德国王太子的活跃。腓特烈·威廉一心想着战争会给德意志人民带来民族统一,让霍亨索伦家族戴上帝国皇冠。批评他的人断言,他的目的只是为了自己得到帝王紫袍的奢华和显赫荣耀。不过如果他认为自己代表着德意志的未来,那也是自然的,他自然也十分清楚,除了普鲁士的古老传统之外,他那年迈守旧的父亲对其他事情毫不关心。对于王太子的介入,俾斯麦非常生气,而王太子感到俾斯麦对他努力处理的问题漠不关心。

1870年10月,德意志南部四个邦国的代表们在凡尔赛的德国军队指挥部出现,商谈德意志未来的组织问题,民族问题开始酝酿成熟了。巴伐利亚首相布雷(Bray)伯爵是霍恩洛厄的继任者,比较倾向于支持奥地利,他希望尽可能避免巴伐利亚加入北德意志邦联,并提议巴伐利亚与邦联结成永久性同盟以代替加入邦联。但是这个想法绝没有可能实现,因为那样会使巴伐利亚变得独立、地位提高,其他南部邦国完全不感兴趣。俾斯麦能够跟每个代表团单独谈判,当然,他总是比他们高出不止一筹。布雷在一份备忘录里记下了他的异议,俾斯麦把这张纸放到符腾堡首相冯·米特纳赫特(Mittnacht)面前,主动提出了一些让步,邀符腾堡加入邦联,并问他是否愿意在没有巴伐利亚的情况下签订效果类似的协议。符腾堡做出了肯定的答复,于是俾斯麦赢了。巴伐利亚如果单独拒绝就可能被排除于统一的德意志之外,它不能冒这个险。布雷不得不提出新的建议,而且没有征求国王的同意,因为他知道路易会开出完全不可能达成的条件。其中一个条件是巴伐利亚的扩张,占据另一位德意志君主巴登大公的领地;另一个条件出于个人趣味,布雷甚至不肯提起,我们将在后文谈及此事。

11月11日,目前为止俾斯麦已经成功,三个较小的邦国符腾堡、巴登和黑森都准备在第二天签订协议。这时却发生了一个意外的事故。符腾堡国王命令他的代表不要签字,除非跟巴伐利亚一起签,代表们立刻离开了凡尔赛。

在这段日子里,俾斯麦写信对他的儿子说:"除非德意志的暴风雨带着电闪雷鸣在他们头顶上炸响,这些老外交官和官僚们什么都做不完。"他无疑是用圆滑的方式指代德意志的君主们。王太子在日记里写道:"我真的为德意志的君主们感到惭愧,他们既不能又不愿意学任何东西,由于自私吝啬的性格,他们不能对共同的伟大祖国履行义务。"俾斯麦的想法与王太子相差无几。尽管如此,正是在这些天里,他们发生了尖锐的冲突。

符腾堡的代表离开之后不久,王太子去看俾斯麦,问他是否希望解决帝国皇冠的问题。俾斯麦虽然做出了肯定的回答,却又耸了耸肩,强调了困难。王太子提议强迫仍在抗拒的国王。俾斯麦驳回了这个建议,生气地说他没有权利表述这种意见。在激烈的争论中,俾斯麦甚至说他愿意把自己的职位让给王子更中意的人,不过在离职之前,他仍会依照自己的原则行动。他暴怒,以致在私下谈话中称王太子是最愚蠢、最爱慕虚荣的人,还说他总有一天会在"皇帝的疯狂"(*Kaiserwahnsinn*)中自取灭亡。

在应该对固执己见的国王采取什么策略的问题上,两人确实存在分歧,不过那不可能是他生气的动机。俾斯麦说,对同盟者运用武力违背他的原则。这种纤细的感情在俾斯麦身上并不寻常。即使在这个事例中,他也十分愿意对那位国王施加一切种类的压力，或者至少进行口头威胁。这两个人彼此仇视是由于信念的矛盾，他们都确信对方希望给新的帝国灌输截然不同的精神。王太子的自由主义是宰相深恶痛绝的观念。他们的主要分歧不是目的——征服那些拒绝服从的君主，而是实现目的的手段。俾斯麦怀疑王太子希望利用帝国议会给那些君主施加压力。那正是他不惜任何代价都要防止的。倘若帝国议会在这个头等重要的问题上掌握了主动权，倘若德意志帝国变成议会活动的产物，帝国议会的政治权威和权力就会大大增加，俾斯麦不容许发生这样的事。帝国议会的活动应该局限于赞成宰相自己的谈判成果。帝国议会将在11月24日开会，他必须加快速度，在那之前完成谈判。

他又一次成功了！符腾堡的代表离开凡尔赛三天以后，他与巴登和黑森签订了协议，11月23日——帝国议会开会的前一天——巴伐利亚也签字了。俾斯麦向巴伐利亚的代表做出了一些让步，那些条件很可能激起帝国议会的反对。最糟糕的是一个十分荒唐的规则：巴伐利亚人在另一个德意志邦国结婚时，必须得到巴伐利亚国王的许可，婚姻才算有效。最耸人听闻的让步是建立一个联邦政务会的外事委员会，指派巴伐利亚人担任固定主席。事实上，这一让步没有任何实际价值。无论在俾斯麦的时代还是其继任者的时代，外务委员会都没有丝毫影响力。或许在威廉二世的朝代，假如联邦国家有一个消息灵通、头脑清醒的官员们组成的委员会，部分抵消他的最危险的古怪行径，那么德国人民也许可以得到相当多的益处。

俾斯麦知道，他对巴伐利亚特殊神宠论做出的让步非常不得人心，害怕帝国议会为此拒绝或者修改巴伐利亚的协议。于是他立刻把正巧在凡尔赛的德军指挥部的所有议员都派去柏林，希望他们影响民族自由党，促使后者接受巴伐利亚的协议。民族自由党一点都不喜欢这个协议，不过他们确信它牵涉伟大的目标，为了那个目标不得不接受。拉斯克用一句玩笑话表达了该党的感情："姑娘的确非常丑，但是是必须跟她结婚。"

巴伐利亚的协议签字之后的第二天晚上，俾斯麦邀请同伴们喝香槟酒，并为"德意志实现统一和德意志皇帝"干杯！他决心利用巴伐利亚使普鲁士国王成为德意志皇帝。

巴伐利亚签订协议的两天之后，路易二世的一位可信的代理人抵达凡尔赛与俾斯麦谈判，他是马主（master of the horse，德国宫廷的一种名义上的高级职位——译者注）霍尔施泰因（Holnstein）伯爵。两天以后，他带着要让路易二世写给威廉一世的信件的草稿回去了。信中包括邀请普鲁士国王加冕为德意志皇帝的内容，草稿是俾斯麦亲自写的。又过了几天，霍尔施泰因带着路易的信件返回凡尔赛。国王逐字逐句地抄写了俾斯麦的草稿，然后加上了自己的签名。

路易二世的行动方式为什么非常不高贵威严？众所周知，巴伐利亚国王从心底最深处厌恶让霍亨索伦家族的人当上德意志皇帝的想法，不愿让他们的地位超过自己。11月底巴登大公给路易写过一封信，请他邀请普鲁士国王加冕为德意志皇帝，从而获得"不朽的荣耀"，路易甚至没回信。我们知道，他说他宁可退位也不干。那么现在他为什么听从俾斯麦的煽动——不，口授命令？

前文提及过的阿克顿勋爵的文章第一次给出了部分答案：俾斯麦倒台以后，他的继任者卡普里维发现圭尔夫基金中有几百万送给了慕尼黑。路易国王每年拿到15000英镑，霍尔施泰因还拿到了相当可观的一笔钱。现在我们有理由肯定，为了诱使路易请威廉接受帝国皇冠，俾斯麦用来自威尔芬基金的钱贿赂了路易和霍尔施泰因。那笔钱原本属于路易1866年时的盟友、汉诺威的格奥尔格五世国王，"为了控制和镇压企图暗中颠覆普鲁士统治的格奥尔格五世"而被交给普鲁士政府处置，后来却送给债台高筑的路易，拯救了他的财政灾难。

俾斯麦利用路易的信件使世人相信，德意志皇帝不是人民而是德意志君主们的产物。当然，真相完全相反。正如古老的学生歌谣所表达的，德意志人民盼望有一位皇帝，自由和权利的皇帝（in Freiheit und Recht）。除了巴登大公和科堡-哥达的（Coburg-Gotha）埃内斯特（Ernest）公爵这样的极少数例外，德意志的君主们不关心皇帝的事，巴伐利亚和符腾堡的国王以及黑森-达姆施塔特大公还强烈反对拥立皇帝。可是俾斯麦再次成功了。帝国议会被迫满足于充当希腊悲剧中的合唱队的角色。它接到巴伐利亚国王信件的通知的方式反映了它的角色特征。政府指使"自由保守党"的一位议员弗里登塔尔（Friedenthal）在帝国议会询问俾斯麦的副手德尔布吕克，德国皇帝的事情怎么样了。德尔布吕克站起来出示了路易的信件。起初他找不到信，后来终于用他可能做到的最一本正经的语调宣读了这封信。尽管有各种出色的优点，德尔布吕克无疑不适合这种伟大庄严的场合。有人写信对王太子说："看上去好像德尔布吕克从他的裤子口袋里掏出了包在旧报纸里的可怜巴巴的旧王冠。"

帝国议会急忙对宪法进行适当的修订,用帝国(Reich)和皇帝代替原来规定的联邦(Bund)和联邦总统(Bundes-Präsident)。现在宪法变成了德意志帝国宪法(Die Reichsverfassung)。随后帝国议会决定派一位议员代表,去请求威廉国王接受德意志帝国的皇冠。爱德华·拉斯克起草了演讲稿,帝国议会认可他是统一和建立帝国的主要领导者之一。威廉国王得知演讲稿的作者时讽刺地说:"哎呀,那么我确实应该为帝国皇冠感激拉斯克先生!"

这件小小的轶事显示了国王的坏心情。他的心里只有普鲁士的位置,对德意志的皇冠没有兴趣。在任何情况下,他都不想为此受惠于帝国议会,因为他们是德国人民的代表。其实是人民赢得了普法战争的胜利,但是他不这样看待问题。帝国议会提供的皇冠有民主的味道,在他的眼里,它等同于1848年革命的国民议会在圣保罗教堂提供给他的哥哥腓特烈·威廉四世的王位。如同他的哥哥在1849年4月3日所说的,即使他不得不接受,他也只愿意从德意志君主手中接过皇冠,哪怕其中最重要的一个是路易二世那样病态的君主。事实上,帝国议会并未给他皇冠,只是请求他考虑屈尊接受。他很生气,起初拒绝接见帝国议会的代表团。为了避免公开拒绝,俾斯麦只得出手干预。不过在所有大小君主都附议了巴伐利亚国王的请求之后,国王才接见了代表团。

于是1870年12月19日,帝国议会的代表团站到了凡尔赛宫的威廉国王面前。发言人是帝国议会议长爱德华·希姆森,21年前,他曾经作为法兰克福国民议会的议长在腓特烈·威廉四世面前致辞。没人会忽视这一插曲的象征意义。希姆森庄严致辞,表述了德意志民族的信心,相信能在新的帝国中找到"统一和力量,公正和法律,自由与和平"。王太子在日记里写道:"希姆森的演说真是杰作,发言十分完美,热爱德意志的真诚使我感动得落泪。"在这种历史性时刻,表述德意志民族感情的是一个有犹太血统的人,不过那时谁都没有异议。连在场听演说的普鲁士将军们也被感动了,威廉国王宣读俾斯麦替他起草的回应时,有几次不禁嗓音颤抖。不过参加集会的人都发现巴伐利亚国王的代表卢伊特波尔德(Luitpold)亲王不在场,他的缺席特别显眼。

这个仪式还不是德意志帝国建立的庄严公告。只有在南德意志各邦国的议院和政府批准了协议之后,威廉国王才会认可。可是巴伐利亚的反对党"爱国者"设法尽量拖延这一程序的时间,最后威廉不得不下令在巴伐利亚没有完全认可的情况下发表公告。1月18日是普鲁士王国的建国日,在1701年的这一天,勃兰登堡选帝侯腓特烈三世即位成为普鲁士国王。于是普鲁士国王威廉一世也选在1月18日这天加冕成为德意志皇帝。

俾斯麦在路易十四的凡尔赛宫的镜厅(*Salle des Glaces*)宣读了公告。那是他人生中最自豪的一天。他可以说,他引领了通往这个目标的每一步。

国王是否也为这一天感到自豪?人们可能以为,他自己和家族的地位得到提高,他代表着德意志民族的最美好、最高的愿望得以实现,持续50年的民族梦想化为现实,他应该感到高兴。人们会以为,当他回顾1862年9月的那一天,他打算退位时俾斯麦用铁腕手段施以缓手,他肯定感激他的宰相带来了在人类历史上无与伦比的胜利。我们会猜测他把俾斯麦放在心里,保证他永远不会忘记他的恩惠。然而新的德意志皇帝从讲坛上走下来,走向将军们接受他们的祝贺,却没有跟俾斯麦握手,甚至没有看他一眼。宰相使他怒不可遏,他在发表公告的那天写信给王后——现在的皇后——说他"闷闷不乐,非常想退位,把一切都交给"儿子。他说加冕的那天是"我人生中最不快乐的一天"。

为什么?理由几乎荒唐得可笑。他想要"德国皇帝"(Emperor of Germany)这个头衔,而俾斯麦认为只可以用"德意志皇帝"(German Emperor)这个头衔。这里没必要解释这两个头衔的区别,因为除非读者正巧是君主,否则对这种事不会有丝毫兴趣。俾斯麦对他的同伴们说,这种事毫无意义,他并不关心。他写信给妻子说:"这种帝王的限制太难办,国王们在这种时候像女人一样有奇怪的欲望……作为助产士,我有时急切地渴望变成一个炸弹然后爆炸,把整座建筑炸个粉碎。"

国王之所以不情愿,真实的动机是他顽固的普鲁士主义。对他来说普鲁士意味着一切,而德意志什么都不是。他很清楚,他作为普鲁士国王拥有强大的地位,可是他担心作为德意志皇帝的权力会小得多。他无法预见,俾斯麦能使德意志皇帝的势力比普鲁士国王更强大。在俾斯麦之前提倡过德意志皇帝和帝国的人都从未仔细考虑过这种绝妙的地位。自由主义者曾经倡导建立德意志帝国,以为它会实行现代的自由主义制度。用路德维希·乌兰(Ludwig Uhland)在圣保罗教堂说过的话来说,他们在某种程度上相信,统治德意志的首脑应当抹上一滴**民主的圣油**。俾斯麦却完全避开了民主的圣油,这是他既非凡又引起灾难的成就。

从这个角度来看，公告仪式的性质就意味深长了，它是王公和将军们参加的仪式。新的德意志帝国从一开始就带上了这种性质的印记。王公、将军、贵族和容克地主们组成了重要的阶级。仅仅数年前，普鲁士的容克们还在谴责民族性思想、篡夺王位的行为和德意志共和国的污秽思想，现在却变成了新帝国的统治阶级，充当它主要的捍卫者。19世纪末，第三位帝国宰相在日记里写了一段话，最恰当地描绘了形势的发展。他是霍恩洛厄的克洛维（Chlovis）亲王，自认为是南德意志自由主义的代表："当我坐在普鲁士的诸位阁下中间，北德意志与南德意志之间的差别就变得显而易见。南德意志的自由主义不可能胜过容克……这些贵族们都对帝国漠不关心，他们宁愿今天就放弃它，而不是明天。"

这种形势来源于俾斯麦1870年的政策，他拒绝让帝国议会在创建帝国的过程中发挥积极作用。他的《思考与回忆》中有一个题为"王朝与种族"的著名章节，其中陈述了他那时采用的政策的理论。他承认了自己的古老信念："德国政治的关键存在于君主和王朝之中，在宣传家——不管是议会、新闻界还是街垒上的宣传家——那里是找不到的。"他的论点的基础是下面的句子："因为若要德意志的爱国主义发挥积极有效的作用，就离不开依靠王朝的统治。离开王朝，爱国主义就极少成为上升点……德国人对祖国的热爱需要有一位君主，他能够集中人们的忠诚。假设德意志的王朝突然全部遭到废黜，在充满摩擦冲突的欧洲政治环境中，德意志的民族情感就不足以团结所有的德国人。"

如今俾斯麦认为不可能发生的后一种情况变成了现实。德国的王朝在1918年被全部废除了，虽然国际和国内存在诸多困难,德国的凝聚力却并未变得松散。不仅如此,德意志的民族主义还变得更强,致使人们追随一个蛊惑民心的政客,虽然他不是在德国出生。哪怕是最伟大的政治家,也难以预见仅仅半个世纪之后的新形势。

尽管如此,俾斯麦的某一项遗产——或许是最重要的一项——经历时代变迁流传了下来。他以"铁和血"的信条实现了辉煌的胜利,给德意志民族刻下了军国主义的印记,在他死后这种思想继续占压倒性优势,事实证明它胜过了第一次世界大战造成的苦涩失望和魏玛共和国,虽然魏玛共和国时期至少有一部分人试图摒弃它。

德意志军国主义的盛行的原因之一与普法战争之后签订的和约有密切联系。该和约导致战败的法国割让了两个行政区,战胜的德国吞并了阿尔萨斯(Alsace)和洛林(Lorraine)。德国历史学家们声称,这两个行政区几个世纪前曾经属于神圣罗马帝国,现在应当归还给恢复活力的祖国。可是俾斯麦的动机并非这种历史浪漫主义,他轻蔑地称之为"教授的念头"。在战争期间的维也纳,法国政治家和历史学家阿道夫·梯也尔询问伟大的德国历史学家利奥波德·兰克(Leopold Ranke):"拿破仑帝国垮台以后,现在您在对付谁?"兰克回答道:"路易十四。"俾斯麦永远不会说这种话。作为注重实际的政治家,他知道经过几个世纪人们的感情和利益已经发生改变,历史进程不可能周而复始。他知道阿尔萨斯和洛林的居民倾向于法国,它们会成为德国的非常令人不适的领土,这种状况将持续很长一段时间。如果他明知如此还坚持要求吞并,一定是有军事上的理由。他相信为了抵御法国的新攻击,尤其对德国西南部而言,这两个行政区将是必不可少的。尽管如此,他仍然怀疑占领梅斯(Metz)是否有益,因为那里的居民在感情和语言方面都是彻底的法国人。但是由于将军们的规劝和国王的愿望,最后他让步了。

当时格莱斯顿是英国首相。他听说德国打算违背当地居民的明显意愿吞并那两个地区,感到很震惊。他悲叹,"如同对待奴隶一般对待一个欧洲文明国家的居民的残忍老惯例"卷土重来了。

他写信给维多利亚女王说,这种事违反了一个普遍原则,"已经扰乱了欧洲的和平,随后会导致更多的流血"。他希望中立国家联合起来抗议德国的吞并,可是在内阁遭到了挫败。当德国显然要实行吞并时,他写信给格兰维尔(Granville)说:"我担忧这种暴力的分割和转移会使我们从恶劣变得更恶劣,并导致欧洲的一系列新难题。"

现在每个人都知道格莱斯顿的预言多么准确。由于这次吞并,德国与法国之间不再可能存在长久真实的和平。俾斯麦夜晚失眠,其他国家结盟反对德国的噩梦一直困扰着他。整个欧洲大陆变成了一个武装军营,德国的首要职责似乎是不断强化自己的武装。仿佛没人比士兵和军官更重要,军国主义赢得了完全的支配地位。

虽然有这些批评,我们不应该忽视俾斯麦的巨大成就,他实现了德意志民族的梦想,使其统一成一个强大光荣的帝国。为了理解这对于渴望统一并为之斗争的那代人有什么意义,我们可以读一下历史学家海因里希·冯·西贝尔(Heinrich von Sybel)写给他的朋友兼同事赫尔曼·鲍姆加腾(Herman Baumgarten)的信,帝国正式宣布建立时,他"流下了眼泪,感谢上帝的恩泽,容许我们活着看到如此重要的事迹。我们20年来的全部愿望和努力,现在终于以无限宏伟壮丽的方式实现了"。无数最优秀的德国人肯定有相同的感受。命运不是在每个世纪都允许政治家有机会唤起整个民族的如此强烈的感情。成功地做到这一点的政治家都是历史上的英雄和伟人。俾斯麦将永远名列其中,对他的方法和人格的批评绝不能也不会否定他的非凡伟大和永恒光荣。

脚注:

柏林外务部办公室的关于霍亨索伦王室的西班牙王位候选人的秘密文件(比较第三章第八节)于1957年第一次公开发表,翻译成了英文,书名是《俾斯麦与霍亨索伦王室的西班牙王位候选人》,由乔治·博南编写并添加了一篇介绍(伦敦:Chatto & Windus)。该书还包含霍亨索伦王族详细记录的1870年3月15日的晚宴上的讨论内容(比较第三章第七节)。这些文件确切无疑地证明了俾斯麦是德国参加候选的主要煽动者。至于他是否有意挑起与法国的战争,那仍是一个诠释角度的问题,不过我在文件中肯定没有发现足以改变我在正文中表述过的意见的理由。

第四章 作为帝国宰相的俾斯麦

从1871年1月德意志帝国建立到1890年3月俾斯麦被威廉二世解职大约有20年，历史学家们称之为"俾斯麦时代"，因为在这些年里他确实不仅是德国而且是欧洲政治的中心。大多数德国人将他视为民族统一的英雄，而欧洲其他首都的政治家全都认为他不仅是同行中无人匹敌的大师，还是一切政治考量和合作中的最重要因素。无论在伦敦还是圣彼得堡都没有人冒失到敢于质疑他的优越，更不用说巴黎或维也纳。迪斯雷利或哥查科夫，安德拉希（Andrassy）或梯也尔，每个地方的主要政治家都关注着柏林和威廉施特拉瑟（Wilhelmstrasse），甚至瓦尔济或腓特烈斯鲁厄，宰相偶尔会去远离办公室的庄园。尤其在70多岁的时候，俾斯麦的地位唯有1808年的爱尔福特（Erfurt）诸侯大会时期的拿破仑一世堪与之相比，俄国沙皇和德国的所有王公都围在他身边向他致敬。不过拿破仑接着陷入了新的战争的泥潭，而俾斯麦在击败法国以后就再也没有拔剑。爱尔福特的数年之后，拿破仑被赶下王位离开了法国,而俾斯麦掌权了大约20年,他的失势不是因为外敌,而是因为自己的皇帝。

俾斯麦执政的第一阶段即1862年至1870年,与1871年至1890年的第二阶段形成了鲜明对照。在最初的阶段他分别于1864、1866年和1870年发动了三场战争,在后一个阶段却没有战争。当然,这绝非暗示他改变了战争是解决政治问题的可取手段的看法。在1870年之前和之后,他都认为军事力量是衡量一个国家的重要性的真正标准。但是他不希望新的战争危及他用前三场战争为普鲁士和德意志赢得的成果。在较早的时期,他已经彻底改变了欧洲的地图。他不仅极大地增强了普鲁士的势力,在普鲁士的领导下统一了不同的德意志邦国,而且吞并了曾经属于法国两个世纪的两个行政区,虽然那里的居民非常不愿意成为德国的臣民。俾斯麦相信现在德意志已经获得了对它有利的全部领土,应该充分餍足了(*saturiert*)。现在他感兴趣的是守住已经取得的成果,而确保这一点的最好方式就是维护和平。

结果形势彻底逆转了。当俾斯麦的政策目标是改变地图的时候,他十分乐意与匈牙利的克洛普卡或意大利的马志尼这样的革命者联手。一旦达到目标之后,他的兴趣就转为保守的基调,保守主义势力就是他自然的同盟。因此普法战争之后,俾斯麦的对外政策的第一个阶段以三帝同盟(*Drei-Kaiser-Bündnis*)为特征,这不足为奇。

1. 三帝同盟

在普法战争期间,沙皇亚历山大二世曾经竭尽全力帮助他的舅舅普鲁士国王威廉一世。战争爆发时,他告诉维也纳,如果哈布斯堡王朝调动军队攻击普鲁士,他准备率领30万人的军队援助自己的舅舅。1871年2月法国战败之后,威廉一世发了一封电报给沙皇感谢他的帮助。他在电报中说:"普鲁士永远不会忘记,多亏了您,战争才没有发展至极端的规模。"这封电报使普鲁士驻维也纳大使冯·施魏尼茨将军很恼火,因为它向全世界揭露了真相:奥地利保持中立并非出于本国的德意志人的民族感情,仅仅是由于俄国的威胁。

沙皇的帮助不是无偿提供的。他利用战争和法国的窘迫状况,删除了《1856年巴黎条约》中禁止俄国在**黑海**(本都Pontus)**拥有舰队**的条款。俄国在克里米亚战争中失败以后,战胜国法兰西和大不列颠迫使它保证不在黑海保有舰队。欧洲的所有强国都签署了巴黎条约,这个条件是其中的一项条款,因而具有国际法的效力。普鲁士是签字国之一,所以必须维护条约。战争爆发前几个星期,威廉国王和俾斯麦曾经在埃姆斯会见亚历山大沙皇和哥查科夫。我们不知道两位政治家是否在这个场合讨论过黑海(本都)问题,不过我们知道,俾斯麦从1866年起就一直鼓励俄国政府朝这个方向行动。1866年战争结束之后,曼陀菲尔将军被派往圣彼得堡安抚沙皇。俾斯麦给曼陀菲尔的指令是如果沙皇表达取消黑海条款的愿望,就回答表示赞成。普法战争期间,俾斯麦给过驻圣彼得堡的德国大使罗伊斯(Reuss)亲王类似的指示。1870年9月,色当战役的三个星期之后,俾斯麦命令罗伊斯告知沙皇,如果他希望退出巴黎条约,普鲁士不会反对。不过另一方面,他又请俄国宣布不反对德国吞并法国的领土。

俄国政府迅速抓住了这个机会。在1870年10月31日的照会中,哥查科夫宣布俄国觉得自己不必继续受到黑海条款的约束。这份照会只有一点令俾斯麦惊讶,他没有料到俄国事前不与他达成共识就单方面采取了这种行动。他本来想建议俄国政府不动声色地直接建立一支黑海舰队,装作该条约不存在,然后等着看是否有任何其他强国出来反对。

只有大不列颠有能力反对俄国的举动。英国认为巴黎条约中的黑海条款在政治上并不明智。这一条款代表了帕默斯顿的一部分政策,在克里米亚战争期间约翰·布赖特(John Bright)曾经用非常好的论据反驳过该政策,如今他是格莱斯顿内阁的成员。格莱斯顿本来十分愿意与俄国政府友好地讨论废除这一条款的事。但是他**不容许单方面**废除欧洲的一项条约。英国认为俾斯麦在幕后煽动俄国的行动,于是英国内阁派外务部助理副部长奥多·拉塞尔(Odo Russell)前往凡尔赛与俾斯麦讨论这个问题。奥多·拉塞尔所做的超过了他接到的指示,他鲁莽地向俾斯麦宣布,倘若俄国坚持单方面行动,无论有没有盟国,英国都会准备战争。这是虚张声势,却真的有效。俾斯麦同意召开一次国际会议,讨论这个问题。1871年春天会议在伦敦召开,废除了黑海条款,不过还全体一致地通过了一项决议:除非得到其他签约国的同意,任何强国都没有资格废除或更改国际条约。俄国也只得赞同这一决议。

在一个特例中,德国的协助使俄国以这种形式获益,正如俄国的善意中立使德国获益一样。俾斯麦的目标是与俄国合作,这仅仅是合作的一种表现而已。色当战役之后不久,他就采取了第一个步骤,于 9 月 9 日发电报给罗伊斯亲王:"鉴于原理,在法兰西掌权的不仅是共和主义者而且是明显的社会主义者,欧洲的保守主义势力和君主主义者的社会阶层紧密团结要可取得多。"过了几天,他又指示罗伊斯提醒沙皇注意欧洲的革命和共和主义派系的团结。他建议俄国、德意志和奥地利互相合作,结成君主制原则的最坚实稳定的扶壁,为秩序和文明提供最确定的保障。

这些陈述中最重要的特点是用意识形态原则统合对外政策的方式。这与俾斯麦以前的惯例形成了明显的对照。俾斯麦现在诉诸的君主制原则正是 1815 年的神圣同盟的基础,当时的同盟成员也正是现在俾斯麦希望团结的俄国、普鲁士和奥地利。

话虽如此,俾斯麦想要缔结这个同盟还有更加现实的理由。在战争期间及其后,俾斯麦的对外政策的首要目标是孤立法国。战时他给驻伦敦的德国大使伯恩斯托夫伯爵写过一份照会,辩称只要大不列颠尚未意识到德意志是它在欧洲大陆的唯一有价值的可靠同盟国,德国就有必要与俄国结盟。似乎与俄国相比,他比较喜欢与英格兰结盟。然而这种联系是不可能的,因为用暴力吞并阿尔萨斯和洛林的行为在英国完全不得人心,况且英国不希望永远压制法国。虽然拿破仑三世的统治在英国不受欢迎,英国人对法兰西共和国并无敌意。与此相反,法兰西帝国垮台以后,很多英国人不赞成继续战争。

当然,如果将俾斯麦希望结成的三帝同盟称为新的神圣同盟,那是一种夸张。无论是俾斯麦还是俄国或奥地利的主要政治家,他们的目标都不是新的干涉政策。这三个帝国也并非全都是君主专制的强国。不过这三个帝国有一个共通的因素,这个因素在自由主义比较盛行的国家——例如英格兰、法兰西甚或意大利——的制度中不存在。举例来说,1880年的选举影响了英国的对外政策,1885年法国议会推翻茹费理(Jules Ferry),影响了法国的对外政策,而三个帝国的对外政策既不取决于议会,又不受普选的影响。皇帝和外务大臣掌握着帝国的对外政策,在这方面,可以称之为内阁政策。当然,公共舆论在这三个帝国发挥着某种程度的作用,后来事实表明连俄国沙皇也不能长期推行违背俄国公众舆论的对外政策。不过一般情况下外务大臣可以自行其是,前提是他一直能够依赖君主的支持。在德意志,俾斯麦在一切对外政策问题上拥有压倒性的权威,因此人们最愿意追随他的领导。俾斯麦也尽其所能防止议会干预外交事务。举例来说,他拒绝以蓝皮书的形式将对外政策文件提交给帝国议会,因为他害怕它们会刺激议员们讨论这些问题。其实这种讨论在德意志帝国议会非常少见;一般而言,只有当俾斯麦希望发表演讲以及对世人和外国发表重要宣言的时候,讲话过程中才会出现这种讨论。1878年东方危机达到极点时,政府党派的领袖们要求宰相向帝国议会解释德国的政策,俾斯麦勃然大怒,在私人谈话中粗暴地辱骂了这些议员,虽然他们是他的坚定拥护者,通常还是他在议会最可靠的支持者。他说,现在不管从什么角度看对外政策都足够麻烦了,那300个傻瓜只会使情况变得更混乱,当然,他指的是帝国议会的可敬的议员们。

德意志帝国建立时,俾斯麦的老对手博伊斯特伯爵仍然在奥匈帝国担任外务大臣。当然,他看到1866年的决定已经变得明确,美因河线被放弃了。哈布斯堡王朝的对外政策不得不改弦易辙。博伊斯特十分乐意与新的德意志帝国结成友好合作的关系。1871年秋天,俾斯麦和博伊斯特在加施泰因见面,进行了非常温和友善、令人满意的谈话。博伊斯特甚至认可了与俄国合作的事。然而他的外务大臣任期已经屈指可数了。这次会见的几个星期之后,外务部撤去了他的职务,改派他担任伦敦大使。

博伊斯特的撤职是奥地利国内政治的某些事件导致的后果,这些事件与德意志帝国的建立有关联。1871年弗朗茨·约瑟夫皇帝解散了奥地利内阁,由德裔的自由主义者国会议员组成所谓的公民政府(*Bürgerministerium*)。由于德意志帝国的建立,他的主要动机是不再重视奥地利国内的德裔,不想让他们相对于其他民族占据优势。新内阁的领导者是霍亨瓦特(Hohenwart)伯爵,他是教权主义的保守主义者,试图走联邦制度路线,那有利于其他民族,特别是捷克人。博伊斯特不属于奥地利内阁。他是管理联合事务的大臣,也就是管理奥地利和匈牙利的联合事务的大臣。哈布斯堡君主国有三个政府部门:(1)奥地利内阁;(2)匈牙利内阁;(3)某些管理联合事务的人,其中最主要和最重要的是外务大臣。博伊斯特反对霍亨瓦特的联邦制度实验。匈牙利首相安德拉希伯爵也持反对态度。奥地利的德裔居民变得难以驾驭时,博伊斯特针对霍亨瓦特的政策向皇帝提出了抗议。皇帝听从了他的意见,霍亨瓦特在1871年10月被撤职。然而几天以后,博伊斯特也被撤职了。他的继任者是匈牙利首相安德拉希。

在1871年至1879年间,哈布斯堡君主国的对外政策由安德拉希管理。他的工作通常是与俾斯麦相互勾结。他最终促成了1879年的奥地利-德意志同盟。

影响匈牙利政策的首要因素是对俄国的畏惧。安德拉希作为匈牙利人,也担心德意志和俄国的同盟可能不利于哈布斯堡王朝。既然不可能迫使俾斯麦离开俄国,奥匈帝国的最佳政策就是加入这个同盟。另一方面,哥查科夫也不希望德意志和奥地利联合起来做出对俄国不利的事。1872年9月,弗朗茨·约瑟夫亲自前往柏林,郑重地表示与萨多瓦战役的胜利者完全和解,沙皇也设法到场。于是三位皇帝在大臣们的陪同下,在新德意志帝国的首都会面了。他们没有结成同盟,这只是一次演示而已。1873年,他们达成了协议。不过协议的性质不固定而且非常笼统。它最有趣的特征是声明了原则。皇帝们表示了他们的决心:他们认为唯独那些原则能够确保并维持欧洲的和平,抵御一切暗中颠覆的活动,无论它们可能在什么地方出现,谁都不能在那些原则问题上分裂他们。他们抗击暗中颠覆的趋向的决心和原则的声明揭示了这三位皇帝的同盟的独特性质。哪里有暗中颠覆他们的联合势力的趋向?伦敦有某些数量的社会主义煽动者,据称由"国际"(*Internationale*)领导,其领袖是卡尔·马克思。事实上,那些人的力量太弱,不足以扰乱欧洲的和平或威胁皇帝们的安全。俾斯麦并不重视三帝同盟的原则声明,西班牙爆发革命时,他没有与同盟国商议就承认了西班牙共和国,虽然另两个同盟国在原则上是强烈反对的。对俾斯麦而言,原则声明的价值在于施加压力使法兰西孤立。

他希望只要法兰西是共和国,这些原则就会阻止沙皇和奥地利皇帝与法国结盟。这导致的后果是俾斯麦竭尽全力维护法国的共和制度,抵御一切君主制的倾向。在战争刚刚结束的数年里,共和国的地位绝不可能稳固。在一位有古老王家血统的国王的领导下复辟君主制度的趋向还很强烈。俾斯麦强烈反对复辟,他希望梯也尔继续掌权。可是1873年5月梯也尔被推翻,麦克马洪(MacMahon)元帅就任总统,他勃然大怒。他给驻巴黎的德国大使发出了最严重的责难,责备哈里·冯·阿尼姆伯爵不帮助梯也尔,而是支持了复辟运动。

当然,俾斯麦采取这种的态度的理由既不是对共和政体的偏好,也不是不干预其他国家的内部事务的信条。他的动机仅仅来源于他相信法兰西不会有能力结盟(*bündnisfähig*);也就是说,在本身缺少君主的情况下,它不能与另一个君主制国家结成同盟。尤其是法国的民主共和政体与沙皇的专制独裁政体形成了鲜明对比,在他看来,这会阻止法兰西与俄国**恢复友好关系**,遑论结成同盟——那是他的主要噩梦。然而世人将看到俄国沙皇在法国的海军乐队演奏国歌《马赛进行曲》时脱帽致敬。那是在俾斯麦倒台之后的1892年。不过只要从强权政治的立场来看结盟对国家是有利的,任何制度上的差异都不会长期阻碍任何国家组成政治集团和同盟,这一点在很久以前就显而易见了。法兰西共和国没有遭到君主制国家的抵制,包括最保守的国家。俾斯麦本人应当对此负责,因为在柏林代表大会之后,他执行了与法国和解的政策。既然连俾斯麦本人也表示了好意,欧洲的政治家怎么可能还有所顾忌,拒绝与法兰西共和国联手呢?

2. 德意志的"自由主义纪元"

前文尚未提及,战争结束后俾斯麦在德国人民中间拥有了极大的威信。皇帝封他为亲王,绝大多数人认为亲王和帝国宰相殿下(*Se. Durchlaucht der Fürst Reichskanzler*)是德国的真正统治者。在1871年3月的帝国议会普选中,各种各样的自由主义党派获得了多数席位。其中最强的是民族自由党,在400个席位中占120席。俾斯麦最可靠的拥护者自由保守党得到了大约40个席位,进步党大约有50个席位。

民族自由党是最重要的,原因不仅在于人数,而且在于议员的品质。其中包括大多数主要的国会议员,他们受大众欢迎,拥有威信、广博的知识和政治智慧。该党领袖是汉诺威的鲁道夫·冯·本尼希森,他是以前的德意志民族联盟(Deutscher National-Verein)的主席,担任过普鲁士下议院的议长。另一位民族自由党成员马克斯·冯·福肯贝克(Max von Forckenbeck)是普鲁士的德意志进步党的创建者之一,当上了帝国议会的议长。两人都与宰相有良好的个人关系,老皇帝信任福肯贝克,王太子对他更加信赖。另一个汉诺威人约翰内斯·米克尔(Johannes Miquel)拥有优秀的政治天赋,是能言善辩的演说家,在帝国议会发挥重要的影响,虽然他经常倾向于妥协,宰相却对他有些不信任。左派的领袖爱德华·拉斯克在议会中有最大的影响力,不管是在帝国议会还是普鲁士下议院,因为他是最勤勉、最坚持不懈的议员。他总是第一个阅读并透彻地理解所有的议会文件,分析每个问题,准备议会的辩论。每个人都知道拉斯克毫无个人私心,总是关心国家的繁荣和党派的利益,大多数成员都愿意服从他的领导,哪怕他们不属于他的政治追随者的内部圈子。据他的一位朋友所述,这段时期他是议会政党的首席参谋和军士长。然而他的这种影响力不合俾斯麦的心意。后来俾斯麦抱怨说,若没有"拉斯克修正案"他的议案就不能通过,而修正案使他的议案带上更多自由主义的色彩。俾斯麦称之为"拉斯克教条主义",试图用这个口号逐渐削弱拉斯克在他的党派中的声望和影响力。

可是那些日子尚未到来。战争刚结束后的数年中,俾斯麦高兴地接受议会的民族自由党的协助,在立法问题上容许他们拥有相当大的影响力。德意志帝国这样新建立的国家需要制定许多新法律并完善各种制度,各个邦国的法律经常存在大量分歧,如今必须在那一片混乱中为整个国家制订一部新的通用法典。在商业和经济领域尤其需要这种法律。举例来说,德意志的每个邦国都有自己特有的货币。某种货币在汉堡有效,另一种在普鲁士有效,还有一种在巴伐利亚有效。如今必须撤销旧货币制度,制订新货币制度,并制造一种全德意志通用的新货币,使其投入流通,在帝国的每个地方都可以兑换。作为通用货币的基础,还必须建立中央银行,它执行的功能类似于不列颠的英格兰银行。议会于70年代早期通过了必要的法律,在制定法律的过程中,民族自由党议员路德维希·班贝格尔(Ludwig Bamberger)作为帝国议会的指示物发挥了最大的影响。

俾斯麦很幸运,在完成立法任务的过程中拥有一位优秀的合作者,此人就是鲁道夫·德尔布吕克。宰相既不理解也不太关心当时的经济问题,所以他很高兴把任务交给宰相办公室主管德尔布吕克。德尔布吕克拥有最渊博、最精确的知识,不知疲倦地工作,总是彬彬有礼、乐于助人,这位高级公务员办事客观公正,不受个人考量的左右,正是普鲁士的最佳典范。议员们信任他,尤其是自由主义者，他们的经济目标和理念与他一致。他倡导自由主义的经济政策，相信经济领域的自由，愿意废除古老传统强加给经济的障碍。这也是自由主义者的目标，他们的合作卓有成效，在这段时期留下了丰富的立法成果。

除了经济问题之外，这些年里最重要的成就是司法权法律的统一。由于德国法官必须根据成文法做出判决，最重要的是制定一部德国通用的成文法，代替此前在各个不同邦国使用的互相存在分歧的法律。德意志帝国的宪法并未规定这些法律的统一，中等大小的邦国的政府，比如巴伐利亚和符腾堡，最不愿意让帝国干涉他们的法律。但是民族运动扫清了这些障碍。这些成就的最大功臣是拉斯克，他是主要的发起人，在帝国议会屡次提议制定法律程序的通用章程和通用的民法。连拉斯克的最尖锐的批评者也无法否定这些功劳。

俾斯麦对这些司法问题兴趣不大。某次他有机会旁听一个委员会讨论如何处理司法程序的问题。他一边离开一边摇头，说他不能理解为什么一群聪明人会认真地讨论这种事情，无论以何种方式决定，都无关紧要。但是如果他觉得某个问题可能限制国家的权力而有利于个人的自由，例如涉及新闻出版法律的时候，他就会最坚决地反对。

若要理解这些年间民族自由党的立场，我们就必须避免与英国的党派体系进行任何类比。英国的党派要么是执政党，要么是反对党。下议院的席位安排表明了这一点。议会成员或是坐在政府的长椅上，或是坐在对面。如果一个议员横穿议院的地面，就是完全改变了他的政治立场。这种安排是一种象征政治体系的手段,十分简单却非常有效。然而德国议会中议员的席位呈半圆形,最保守的成员坐在最右边,最激进的成员坐在最左边。即使改朝换代,换上了性质截然不同的政府,他们也不会改变席位。政府成员不坐在议员中间,而是坐在半圆形对面的讲坛旁边。帝国议会中这个讲坛属于联邦参议院,其议长是宰相,因此俾斯麦在联邦参议院的讲台(*Bundesrats-Tisch*)前发言。宪法规定任何人都不能同时兼任帝国议会和联邦参议院的成员。由于国家的大臣或者部长自动成为联邦参议院的成员,被任命为大臣的议员必须离开帝国议会。宪法通过这种方式设置了障碍,避免政府采用议会制度。事实上在俾斯麦的时代,民族自由党的议会领袖都没有成为大臣。我们将在后文看到,本尼希森有一次差点当上了大臣,却由于缺乏"顺从"而未能与俾斯麦达成协议。俾斯麦倒台以后,其中一位领袖米克尔当上了普鲁士财政大臣,没人怀疑他使前任和继任者们都相形见绌。他的实例证明,假如俾斯麦的体制没有阻碍他们进入内阁,他们本来可以发挥政治和行政管理才能,增进国家的利益。

如果称这些年为"自由主义纪元",我们一定不能忘记,自由主义的影响仅仅局限于立法领域。在普鲁士的行政管理领域,保守主义依旧维持着以往的优势。一般情况下,只有具备可靠的保守主义性情的年轻人才能进入行政管理部门,并晋升至较高的职位。其中很多人来自古老的容克家庭,那些家族数代以来在这些职位上几乎都有既得利益。举例来说,冯·普特卡默(Puttkamer)先生从这所谓的"自由主义"时代开始他的"职业生涯",后来变成了普鲁士大臣中最保守、最反动的人。

这些评述表明德意志帝国的议会政党与其他党派相比在理论上比较独立自主，但是影响力较小。举例来说，一个党派可以投票反对政府，不用害怕推翻它。另一方面，政府可以轻易地忽视一个定期投票支持它的党派的愿望。在俾斯麦时代，他就等于政府。俾斯麦要求支持者无条件地服从，这是他的天性。如果有一个议员虽然是他的支持者，却在良心的驱使下在某个特定问题上与他作对，甚或不肯自始至终追随他，他就不能理解这种独立的精神。在严重的案例中，他对这种独立路线的处理方式无异于对待擅离职守或者背信弃义的方式。他会断言投票者选出了追随他的领导的代表；换言之，他会越过该成员向选民们呼吁，而每个成员都知道选举中俾斯麦的敌手会有多么危险。

民族自由党最想要的是与俾斯麦合作，他们在选民面前将俾斯麦描绘成了在世的最伟大的政治家和民族统一的不朽英雄。但是该党的领袖们不可能不明白，在一切原则问题上，这位伟大政治家与他们之间都存在着严重的分歧。他们或多或少都是自由主义者，致力于国家及其制度的自由发展。然而一位机灵的持批判态度的观察者说俾斯麦是"中世纪的"，1875 年德国太子妃维多利亚写信给她的母亲说："俾斯麦关于新闻出版的思想完全是中世纪的，事实上，他是彻头彻尾的中世纪老古董，自由主义和治理的真正理论对他来说就像希伯来语，虽然当他认为某种民主思想或措施有助于实现自己的意图时，有时也会采纳或认可它们。"

即使民族自由党对俾斯麦有相同看法，他们也不得不尽可能与他合作。他的地位完全坚不可摧。不管做什么事，他都是必不可少的人物。他在他们的选民中拥有极大的权威，以致他们被迫尽可能避免与他发生冲突。在这种立场上的人必须兼具政治适应能力和精神独立性，这种组合很罕见。在不同的人群中，只有在非常个别的人身上才能发现这些素质。因此有时团结整个党派非常困难，这不足为奇。一派希望坚持原则，而另一派却希望妥协。与老派普鲁士人福肯贝克和拉斯克相比，汉诺威人本尼希森和米克尔通常比较愿意妥协。

1874年军队议案引起的危机提供了这些困难的一个实例。1862年至1866年间，普鲁士的军队改组引发过宪法冲突，从那以后，军队问题一直容易引起争议。皇帝的目标是使军队成为他的个人事务，不允许议会插手干预。当然，军费必须经过议会投票表决，可是皇帝和政府试图一劳永逸地确定在和平时期征召入伍的士兵数量及其与人口的比例关系，从而使议会的这项权利变得有名无实。我们已经看到，俾斯麦在草拟北德意志邦联的宪法时曾经企图这样做，由于福肯贝克的妥协方案（第三章第一节），问题暂时搁置。到了1871年，由于战争的要求，这一妥协方案被迫延期至1874年。从这年以后，军事预算案必须每年在帝国议会投票表决并获得批准。可是现在皇帝和将军们再次想确保一个永久性的结果。帝国议会收到了一个议案，将士兵数量固定为40万人以上，一旦通过这项议案，帝国议会就将永远丧失影响军队事务的一切权力。因此该议案激起了强烈反对，很大一部分民族自由党议员也持反对意见。在考虑该议案的议院委员会中，以拉斯克为首的左翼拥有决定票。委员会驳回了固定征兵数的提案，但是民族自由党的右翼明确表示他们愿意妥协。

到了这时，俾斯麦才自己动手掌控事态。在委员会讨论的阶段,他先顺其自然。他私下里对英国大使奥多·拉塞尔勋爵说,该议案不是他的作品,而是皇帝和"军事内阁"的工作成果。认为俾斯麦真的不希望在这时把军队力量永久固定下来,这个猜测应该大致准确。当然,他赞同限制议会的影响力,但是他不希望看到"军事内阁"和将军们的完全独立。"军事内阁"既不是宰相的下属,又不是战争部长的下属。它被视为国王和皇帝的个人事务。假如将军们今后没有需要麻烦帝国议会的事情,那么他们也不必再烦劳宰相的协助。现在将军们被迫认识到没有宰相的帮助他们就根本不可能成功,俾斯麦很可能对此完全不感到惋惜。等到他们的失败显而易见,俾斯麦就十分乐意帮助他们打破僵局——虽然当时他正卧病在床,让他们看看他单独一人就能完成他们所有人加起来都办不到的事。他把自由保守党的两位议员叫到床边,给他们一份讲话稿,让他们立即在所有报纸上发表。稿件里充满了对帝国议会的非常愤怒的指责。他威胁说要么辞职,要么解散帝国议会;他说他不能牺牲自己在欧洲的声誉。其中最尖锐的谴责是针对民族自由党的左翼的;他说那些人依靠他的名声的力量当选,选民们为了协助他才派他们进入帝国议会。这样他设法使危机表现为俾斯麦与拉斯克的冲突的形式。

这些话足以吓唬民族自由党,他们连想都不敢想组织一场选举与俾斯麦作对。自从普鲁士宪法冲突以来,全体选民的感情已经发生了相当大的变化。那时反对党还能依赖选举人,选民不顾政府的压力支持他们。如今选民已经无法相信他们面对俾斯麦的猛攻还能坚定不移。进步党议员领袖欧根·里希特(Eugen Richter)是军国主义的最坦率的反对者,甚至在进步党议员中间也有人宁可妥协也不愿意直接斗争。民族自由党的右翼渴求妥协。其领袖之一米克尔与俾斯麦安排了一个折中方案。它规定应该固定军队的规模,不过不是永久性的,只是七年。这意味着在 1881 年之前帝国议会将对军队事务没有任何发言权。按照常规程序,帝国议会将在 1877 年再次选举,这届国会就被剥夺了独立决定权。另一方面,老皇帝或许会相当满意,毕竟他已经 77 岁了。七年比他预期自己剩下的寿命更长。

帝国议会以多数通过了妥协方案。连拉斯克也投了赞成票,因为他确信如果继续反对就会遭到孤立。这是自由主义的惨重失败,它摧毁了到那时为止还被认为是基本原则的宪法公设之一。此外,这次妥协使军队获得了符合宪法的特权地位,助长了军国主义情绪,尤其是在中上层阶级中间,他们的子孙希望参军成为军官或者预备役军官。很多年轻人的抱负都变成了在自己的名字前面加上"预备役军官"的头衔,并且能够在皇帝的生日那天穿上军官制服。由于军队逐渐被视为皇帝的个人所有物,人们认为与当公务员甚或法官相比,在军队里作为军官服役是更大的荣誉。军国主义的优势只会削弱某些阶级的自由主义感情,虽然那些阶级的前几代人曾经在自由主义运动中有突出表现。

这次失败的意义特别重大,因为在以政治为前景的斗争,即所谓的文化斗争(Kulturkampf)中,自由主义是俾斯麦不可或缺的同盟。

3. "文化斗争"

文化斗争这个词指的是俾斯麦和德意志自由主义反对罗马天

主教会以及天主教中央党（Catholic Party of the Centrum）的重大运动。在德意志，这场斗争在人们的思想中占首要位置的时间长达四五年，欧洲大部分国家都认为它是当时最激动人心的事件之一。那时令人情绪激动的问题如今早已淡化成为背景，我们很难理解那种情绪。不过有一点毫无疑问，在那些年里，许多最有见识的、受过高等教育的人都相信人类的未来正面临风险。

如果我们想尝试理解这种情绪，就必须回顾罗马天主教会的两次行动：1864 年《谬论概要》（*Syllabus errorum*）的公开发表，1870 年梵蒂冈颁布教皇永无谬误的命令。

教皇庇护九世在他的通谕《忧心如焚》（*Encyclica Quanta Cura*）中发表的《谬论概要》又称为"我们时代的主要谬误的目录"，其中包含教皇指摘、谴责和正式宣布禁止的全部现代学说的列表。凡是被自由主义视为国家和现代文明的基本原则的学说，几乎全都可以在这份列表中找到，因此《谬论概要》被认为是对自由主义和现代文化的挑战。

1870 年 6 月梵蒂冈大公会议采纳了教皇永无谬误的教义，激起了更大的风波。德国自认为是宗教改革的发源地，那里的激动情绪尤其强烈，因为大多数德国主教已经在大公会议期间反对过这一教义，但是在梵蒂冈大公会议认可之后，依照天主教会的基本教规，他们不得不屈服了。其中仅有少数人拒绝同意，包括德林格（Döllinger）博士，他是格莱斯顿和阿克顿勋爵的朋友，人们公认他是天主教神学研究的领航人物以及最伟大的德国基督教会历史学家。一部分反对者组织了老天主教会（*Alt-Katholische*），很多同时代人对他们寄予了最大的希望，然而事实上它从未成长得足够强大,没有真正的重要性。

我们在这里没必要争论教义问题,只需描述一下这些事件对那个时代的世界产生的影响。格莱斯顿的小册子——这里只引用一个实例——清楚地表明了这些事件的重要政治意义:《梵蒂冈命令与非宗教公民的忠诚的关系》。设想一下,连像格莱斯顿这样自由开放和宽容的人也担心这些命令会从根本上改变教会与国家之间的关系,危及虔诚的英国天主教徒对国家的忠诚,我们就能理解它们激起的骚动。

起初俾斯麦觉得教皇永无谬误的教义不是太大的麻烦。在大公会议期间他采取了相当保留的态度,虽然罗马教廷的普鲁士大使哈里·冯·阿尼姆伯爵建议采取比较积极的政策。俾斯麦正确地指出,普鲁士在教皇眼里是一个新教强国,在涉及天主教会的事务上不能主动采取行动。不过如果奥地利或法兰西等天主教强国主动行动,他愿意跟随。大公会议采纳教皇永无谬误的教义时,普法战争已经爆发。俾斯麦最关心的是如何防止可能使他的任务变得加倍困难的国际性争端。等到教皇的世俗权力消失,教皇国并入了意大利王国(1870年9月)之后,普鲁士的一位重要主教在凡尔赛的德军指挥部出现了。他是波森(Posen)大主教冯·莱多霍夫斯基(Ledochowsky)伯爵,俾斯麦认为他能在波兰的日耳曼化过程中提供有价值的帮助,因而曾经帮助他在普鲁士的波兰行省就职,虽然他是耶稣会会士。莱多霍夫斯基来到凡尔赛,向俾斯麦转达了两部分的要求:一是抗议教皇国的毁灭;二是如果教皇决定离开罗马,请普鲁士提供庇护。第一个请求俾斯麦必定会拒绝,因为与意大利王国发生争执不符合德国的利益。

不过他十分乐意遵从第二个请求,因为他觉得教皇在德国居住会增强国家的影响力,况且在国内政治的管理方面,教皇留在祖国是一种有价值的辅助。

现在我们面对的事情对于理解俾斯麦的态度是极其重要的。从他最初执政的时候开始,俾斯麦就一再请求教皇对普鲁士议会中的天主教徒说一些有利于他的话。只要教皇安排天主教徒议员支持政府,他就十分乐意在国际事务中帮助教皇。莱多霍夫斯基来到凡尔赛时,俾斯麦说:"如果我们向教皇提供庇护,他必须做些事情回报我们。"在与朋友谈话时他又说:"非现世的教会派别的反对会受到抑制。"

这是最重要的,因为一个强有力的非现世的党派恰在此时成立了。普鲁士下议院中一直存在一个天主教徒党派,但是它相对比较弱小。以"中央党"(Centre)自居的新党派强大得多。1871年大约有70名中央党议员返回了第一届德意志帝国议会。它从一开始就是第二大党。或许比它的规模更重要的事实是它拥有一位一流的政治领袖——路德维希·温特霍斯特(Ludwig Windthorst)。

温特霍斯特与民族自由党的领袖本尼希森和米克尔一样是汉诺威人,但是在格奥尔格五世失去王位之后,他仍然忠于以前的国王。俾斯麦认为他是圭尔夫派和特殊神宠论者,强烈地憎恶他,并且说过一句典型的话:"每个人都需要有爱的对象和恨的对象。我爱的是我的妻子,恨的是温特霍斯特。"至于温特霍斯特有没有回应这种恭维,则是非常大的疑问。他太冷静稳重,不可能恨一个敌人恨到不能欣赏对方的伟大的程度。但是这丝毫不会影响他表达反对的精力。他不是优秀的演说家,但是他几乎总是知道应该说什么和怎样表述。当俾斯麦发脾气的时候他却能控制住自己的情绪,并且总是准备好回答。他运用议会策略的技巧令人钦佩,或许是帝国议会中最优秀的。他为人温和礼貌而有教养,性格慈善。他是天主教最著名的捍卫者,因而受到大多数新教徒和自由主义者的憎恨,不过议会的全体成员都非常尊敬他,虽然他们都强烈反对他的观点和党派。

俾斯麦起初试图诱导教皇站出来反对中央党,枢机团秘书安东内利(Antonelli)确实说了几句可以解释成这种意思的话,俾斯麦催促他公开这个消息。可是天主教中央党的领袖得到罗马支持当然要容易得多,他们诱使安东内利发表了另一则声明,让离间教皇教廷与中央党的一切希望化为泡影。

现在俾斯麦转而采取攻势。在保守派的机关报《十字报》的一篇文章(1871年6月19日)中,他向中央党宣战,几个星期后,他废除了普鲁士文化部(*Kultus-Ministerium*)的天主教部门。1872年1月,中央党的议员在下议院就此事提出质疑,宰相以对这个党派的激烈攻击作为回应。他说该党的组建是为了动员人们反对国家,指责温特霍斯特不欢迎德意志帝国的建立,甚至试图给他加上"帝国敌人"(*Reichsfeind*)的污名。温特霍斯特回答道:"宰相不代表国家。迄今为止,从未有哪位大臣如此自以为是,称他的对手为国家公敌。"这的确是俾斯麦的方法。凡是反对他的党派,他都称之为"帝国敌人"。这是令人畏惧的政府首脑正式宣布的一种新型禁令,数百种报纸都复述宰相的话。他用这种手段向德意志的公众生活逐渐灌输有毒的感情和苦涩的仇恨。

中央党在德国的政治领域捍卫天主教会，从此与俾斯麦开始了公开战争。在这场斗争中，大多数非天主教的民众——也就是大约三分之二的德国人——都全心全意地支持俾斯麦。很多人感到这场战斗是为了维护现代文化、反抗蒙昧主义的猛攻。柏林的伟大病理学家鲁道夫·菲尔绍教授创造了"文化斗争"这个术语，他是进步党议员，绝不是俾斯麦式的强权政治的盲目拥护者。他和他的朋友们希望这场斗争使学校摆脱教会的影响，无论天主教还是新教。其他比较保守的政治家认为这场斗争是维护国家权利所必需的。尤其令新教徒烦恼的是耶稣会，他们被视为极其奸诈狡猾的阴谋家。1872年帝国议会通过了一项反耶稣会的措施，使政府不仅有权解散所有团体，而且有权将耶稣会的所有成员驱逐出境。这是十分糟糕的异常法律，否认了公民的平等、良知和做礼拜的自由等基本的自由主义原则。尽管如此，不仅保守主义者而且绝大多数自由派都投了赞成票。有些著名的自由主义者还是法案的主要发起人。唯独拉斯克挽救了自由主义的荣誉，他不顾他的党派的热烈态度，宣称良心驱使他投票反对如此狭隘的措施。

主要的战斗发生于普鲁士邦议会。学校和教会的行政管理权不属于帝国，而是属于各个邦国——普鲁士、巴伐利亚等等。俾斯麦认为，普鲁士的现存法律不足以维护国家的权威，为了抵御教会的激进分子，有必要制定新法律。为此他需要新的文化部长（*Kultus-Minister*），这个职位他交给了阿达尔贝特·法尔克（Adalbert Falk），此人是司法部的高级官员。他宣布任命时，法尔克问宰相："您期望我做什么？"俾斯麦回答道："重建有关教会的国家权利,同时**尽可能不要引起大惊小怪**。"然而在后一方面,犯下最多错误的正是俾斯麦。他介绍普鲁士的新法律的演讲激起了最大骚乱,他使用了最有力、最激越的表达方式,他用尽他的巨大力量和精力攻击中央党,尤其针对他们的领袖温特霍斯特,试图离间温特霍斯特与他的党派。当然,那无论如何都不起作用。该党的另一位领袖冯·马林克罗特将温特霍斯特描述成一颗珍珠,该党给予了他恰当的位置。俾斯麦抨击他偏爱汉诺威的国王时,温特霍斯特本人庄严地回应:"我对汉诺威王室家族的忠诚在我有生之年将永远不变,世间的任何事物都不能使我离开它,连最有权势的德意志宰相也不能。但是我记得《圣经》里的话:'你们要依从那些引导你们的,且要顺服。'我遵从自己最好的良心,履行了自己的义务。"他最后说了一句话,俾斯麦在多年以后还记得:"在天气晴朗时坚持君主制原则是容易的,遇到暴风雨时就困难了。"

在其他演讲中,俾斯麦称中央党是"反对国家的一族",将他们与社会民主党人同等看待,说"这两个党派用国际方法反对民族发展,与民族和民族国家作对"。

俾斯麦还把当前这场运动描述成教士与国王由来已久的斗争的一部分,它比基督教世界更古老,阿伽门农(Agamemnon)与卡尔克斯(Calchas)在陶里斯(Tauris)的冲突就是其例证,这给人留下了更深刻的印象。不过激起大多数国民的最大热情的是他在帝国议会的一句口号:"我们不应该去卡诺萨(Canossa)!"因为人们认为,1077年冬天皇帝亨利四世被迫在教皇格列高利七世面前用苦行赎罪,是旧德意志帝国蒙受过的最严重的耻辱,也是罗马教皇的最大胜利。这样俾斯麦使国民形成了一种印象,即这场斗争涉及过去曾经导致了许多苦难和折磨的永恒冲突,但是这次将以胜利告终。

法尔克需要魔术师一般的机敏灵巧,才能在实行俾斯麦的计划时不引起大惊小怪。我们不能在这里详细叙述他的立法尝试的细节。毫无疑问,他基本上失败了。不过他绝不是一个卑劣的人物。他郑重地相信自己的任务,为了执行任务不辞劳苦。在所有大臣中,或许唯有他是不会被历史遗忘的人物,而且肯定只有他由于自身的原因而获得声望。在一次选举中有七个选区同时选他进入下议院。在这一天,普鲁士的小学教师们怀着感激之情记住了他的名字,因为他给予他们的帮助超过了此前和此后的任何大臣。俾斯麦虽然在自己的《回忆录》中试图推卸对法尔克采取措施的责任,却也不得不承认他的稀有天赋和无尽勇气。

法尔克的措施落空了,但那不是他的错。俾斯麦至少有同等的责任。麻烦在于俾斯麦从未完全理解天主教会。1874年英国驻柏林大使奥多·拉塞尔写信说,俾斯麦和他的政府没有意识到罗马天主教教士的消极抵抗的力量。"罗马教会总是通过宗教迫害获得力量,但是它对自由及其护佑的力量无能为力……俾斯麦反教会的政策迫使德意志的主教们聚集到教皇周围,为了戒律、顺从和榜样而殉难。"

他的《回忆录》中的一个著名段落揭示了他对自己激起的抵抗的性质基本上一无所知。"正直诚实却笨拙的普鲁士宪兵们带着马刺和军刀在秘道和卧室里追捕敏捷灵活、脚步轻快的神父们,这种景象使我清晰地看到了普鲁士法律观念中的错误。"与普鲁士宪法冲突时一样,他不理解在文化斗争中振作起来反抗他的道德力量。

文化斗争的政治效应使俾斯麦更加接近自由主义者,疏远了保守主义者。一般而言,保守主义者不过多地担忧天主教,唯独老路德维希·冯·格拉赫(Ludwig von Gerlach)例外。多年来他一直是《十字报》的知识分子领袖之一,后来由于1866年的政策与俾斯麦闹翻了,现在加入了中央党,作为中央党议员反对他以前的朋友。但是大多数保守派——特别是《十字报》派——都非常关心新教教会及其在教育领域的影响。由于法尔克的法律妨碍了天主教和新教双方的教士对小学的监督,他们持反对意见,并与俾斯麦发生了尖锐冲突。俾斯麦最老的朋友之一汉斯·冯·克莱斯特-雷措(Hans von Kleist-Retzow)在上议院激烈地抨击他的政策,也遭到了他更加粗暴的责难。克莱斯特责备俾斯麦脱离了保守党。俾斯麦用辛辣的讥讽回应:"部分脱离整体,静止的变成移动的,国王和政府没有脱离保守党,而是保守党脱离了他们。"在1874年的下一次选举中,他向保守派证明,他们离开政府的帮助就没有力量。帝国议会和邦议会中的保守派议员数减少到了普鲁士宪法冲突时的最低点。民族自由党和进步党的席位增加了,不过中央党同样如此,在两个议院中都得到了将近100个席位。

然而除了议会之外,保守主义者的反对还体现在另一个方面。老皇帝发自内心地同情他们。他晚年在宗教事务方面变得非常正统,担心新教教会遭到削弱。他仍然给新法律签字,但是非常勉强。早在1874年他就说过:"统治路线更加偏向保守的时候已经到了。"奥古斯塔皇后更加强烈地厌恶文化斗争。她坚决反对迫害天主教教士,她对天主教会的理解比俾斯麦深刻得多。当然,宰相知道她的反对态度,因而愈加不喜欢皇后了。或许他在《思考与回忆》中提及奥古斯塔时表现出了最多的恶意,他将政治生涯中的每次挫折都归咎于她。

1874年7月,文化斗争出现了戏剧性的高潮,一个年轻的旅行制桶匠库尔曼(Kullmann)企图在基辛根(Kissingen)刺杀俾斯麦。库尔曼是一个天主教工人俱乐部的成员。政府试图把刺杀描绘成天主教阴谋的结果,但是没有成功。俾斯麦只有右手受了轻伤。尽管如此,他仍然非常认真地看待这次事件。1874年12月,中央党的一名议员、巴伐利亚的约尔格(Jörg)在帝国议会发表演说,讽刺地暗示这次事故在国内普遍引起了骚动。俾斯麦的回应是充满激情地抨击中央党,他喊道:"你们尽可以否认与这个暗杀者有关系,但是他仍然挂在你们的燕尾服后摆上。"可想而知,谋杀同谋犯的指控激怒了中央党议员们,其中一个人生气地发出了一声"呸!"俾斯麦气得发抖,驳斥道:"'呸'是厌恶和轻蔑的表示。不要以为我现在没有这两种感情。唯一的区别在于我讲礼貌,没有发出声来。"引起这次著名的中断的议员是冯·巴勒施特雷姆(Ballestrem)伯爵,25年后,他成了帝国议会深受尊敬的议长。俾斯麦说,假如当时他的口袋里有一把左轮手枪,他就会开枪射击那个敢于蔑视他的人。

看到俾斯麦对中央党的这些充满激情的热烈攻击,读者会以为双方绝对不可能和解。回想起他所说的王国与全体神职人员之间的永恒权力斗争,以及决不去卡诺萨的挑衅性宣言,读者会以为除非敌人无条件投降,否则俾斯麦决不会放下自己的剑。然而结果却令人惊异,他不仅在赢得确定的胜利之前破坏了约定,取消了曾经坚毅地推行过的大多数措施,而且为了摆脱民族自由党并逐渐削弱他们在议会的势力,他与中央党和解了。详情请看俾斯麦的政治方针在1879年发生重大转变的故事。

4. 阿尼姆事件

前述帝国议会的争吵发生之后不久,柏林刑事法庭开始了一场最轰动的审判。受到指控的名人竟然是皇帝陛下派驻巴黎的前任大使、枢密院委员哈里·冯·阿尼姆伯爵阁下。1874年10月,前大使阁下遭到逮捕,像普通重罪犯一样被扔进了监狱,消息令整个欧洲大吃一惊。他犯了什么罪?叛国?阴谋造反?不,都不是。他拒绝交出某些文件,认为它们是自己的,可是外务部认为它们是外务部的东西。

在通常情况下,这种意见分歧决不会闹上刑事法庭。其实宰相与大使在政治和私人方面一直互相仇视,这次审判是他们的长期不和发展至顶点的结果。

阿尼姆和俾斯麦年轻时就认识,实际上阿尼姆声称他们曾经是朋友。俾斯麦接管普鲁士外务部后,派阿尼姆前往罗马,担任普鲁士驻罗马教廷的公使。在梵蒂冈大公会议期间,他们就应当对大公会议采取的政策发生了矛盾。不过尽管存在意见分歧,普法战争之后俾斯麦仍然派阿尼姆去法国,代表帝国商谈执行停战协议的问题,和约签署时又委派他担任巴黎大使。这无疑是整个德意志外交部门的关键职位。人们会猜想俾斯麦只会把这个重要职位托付给他完全信任的人。然而人们不知道,与此同时俾斯麦写信给皇帝说,阿尼姆"性格反复无常,不能信赖"。

宰相与阿尼姆的政治分歧的焦点是对梯也尔以及法国的共和政体的态度。1873 年 5 月,在法国议会中占据多数的君主主义者推翻了梯也尔,俾斯麦责备阿尼姆抵触他的政策,支持君主主义者而不是支持梯也尔。我们已经看到,俾斯麦希望梯也尔继续掌权并维持共和政体,因为按照他的说法,这样法国就没有结盟能力(*bündnisunfähig*);也就是说,不能与君主制国家结盟。作为外务大臣,俾斯麦无疑有权利制定外交政策,每个大使都必须遵循他的路线。在这层意义上,他这句著名的话是正确的:"我的大使们必须像士兵一样进入战线。"可是阿尼姆虽然与俾斯麦观点不一致,却否认做过任何帮助或推动君主主义者的反动行为的事。他抱怨说,俾斯麦要求他不仅在行动上而且在**急件官报**里顺从上司的意见。这确实是一种最危险的信条,我们将在多年以后看到,驻伦敦的德国大使梅特涅伯爵被撤职,因为他悲观地报告说德国海军的扩张在不列颠造成了恶劣印象,冒犯了皇帝威廉二世。在阿尼姆的事件中,他的报告给老皇帝留下了深刻印象,使俾斯麦觉得不愉快。因此俾斯麦责备阿尼姆的原因实质上是他的论点,即共和主义在法兰西的发展会威胁欧洲的君主制原则,而皇帝赞同他的意见。

俾斯麦指责大使的语气尖刻并且带有某种程度的侮辱。为什么?因为不仅皇帝而且皇后奥古斯塔也赞同阿尼姆。俾斯麦知道,阿尼姆正如奥古斯塔一样批评文化斗争,而且他曾经担任驻罗马的外交使节,对这些问题的发言有一些权威性。不过最糟糕的是,有些保守派集团认为阿尼姆是潜在的宰相人选,当然,这在俾斯麦眼里是不可饶恕的罪恶。俾斯麦的地位确实足够稳固无法动摇,可以忽略这种谣传和竞争对手,但是那不符合他的性格。他极端地猜疑每个竞争对手,无论可能还是不太可能的。在最后一次与阿尼姆谈话时,他直言不讳地告诉对方:"你正在跟皇后密谋,除非你坐到我现在坐的这个位置上,否则你不会停止,然后你就会看到,连那个也一文不值!"——俾斯麦的原话就是这样。

为了策划阿尼姆的垮台,俾斯麦派了一个间谍去巴黎。他是弗里茨·冯·荷尔斯泰因(Fritz von Holstein)男爵,当时在巴黎公使馆担任参赞,多年以后,他在威廉二世统治时期成了威廉施特拉瑟的最有影响力的成员。荷尔斯泰因足够低级,可以接手这件卑劣的工作。阿尼姆案审判期间,他坐在证人席,度过了他人生中可能最糟糕的时刻,尽管他推诿责任并回避问题,还是无法否认他暗中监视了自己的上司。在法庭上的公开揭发影响了荷尔斯泰因的整个人生。其后数年,他遭到了社会的遗弃;这次审判与他的性格的扭曲转变有很大关系,从而间接导致了德国政策方面的重大灾难。1890 年,在俾斯麦的危难关头,第一个离弃他的就是冯·荷尔斯泰因男爵,这可以说是一种报应。

阿尼姆承认犯了一些严重错误,失去了老皇帝的信任,最后皇帝允许俾斯麦撤掉阿尼姆的巴黎大使职位,最终把他从外交部门彻底开除了。然而俾斯麦的复仇渴望仍未平息,他着手针对前大使提起刑事诉讼,彻底毁掉了他。1874 年 12 月柏林法庭的审判是俾斯麦的政治胜利,他用最高的技巧操控了整个过程。他宣读了他的一些最高明的急件官报,给公众留下了极深刻的印象,与之相比,阿尼姆的信件和照会显得软弱无力。不过持批评态度的观察者不禁会感到,俾斯麦的个人攻击和诉讼的策略虽然聪明,却残酷无情又不择手段。这些都帮不了阿尼姆,他不得不流亡。他写了一些小册子替自己的态度辩解,抨击俾斯麦,结果招致了新的指控。最后他在**缺席审判**的情况下被判处五年劳役,这一裁决显然是违背正义的暴行,连俾斯麦都在他的《回忆录》中否认对此事负有任何责任。不过在回忆录中俾斯麦还是含沙射影地批评他的不幸对手,虽然阿尼姆早已在流放中去世。

5. 1875 年的战争恐慌

俾斯麦的文化斗争在国际事务方面导致了一些非常重要的后果。唯独意大利王国赞同他反对教皇的运动,因为教皇也是新生的意大利王国的敌人。在英格兰也有很多人赞成文化斗争,但是英国政府不太可能接受俾斯麦采取的方法。俄国政府欢迎文化斗争的反波兰偏见,但是哥查科夫宁愿与波兰的罗马天主教教士和平地达成谅解。奥地利的自由主义者政府曾经拒绝接受与梵蒂冈的协定,实行反教权政策,但是它能够通过更和平并且有效得多的方式达到目的,避免干涉教会的内部事务。弗朗茨·约瑟夫皇帝对教会非常忠诚,当然不喜欢任何形式的文化斗争。在法兰西和比利时等其他天主教国家,主教和教士们竭尽全力谴责文化斗争亵渎上帝,鼓励德国的天主教徒起来反对。由于外国教士干预德国的事务，俾斯麦勃然大怒，给巴黎和布鲁塞尔写了几份措辞严厉的照会，要求政府注意压制教士。然而1873年5月，正当法尔克针对天主教的所谓"五月法律"在普鲁士通过时，俾斯麦担心的最糟糕的状况似乎真的发生了——法国国民议会推翻了梯也尔，取而代之的是麦克马洪元帅。无论怎么看元帅都是保皇主义者，他会帮助君主制度在法国复辟，拥立波旁或者奥尔良家族的一位王子。俾斯麦担心君主制度的复辟会使法兰西恢复以前的国际地位，新的法国国王会受到沙皇和其他君主国的欢迎，正如在神圣同盟的时代欧洲的君主们曾经欢迎路易十八即位一样。他还担心新的法国国王会服从教会——尤其是耶稣会——的影响，并且成为一个反抗他的文化斗争的凝聚点。麦克马洪的后台毫无疑问是法国教士，在俾斯麦和很多德国人的眼里，他的政权就是教士政权，很可能竭尽全力在欧洲推广天主教的反抗。

早在1874年春天，俾斯麦已经向法国表现了他的不愉快。德国的报刊告诉读者，宰相给欧洲各国宫廷发了通告，声称倘若法国支持天主教士的利益，欧洲的和平就会受到威胁。新闻记者们提及俾斯麦针对巴黎"喷射冷水"。当法国政府竭力安抚法国的主教们时，德国报刊受到政府的激励，幸灾乐祸地评论俾斯麦"喷射冷水"引起的兴奋效应。但是，法国公众一点都不喜欢这样。

不过俾斯麦怀疑法国还有另外的理由。法国的恢复比他预料的更加迅速。签订和约时俾斯麦索取了至少50亿法郎的战争赔款，希望借此制约法国，使它的财政力量要过许多年才能恢复。可是梯也尔设法付清了这笔巨款，比俾斯麦预料的快得多；到了1873

年9月,德国士兵已经全部离开法国,被占领土也完全解放了。这是非凡的财政成就,显示了这个国家的经济和财政生命力未被摧毁。接下来法国自然要着手改组军队。俾斯麦得知法国为骑兵队在德国购买了数千匹战马。这足以让他在1875年3月发布一道命令,禁止德国出口任何马匹。公众不久发现这道命令是针对法国的,于是人心变得惶惶不安起来。当然,法国人对这种不安有敏锐的反应。

1875年春天,俾斯麦的心情非常灰暗。包括洛塔尔·布赫尔在内,他的同僚们都抱怨他神经过敏、急躁易怒。他的脾气不时爆发,有一次受连累的是比利时政府。比利时有一个名叫迪歇纳(Duchesne)的锅炉匠是天主教徒,他写了一封信给巴黎大主教,提议出6万法郎雇杀手谋杀俾斯麦。我们不知道这是否只是恶作剧。大主教的做法十分正确,他把这封信交给了德国政府。俾斯麦要求比利时政府惩罚迪歇纳,可是比利时的刑法章程与德国的一样,没有惩罚既未实施又未尝试过的罪行的条款。然后俾斯麦又写了一份措辞非常严厉的照会,暗示比利时的主教们攻击普鲁士的反教权法律,并且要求比利时政府修订刑法章程。他不仅把这份照会转寄给了欧洲其他国家的宫廷,而且在德国报刊上发表了它的内容。这段插曲也使国际形势变得更加紧张。

1875年初,法国政府向议院提交了改组军队的议案。几天后,俾斯麦发布了禁止出口马匹的命令,议院通过了这项议案。其中最重要的条款是每个团中的营的数量从三个增加至四个。德国人大大夸张了这"四个营"的重要性,毛奇这样的军事专家也不例外。不过在任何情况下,它都是法国军队的更重要的准备措施的一个步骤。俾斯麦非常认真地看待这件事。与此同时,另一个国际事件加剧了他的焦虑——意大利国王与奥匈帝国皇帝在威尼斯会晤。俾斯麦怀疑他们正在预备奥地利-意大利-法兰西同盟,支持教皇并与反教权的德国敌对。于是他遵循往常的策略,决定先下手为强,不通过正常的外交渠道,而是通过报刊鸣响警钟。4月5日,《科隆报》刊登了一篇文章,用阴沉而严峻的语调谈及对欧洲和平的威胁,声称法国改组军队是为战争做准备。它还用非常批判的措辞评论了威尼斯会议。这篇文章注明来自维也纳,不过《科隆报》与威廉施特拉瑟的密切关系众所周知,结果每个人都怀疑它是在官方的授意之下发表的。这一猜想十分正确。文章的作者是俾斯麦的首要新闻宣传员埃吉迪(Aegidi),他要求报纸编辑发表原文不作任何改动,因为它"像官方文件一样,每个字都经过了仔细的权衡"。

然而两天以后,这篇文章引起的轰动变得不算什么了,因为同样以与外务部关系非常密切而著称的柏林《邮报》发表了一篇题为"战争近在眼前吗?"(*Ist Krieg in Sicht?*)的文章。单凭这个标题就足以在欧洲各国引起混乱,而它提供的回答很难安抚慌乱的人们。文章指责法国重整军备,并回答道:"是的,战争近在眼前,不过威胁的阴云或许还可以消散。"其作者是德国政府的新闻出版局的前任官员,他断言这篇文章是他独立写作的,然而这一点很值得怀疑。

宰相本人的报纸《北德意志综合报》(*Norddeutsche Allgemeine Zeitung*)开了第三枪。它得出的结论是目前没有来自奥地利或意大利的危险,可是来自法国的危险相当大。

这些文章引起了轩然大波。每个人都相信是俾斯麦在幕后操纵。奥多·拉塞尔在柏林写信说,去看他的所有外交家都面色阴郁,预言战争将要发生。整个欧洲的证券交易所都受到了彻底的震动。人们到处都在谈论迫在眉睫的战争。其中最震惊和意外的可能是德国的老皇帝,他的女儿巴登大公夫人提醒他注意到了这些文章。他给俾斯麦写了一封信,表达了惊讶,要求告诉他这些文章究竟是什么意思。当然,俾斯麦否认与这些文章有任何关联,并厚颜无耻地暗示《科隆报》的文章仅仅是一种操控股票交易的手段,可能是罗思柴尔德(Rothschild)所为。威廉似乎相信了,不过他依旧坚持立场,清楚地表示**他不会再容忍新的战争**。4月中旬,他在柏林对法国大使馆的武官说:"有人想破坏我们的关系。起因都是一些报纸上的胡说八道,不过现在事情结束了,全部了结了。"

事情真的结束了,了结了吗?让我们来看看俾斯麦在皇帝说了这段话之后做了什么。

恰在老威廉说这段话的同一天,德国外务部给驻伦敦大使送去了一份毛奇的报告并附加了评注,评注的方式几乎与造成轰动的文章一模一样。它建议所有热爱和平的政府向法国政府说明法国准备战争的举动可能引起什么后果。

几天以后,本来离开的法国大使贡托-比龙(Gontaut-Biron)伯爵立刻返回了柏林,与德国外务部长冯·比洛(Bülow)进行了一次面谈,证实了法国政府的和平意图。他希望给冯·比洛留下有利的印象。然而他的希望被粉碎了,4月21日,在奥多·拉塞尔主办的宴会上,他遇见了德国外务部的一位有影响力的官员范·拉多维茨(van Radowitz)。拉多维茨深得宰相信任,并因此而闻名。前一年俾斯麦曾经派他去俄国,每个外交家都相信他是带着秘密使命去的。于是贡托特别注意听他有什么话说。拉多维茨也断言近几周的危机已经完全过去了。但是提及未来,他又发表了一些不祥的言论。他说,法兰西的经济已经恢复,军事方面做好了准备,从今以后能够寻找同盟国,开始打一场复仇的战争,赢回失去的领土。"**我们何必等那么久?我们先一步行动是不是比较好?**"拉多维茨接着说,这是某些有权势的德国党派领袖的论点。他总结道:"你必须承认,**就政治、哲学甚至基督教的立场而言,这些论点确实是有道理的。**"

5月1日,俾斯麦亲口告诉奥地利大使卡罗伊(Karolyi)伯爵,德国有义务先发制人,抵御法国。卡罗伊急忙通知英国大使奥多·拉塞尔。第二天,德国军队的参谋长、陆军元帅毛奇伯爵造访拉塞尔,说了一些关于政治局势的严肃的话。他讨论了新战争的责任问题。他说,破坏和平的不是首先进军的强国,迫使其他国家不得不自卫的强国必须承担责任。拉塞尔反驳他正当化预防性战争的辩护,毛奇回答道:"好吧,如果所有大国都公开站到德国一边,向法国证明它的复仇美梦不可能实现,或许就可以避免战争,甚至可能永远避免。"

我们完全无法设想毛奇竟会在没有俾斯麦的授权的情况下插手外交事务,他与外交领域毫无关系。这两位伟人互相妒忌,毛奇从不可能越过界线。

次日,德国外务部给驻巴黎大使霍恩洛厄(Hohenlohe)亲王送去了一份通牒。它走相同的路线,复述了宰相的断言,确信法国正在准备与德国打仗,而且坚持要求霍恩洛厄**打消**贡托与比洛的谈话的报告造成的**和平印象**。霍恩洛厄本来正准备离开,为此推迟了行期,他告知法国外务部长德·德卡兹(de Decazes)公爵,法国的举措使德国觉得受到威胁,虽然他并不认为战争迫在眉睫。德卡兹十分正确地理解了他的意思,写信给贡托说,霍恩洛厄造访背后的动机是防止法国以为事情就此结束了。

据我个人的见解,这些各种各样的事件都是俾斯麦经过周密斟酌、共同筹划的外交战役计划的一部分,现在我们称之为"心理战"。他想用一切方式使法国政府牢记,改组军队会使法国处在战争边缘。他计划的目标是恐吓法国,迫使它放弃改组军队的措施。

然而德卡兹的做法与此相反。他复制了贡托的关于拉多维茨的评论的报告,送给欧洲所有大国的宫廷,表明**法国正在受到德国的预防性战争的威胁**。他特别努力说服沙皇,并取得了相当大的成功。亚历山大二世向法国大使保证,假如以后有严重的危险,他会通知他们。他明确表示不会容许俾斯麦突然进攻法国。

德卡兹的另一个步骤是通过伦敦《泰晤士报》的媒介激起欧洲公众的同情,他给该报的巴黎办公室的主管布洛维茨(Blowitz)先生看了全部文件。布洛维茨在他的回忆录里用非常有趣而异想天开的方式讲述了这个故事。他给《泰晤士报》发回了一篇言之凿凿的新闻报道,标题是《法兰西大恐慌》,于5月6日发表。它引起了巨大的轰动,欧洲每份有地位的报纸都转载了这篇报道。英国外务部长德比勋爵看过这篇文章之后说道:"俾斯麦或是真的决心发动战争,或是希望我们**以为他决心要发动战争**。"

正当此时,柏林迎来了沙皇和哥查科夫。维护和平的全部希望都集中于这次访问。英国政府决定协助沙皇,只要他在柏林支持和平。驻伦敦的俄国大使彼得·肖瓦洛夫（Peter Shouwaloff）曾经在柏林与俾斯麦谈过话，他告诉德比，**俾斯麦的神经状态对于欧洲是一种危害**。迪斯雷利将俾斯麦比作拿破仑，维多利亚女王称赞了这种类比。她给沙皇写了一封私人信件，奥多·拉塞尔接到指示，要他用一切可能的手段消弭法兰西与德意志之间的误解并协助沙皇，因为沙皇预计将为相同的目标努力。

5月10日，俄国沙皇和哥查科夫抵达柏林。他们告诉威廉皇帝和俾斯麦，倘若法国与德国之间爆发战争，欧洲不会作壁上观。老皇帝十分真诚地强调说，他绝对不想要战争，俾斯麦同样如此。两位宰相俾斯麦和哥查科夫的谈话似乎在某些问题上十分热烈。俾斯麦否认与拉多维茨对贡托－比龙所说的不祥预言有任何关联。他有些讥讽地问哥查科夫，他来柏林是否只是为了表现自我，仿佛海王对狂风暴雨所做的那样。这位俄国人回答道："我的拉丁文字典里不存在那些词。"他要求俾斯麦保证，无论现在还是将来都绝对不考虑进攻法国。"我不要求任何书面的东西。我只要你的口头保证就足够了。"

第二天，沙皇告诉法国大使贡托，和平得以确保，不仅皇帝和太子都以最令人信服的方式向他保证，而且据说俾斯麦也完全采取息事宁人的态度。法国松了一口气。哥查科夫建议法国人不要高声庆祝成功，虽然他自己也被胜利的气氛感动了，因为很容易想象，庆祝太过火，会令俾斯麦难堪。

即使哥查科夫的表现圆滑老练无懈可击，俾斯麦仍会非常恼怒。因为在人们的普遍印象里，他总是在政治战役中以胜利者的身份出现，这次却被击败了。德比勋爵说："俾斯麦测试了欧洲的民意,现在他得到了答案。"俾斯麦永远不会忘记这次失败。从此以后,他一直断言自己遭到了诽谤,声称做梦也没想过与法国开战。他在《回忆录》中也贯彻了这种路线,试图让读者相信法国大使贡托-比龙和俄国首相哥查科夫编造了他打算进攻法国的童话,出于老年人的虚荣心,他们想通过诋毁俾斯麦充当和平天使。为了说明俄国首相的态度,俾斯麦记述道,他在离开柏林之前发送了一份预定要公布的电报通告,地点注明是柏林,开头是这样的:"现在我们确保了和平(意即在俄国的保护下[Maintenant la paix est assurée])。"假如哥查科夫真的从柏林发了这样一封电报,那就是既傲慢又不得体的。但是我们现在知道了这封电报的真实内容,德国和法国各自公布的档案文件都包含相同的这一段话:"皇帝离开柏林,完全确信在那里采取的调停安排措施能维护和平。"我认为这段文本是毫无异议的。

俾斯麦一直讨厌哥查科夫,后者的过度自负令他恼火。从这时起他憎恨他,此后这种个人反感不止一次对他对俄国的政策产生了坏影响。

俾斯麦格外憎恶法国大使贡托-比龙,因为威廉皇帝和奥古斯塔皇后都很敬重他。按照他典型的作风,他集中攻击奥古斯塔;在帝国议会发表演说时,他甚至旁敲侧击地暗示,战争恐慌应该归咎于"缺乏经验的外交官"和"来自高贵地位的要人的客厅的影响"。他渴望除掉这个大使,却不得不又等了两年,直至麦克马洪失势,共和主义者赢得了1877年的选举的胜利,终结了贡托-比龙的外交官生涯。贡托离开柏林时,老皇帝威廉告诉他:"我衷心地为你感到惋惜。我会留下你最好的记忆,希望你也不会忘记我。"既然能让威廉说出这样的话,他想必不可能是俾斯麦描绘的阴谋家。很有评判资格的奥多·拉塞尔称贡托－比龙是非常高尚而睿智的完美绅士。

关于俾斯麦是否真的打算发动与法国的战争,历史学家仍然存在激烈争议。我的观点是这个问题无法回答,因为它本身具有误导性。根据我的印象,俾斯麦想要欧洲——尤其是法国——以为倘若法国不肯取消由政府提议并被议院采纳的军队改组措施,他就愿意打一场战争。假如法国害怕德国的进攻而取消改组,那么就不需要战争,俾斯麦将十分满足地继续实行保守和平的政策。假设法国态度坚决,欧洲愿意让俾斯麦为所欲为,他又会怎样做呢?我们无法回答,因为他自己很可能也没有下定决心。除非已经走完第一步,俾斯麦不会冒险走出不可逆转的第二步,那不是他的作风。在做任何确定的事之前,他会重新详细审查整个局势。只要官方否认,或者某个下属或将军——指责他们不好好管理自己的政策是很方便的——在令人愉快的宴会后随意评论几句,就可以全盘否认报纸文章所表达的**非官方**恐吓和武力威胁,这十分符合他的战术。因此直至今天,包括德国人在内的一些历史学家仍然强调,没有证据证明俾斯麦本人说过任何有意发动战争的话,这不足为奇。他非常谨慎而精明,除非绝对必要,否则不会透露自己的真实目标。

尽管如此,1875年的战争恐慌仍造成了非常坏的影响,对俾斯麦的名声毫无益处。一位英国外交家非常恰当地归纳了当时的感情趋势。他是罗伯特·莫里尔(Robert Morier)爵士,在德国生活过很长时间,比其他英国人更了解德国的政治困难;他虽然非常严厉地批评俾斯麦,却支持德国的统一。他与王太子有私交,在危机期间他们曾经进行过两次秘密谈话。危机达到顶点时,他写信给王太子说:"目前正在折磨欧洲的弊病是**德意志沙文主义**引起的,它是一种令人格外畏惧的新型疾病,比法国严重得多,因为它的症状不是痉挛和无纪律,而是**有条不紊**、**精明算计**、**冷血无情**、**自给自足**……德意志的朋友们……包括我在内,坚持主张并要求德意志一旦实现统一,就应该在欧洲消灭沙文主义……然而假如可以采取任何公开和公共的行动,在整个欧洲正式实行这种沙文主义,假如可以相信新闻出版局的宣传工具公然宣扬的喷射冷水的信条,亦即未来预期的、假设的、抽象的危险——与直接紧迫的、可感知的、真实有形的危险截然不同——就是强国进攻弱国的充足理由,可构成宣战的借口;假如任何具体有形的官方行为体现这种信条,比如目前德国号召迫使法国裁军,那么我就敢预言,在殿下或我的有生之年,德意志都不会从纯粹的丛林法则加诸它的人性的污染中恢复。"

6. "自由主义纪元"的终结

沙皇的决定性访问之后,俾斯麦退隐到他的乡间庄园去住了许多个月。由于健康状况不佳,在这次访问之前他已经请皇帝让他卸下公职退休。毫无疑问,他容易疲倦并且经常生病。哥查科夫说:"俾斯麦生病是因为他吃饭太多,喝酒太多,工作太多。"这个诊断结论是否完全准确或许值得怀疑。皇帝当然不会允许他退休,于是他们达成了妥协:宰相获准无限期地休假。德国政界默默地接受他连续离开首都很多个月,虽然他是帝国唯一需承担责任的大臣,这一事实证明了俾斯麦拥有独一无二的地位。帝国宪法甚至没有规定在宰相离开期间派一名代理代替他工作并与皇帝联署政治法令。为了解决这个困难,俾斯麦试图对宪法进行冒失的诠释,但是一位杰出的进步党成员黑内尔(Hänel)教授抗议说这样违反宪法,他当时是宪法的主要权威。论战的结果是1878年3月通过了代理法案(*Stellvertretungs-Gesetz*),规定了帝国宰相的代理,我们将在后面提及这一措施。

姑且不谈技术性细节,如果政府的首脑长期缺席,只是偶尔插手,而且有时对基本事实或者政治含义缺乏了解,要维持政府的运作当然是非常困难的。俾斯麦的代理人鲁道夫·德尔布吕克精通几乎一切问题,并运用他在帝国议会的相当大的权威,情况暂时还不太严重。然而1876年4月,德尔布吕克突然辞职,而且得到了同意,这个消息震惊了世界。连消息最灵通的政治家也非常意外。德尔布吕克突然辞职的理由是什么?俾斯麦在不同的场合做过几种非常不同的解释。德尔布吕克辞职的真正原因是他察觉了一些细微却不容误解的迹象,意识到俾斯麦想要除掉他。假如他好斗,他会依靠他在帝国议会的牢固地位坚持立场。但是他从未产生过那种想法。他曾经乐意协助伟大的宰相,如果现在他的主人厌倦了他,那么他也不会勉强恋栈。德尔布吕克不是政治和议会生活的产物,而是行政事务的产物。

许多精明的观察者将德尔布吕克的退休视为一种清楚的迹象,表明自由主义的时代即将结束,俾斯麦正在寻找其他党派的支持。当然,这不是唯一的征兆。几个月之前,俾斯麦向帝国议会提交过一份议案,可以认为它是随后针对社会民主党的措施的先兆。为了便于起诉反对党从事的某些类型的煽动行为,这个议案提出修改刑法。虽然并未详细表述,但它针对的是社会主义者。该议案的措辞相当灵活,没人能预见起诉会做到什么地步。因此我们讨论的条款被称作弹性橡皮条款(*Kautschuk*)。自由主义者们正确地意识到,俾斯麦试图暗中破坏法治国家(*Rechtsstaat*,即法律统治、遵守法律的国家),以行政管理的独裁取而代之。民族自由党在拉斯克的领导下驳回了这项议案。俾斯麦似乎没有太把这次失败放在心上,但是他的整体手法让人觉得很不愉快。民族自由党自问:为什么他事先没有与我们达成任何共识就提出了这样的议案,虽然他肯定知道我们必然会驳回该议案?

这个议案进行三读时,俾斯麦在演讲中抨击容克的反动报纸《十字报》,引起了轰动。1875年6月该报纸发表了一系列关于布莱希勒德-德尔布吕克-坎普豪森-时代(*Bleichröder-Delbrück-Camphausen-Era*)的文章,坎普豪森(Camphausen)是普鲁士财政大臣,布莱希勒德(Bleichröder)只不过是俾斯麦的私人银行经理。臭名昭著的"时代"文章包含大量经济方面的废话,不过也包含某些有趣的暗示,不仅针对德尔布吕克和坎普豪森,而且针对俾斯麦本人。通常情况下,俾斯麦总是无视对自己的一切抨击,只当它们是诽谤,这次他却选择回应,在帝国议会对《十字报》进行有力的抨击,并要求该报的读者抵制它。但是该报的读者绝大多数是普鲁士的容克,他们发表了非常直白的"宣言",粗暴地拒绝接受宰相的关于高尚行为和适当举止的任何教训。这份宣言的签字人即所谓的"声明者"(Deklaranten),他们当然被俾斯麦记到了黑名单上,在他妻子的黑名单上留得更久。他从未原谅其中的任何人，直到后来他改变了态度，谦恭地请求宽恕。但是他并不认为这是与保守主义者决裂的理由。他十分确定保守主义者离开政府的协助就不能自立，他们迟早会来找他寻求和解。事实上，为了排除那些宰相不喜欢的人，第二年他们组建了一个新党派。这个党派号称德意志保守(deutschkonservative)党。在通过他们的纲领之前，一个党员先把纲领交给俾斯麦看，以便删除任何可能冒犯他的条目。

德尔布吕克退休时，除了民族自由党的很多成员之外也有人感到宰相有新政治联盟的想法。中央党的一位领袖冷笑着问自由党人："你们听不见吗？在乐队指挥俾斯麦亲王的指导下，农村居民正坚定地迈出脚步。"而实际上，俾斯麦自己还不知道应当倾向哪一边。保守党纵然在下一次选举中赢得更多的票数和席位，也绝不可能确保在帝国议会占据多数，以票数胜过自由党。必须得到中央党的帮助才有可能形成新的多数，但是中央党与俾斯麦之间的鸿沟似乎不可逾越。

有一个实际难题严重困扰着宰相：帝国财政的改革。现有的税收资源不能适应不断增长的军备负担，帝国的财政体系在宪法基础上以一种异常的方式组织起来。通过普选选举出帝国议会以后，一直怀疑民主的俾斯麦不愿意把征收直接税的权利托付给它。他希望限制它征收间接税的权力，换言之，主要是征收大量消费品的赋税，诸如啤酒、烟草、烈酒、糖和汽油。可是这些赋税远远不足以抵偿帝国的开支。为了达到两方面的目的，各个邦不得不按照宪法指定的级别捐献。这种捐献被称作录取捐款(Matrikular-Beiträge)。为了支付这笔钱，普鲁士、巴伐利亚和汉堡等各个邦不得不向臣民们征税。直接税由各个邦管理。

这套制度既不适合帝国也不适合各个邦。俾斯麦将德国比作一个"麻烦的吃白食者,不得不去不同的邦挨家挨户乞讨"。另一方面,为了满足帝国的不断增长的需求,各个邦只得增加自己的捐税。俾斯麦希望帝国现有的间接税收有可观的增长,从而确保它在财政上独立于各邦。这意味着大幅度提高啤酒、烈酒、烟草等的税率。一些自由主义者反对这些税,尤其是欧根·里希特领导的进步党,因为它们是人民的沉重负担;他们宁可选择直接税,因为那样比较容易让富裕的人纳税。民族自由党在一定程度上支持俾斯麦的提案,但是他们提出了一个非常重要的基于宪法的异议。德国与英国不同,间接税不是包括在预算中每年投票表决的,它们的数额永久确定,在通过新法律之前保持不变。现在只有得到来自不同邦的政府代表组成的联邦参议院(联邦政务会)的批准,帝国议会通过的新议案才能成为法律。宪法规定预算案属于法律一类,换句话说,它必须得到帝国议会和联邦政务会双方的同意。按照常规,联邦政务会投票反对俾斯麦在政治上是不可能的,他可以利用自己在联邦政务会的势力否决任何减税的方案,事实上他能阻止预算案的采用。即使没有预算案,财政收入也会源源不断地流入帝国的金库。

刚好10年前普鲁士发生过宪法冲突,考虑这些问题时可以借鉴那时的经验。由于下议院与国王和上议院之间存在分歧,当时根本没有通过预算案。尽管如此,国王仍然增税并把钱用于军事,因为普鲁士宪法规定,只要没有新的法律取消税赋,现存的税赋就应该继续缴纳。在这些年里,普鲁士的宪法实际上被搁置了,这是俾斯麦的手笔。倘若他又与帝国议会的多数派发生矛盾——例如为军费预算的问题,如今没人怀疑他完全有能力重复同样的惯例。其实帝国议会将任凭政府摆布。普鲁士的财政大臣坎普豪森十分清楚这一点,1878年1月他告诉俾斯麦,议会没有权力征收税赋,对此无能为力。

于是民族自由党提出,如果要他们投票通过俾斯麦所要求的高额间接税,就要给予他们所谓的"宪法保障",这完全可以理解。

此外还有一个要点。财政问题与经济和贸易政策的问题密切联系在一起。举例来说,在英格兰,格莱斯顿的预算案——特别是1860年的预算案——是促进自由贸易的最重要的工具。可是俾斯麦的头脑里有什么经济政策?直至德尔布吕克退休,俾斯麦一直把经济问题交给他管理。德尔布吕克的解职暗示俾斯麦有意自己掌握经济问题。他会沿用相同的政策,还是决意重新出发?

自从1862年与法国签订商业协议以来,关税同盟以及后来的德意志帝国的经济政策或许可以被视为稳健适度的自由贸易政策。关税所包含的大多数适中的税赋没有保护性质,生铁税是最后的贸易保护性质的税收之一。依据1873年通过的法律,生铁税将于1876年失效。然而在这三年间,经济形势发生了相当大的变化。战争结束后的短暂繁荣很快过去,产品减少,市场行情骤跌。萧条使铸铁业者蒙受损失,他们害怕生铁税的废止会连累他们破产,因而试图阻止这项措施。中央党的领袖温特霍斯特为此在帝国议会提出动议,却遭到了挫败。于是在铸铁业者和纺织厂主的领导下,贸易保护主义者开始组织起来。

这时宰相的态度尚不明确。我们可以假定,1876年和1877年时他还不确定采用哪一种经济政策。身为凭血统获得身份地位的地主,他必然从土地所有者的利益的角度看待事情。当时农业的利益相关者还不是贸易保护主义者,东德意志仍在出口谷物,因此容克们坚持自由贸易。他们不希望自己必须购买的工业产品由于征税而价格上涨。保守党与主张自由贸易的自由主义者一起投票反对温特霍斯特的维持生铁税的动议。这时没人想到对谷物或者其他农业商品课税。

1877年1月,新一届帝国议会选举产生了。自由党失去了一些席位,不过不足以根本改变议会的局势。民族自由党拥有大约130个席位,仍然是第一大党。俾斯麦不得不寻求多数支持,于是准备与他们合作。中央党得到大约100个席位,两个保守党大约有80个席位。中央党与保守党的联合还不足以确保宰相得到多数支持,纵然假定他愿意与中央党和解。选举导致的最重要的变化是拉斯克和民族自由党左翼的地位遭到了大幅度削弱。若要确保自由党加上保守党的多数,他们不再是必不可少的。结果中央党的领袖本尼希森和民族自由党右翼的地位巩固了。因此1877年冬天,俾斯麦带着新联盟的意图转向了本尼希森。

从1877年4月15日至1878年2月14日,俾斯麦再次休假,一直在乡下的庄园逗留。这次休假以一种奇怪的方式发生。

这年3月,俾斯麦突然在帝国议会抨击自己的一位同僚,海军部部长冯·施托施将军。事情过程异常而且完全没有绅士风度,他无疑希望迫使施托施辞职。但是老皇帝非常尊重施托施,这次不肯让步,驳回了将军提交的辞呈。几天以后,俾斯麦公开声明,他也请求退休。与此同时,他又放出了一群新闻出版界的走狗,派他们对付自己的私敌，尤其是奥古斯塔皇后。布施（Busch）写了一些关于"摩擦"的文章，后来重新收录于他的俾斯麦传记里，从来没有人针对一位王后如此诽谤攻击。这些文章的素材是俾斯麦本人提供给布施的。另一个遭到攻击的人是普鲁士财政大臣坎普豪森，他犹豫不决，没有向宰相呈递改革帝国财政的计划。普遍的印象是俾斯麦打算除掉坎普豪森。这些操控起初未能产生俾斯麦想要的效果。有一段时间，他似乎还怕皇帝真的接受他的辞呈。当然，最后威廉表示希望他的伟大宰相永远陪伴在他身边。他们达成妥协，俾斯麦继续无限期休假。当然，这无助于改善普鲁士和帝国的局势。不安的情绪普遍存在。

俾斯麦在瓦尔济和腓特烈斯鲁厄隐居期间，仔细考虑了个人问题和不久的将来的实践议题。他决定全盘改进帝国的财政状况，以便独立自主，不再依靠各个邦。他发现要达到这个目的就不能违背帝国议会中多数派的意愿，为此他开始物色一个人，此人既能够协助他完成治理的任务，又能够确保他需要的多数支持。最后他决定本尼希森是这个工作的合适人选。

本尼希森不仅是民族自由党的领袖，而且是普鲁士下议院的议长，俾斯麦邀请他造访瓦尔济。本尼希森去探访了他几次，其中最重要的一次会面是在1877年圣诞节。

起初俾斯麦表示愿意让本尼希森进入内阁，担任内务大臣。可是本尼希森比较喜欢财政大臣的职位，而按照俾斯麦的计划，那是最重要的一个职位。俾斯麦自己检讨了普鲁士与帝国的政府建立更密切的联系的可能性。1877年12月他写了一封信邀请本尼希森造访瓦尔济，并谈及两个政府的个人联合体制的延伸。这种联合已经存在,比如普鲁士国王也是皇帝,宰相也是普鲁士首相,还兼任战争和外务部长。现在他希望使其延伸至担任宰相和普鲁士首相代理的大臣身上。作为普鲁士首相,俾斯麦休假期间的代表是普鲁士政府部门的副总管,此人恰巧是财政大臣坎普豪森。俾斯麦的提议是让本尼希森在普鲁士和帝国两方面都成为他的代理人。作为普鲁士财政大臣,他将同时在帝国政府中获得德尔布吕克在他之前拥有过的那种地位。

本尼希森愿意接受这一安排,不过有一个条件:他不会独自加入政府,**必须有他的政党的两名伙伴陪同**。7月他第一次造访宰相时就清楚地说明了这一点,那时他还没有与朋友们商量。到了12月,在去看俾斯麦之前,他召集了他的党派的委员会,把内情和盘托出。这一步对于党派及其未来的政策和立场非常重要,身为党派的领袖,他的义务很简单,只不过是让其他成员完全了解情况,并且应该确保他的行动符合党派的总体意见。这个委员会同意他进入政府,并且同意了他约定的前提条件,即两个朋友陪伴他一起任职。他们一致同意,两名最合适的候选人是马克斯·冯·福肯贝克和冯·施陶芬贝格(Stauffenberg)男爵。福肯贝克是帝国议会的议长,也是普鲁士第二大城镇布雷斯劳的市长。此外,老皇帝很信任他,多次咨询他的意见,王太子也信任他。冯·施陶芬贝格男爵被巴伐利亚人视为当地的德意志统一的首要倡导者。他具有最高级的修养和无可挑剔的人格。就个人方面而言,不可能对这两个人有什么异议。

本尼希森向俾斯麦提起这两个人选时,宰相回答说他非常怀疑老皇帝会不会同意这个建议。不过本尼希森非常清楚,俾斯麦喜欢用皇帝的所谓反对当借口,其实他丝毫不肯让步。他的印象是俾斯麦虽然不同意他的条件,却又不肯当即拒绝。他对谈话成果持乐观态度,而且他同意俾斯麦的大多数财政思想。我们无法确知俾斯麦透露了多少自己的计划,不过我们知道他对一件事守口如瓶:邦国的烟草垄断权将引起政治论战,而他们中有一个人即将成为争议的焦点。

本尼希森离开瓦尔济时,俾斯麦在想什么?没有人确切地知道。后来俾斯麦说,本尼希森提出的条件是与福肯贝克和施陶芬贝格一起进入政府,所以他计划的结盟流产了。但是我们决不能依据其表面价值看待俾斯麦的这种事后的记述。俾斯麦在本尼希森造访后立刻给威廉国王写了一封信,该信给人的印象是他并不认为他们的协商搁浅了。但是这封信令皇帝非常恼怒。老人读了信,听说本尼希森造访瓦尔济,在他看来那表示俾斯麦企图组建自由主义的政府。现在威廉比以前更反对自由主义,如果有可能,他想除掉所有沾染了自由主义痕迹的大臣。此外,俾斯麦背地里与人谈判的做法也使他怒不可遏。况且还有一个特殊的理由使他特别厌恶本尼希森。本尼希森以前是汉诺威的格奥尔格五世的臣民,虽然夺走格奥尔格的王位的就是威廉,他却认为本尼希森这种抛弃以前的君主成为普鲁士和他自己的忠实臣民的人是叛徒。国王们似乎时而有只属于自己的逻辑。威廉的回信令俾斯麦异常愤怒,结果他生病了。我们无法确知他是否采取过任何措施让皇帝回心转意。无论如何,他都没有通知本尼希森他遇到了障碍:恰恰相反,他继续与本尼希森讨价还价,仿佛结盟的事仍有可能。

1878年2月22日帝国议会开会时事情迎来了结局。本尼希森就德国在巴尔干地区的政策以政府党派的名义提出了质询,俾斯麦当月即已返回柏林,以便回应质询。我们将在谈及东方危机和柏林代表大会时进一步讲述这件事。在这次会议上,本尼希森的表现仍然像是支持政府的国会多数派领袖。

2月22日,政府起草的财政议案提交讨论,它提议对烟草等商品增税。财政大臣坎普豪森引导该议案。面对针对新税的批评,他清楚地表示,政府的意图不是要求烟草垄断权(*Tabak-Monopol*),亦即政府垄断进口、制造和销售烟草的权利。宰相却立刻站了起来,直言不讳地宣布:"我的目标是国家烟草垄断权,有鉴于此,我将这个议案视为一种临时措施和跳板。"这句话引起了最大的轰动,他又进一步将垄断权描述成他想达到的"终极理想目标"。这真是给同僚背上戳了一刀,伏兵的出其不意的袭击,既不符合同僚之间的忠诚,又不符合正派人的一般原则。该议案和坎普豪森都变成了这一击的受害者。几天以后,他请求辞职并获得了批准。

在这次引起轰动的会议期间,本尼希森去找议长福肯贝克,对他说:"你是否觉得我们这次不能参与安排垄断权?你同意的话,我现在就去告诉宰相,我们的谈判结束了。"福肯贝克表示同意,本尼希森就告诉俾斯麦,他不再希望充当进入内阁的候选人了。烟草垄断权的议案果然遭到了民族自由党的强烈反对,假如本尼希森答应出任财政大臣,他就会被迫置身于一种绝对不可能应付的立场,在自己党派的反对下推行议案。不过他的步骤无疑还有个人的理由。本尼希森是位绅士,看到俾斯麦用远远说不上有绅士风度的手段对付一位资深的卓越同僚,他感到气愤。结合前一年俾斯麦对施托施的狡猾攻击,这种行为让本尼希森明白,假如他胆敢不跟随宰相的指挥起舞,将会遭到什么样的对待。况且俾斯麦已经欺骗过他了不是吗？宰相在瓦尔济完全未曾提及引入烟草垄断权的意图,仅仅两个月之后却称那是他的"最高和终极目标"。

于是本来可能使德国的形势发生完全不同的转折的结盟计划失败了。仅仅一年之后,俾斯麦最终与民族自由党决裂,开创了保守主义,不,应该说反动政策一直持续到他倒台为止。本尼希森是否应该对此负责呢？

有些历史学家批评民族自由党的领袖不愿意单独进入政府,坚持要求准许另两位朋友一起进入。假如本尼希森希望成为积极主动的大臣,而不是仅仅充当俾斯麦的恩赐的工具,那么这个条件不仅合理而且必要。他们谈判期间,俾斯麦向他的秘书冯·蒂德曼(Tiedermann)抱怨说,民族自由党的领袖缺乏"顺从",消耗他的精力。顺从是士兵的优点,但是对有自己信念的政治家而言并非优点。特赖奇克(Treitschke)属于民族自由党的极右翼,是宰相的热诚拥护者,连他也如此写道:"俾斯麦不能容忍独立的人格,我不会建议自己的朋友把脑袋伸进这根绞索里。"

为什么俾斯麦极力唆使本尼希森进入政府？他的目的很简单,只是想确保民族自由党的议员会被迫投票赞成他的提案;倘若任何一个党员出于政治信念拒绝跟随宰相的指挥起舞,他会强迫本尼希森把此人开除出党。俾斯麦希望通过这种方式除掉拉斯克及其过于独立的朋友们,将民族自由党转变成俾斯麦**说一不二**的党派。本尼希森拒绝玩俾斯麦的游戏,他已经从坎普豪森的例子中看到了俾斯麦会怎样对付倔强反抗的同僚。

对于一个大党的领袖,这样的前途有任何吸引力吗？另一方面,假设他与两位忠诚可靠又有能力的朋友一起进入内阁,或许会有希望影响政府的政策,依靠这些朋友和他的党派在议会里的地位,或许还可以扰乱旨在分裂或排挤他的党派的操控。当然,那意味着俾斯麦将不得不与民族自由党分享权力,而我们可以确定他决不愿意那样做。

不过关于1878年2月22日在帝国议会上演的一幕,另有一个非同寻常的侧面。俾斯麦为什么偏偏选在这一刻摘下面具,刺激本尼希森与他决裂?1877年圣诞节以后发生了什么事?

1878年2月7日,与俾斯麦水火不容的教皇庇护九世死了。几年前俾斯麦曾经说过,按照一般规律,一个容易引起争议的教皇的继任者往往是爱好和平的。事实证明这个预言是正确的。红衣主教团开会选举出的庇护九世的继任者是愿意和解的红衣主教佩奇(Pecci),他坐上圣座,号称教皇列奥十三世。选举结果于2月20日揭晓,正是帝国议会的那次轰动会议的两天之前。在选举当天,列奥给威廉皇帝写了一封信,表达他希望改善教会与帝国之间的关系。我们可以猜想,俾斯麦先知道了这封信的内容,然后在帝国议会攻击坎普豪森。他曾经希望劝诱教皇指示中央党投票支持政府,这封信重新引燃了他的希望。此外,俾斯麦发现贸易保护主义运动在中央党员中间得到了广泛的同情。这是与该党达成共识的一条途径。他本来不想与中央党结成同盟,可是现在他有机会尽情投入他有丰富经验的一种运动,即操纵一个党派反对另一个党派。为了达到这个目的,他确实不得不放弃文化斗争以及以前通过的反对教会的许多法律;但是既然已经看到文化斗争无利可图,他就十分愿意改变策略。同年夏天,俾斯麦第一次与罗马天主教的教廷大使马赛拉(Masella)谈话,试图与教会达成协议。虽然这次谈话并不成功,他却没有放弃已经开始纺的线,最后他达到了目的。

在我看来,本尼希森的谈判以彻底失败告终,是德意志帝国政治历史上的转折点之一。年老的皇帝很高兴防止了自由主义对政府的渗透。然而后来的事情证明,这是他的王朝衰亡的原因之一。这件事阻止了健康的政治发展,从而完成了君主国的孤立,这种孤立又在一代人的时间之后导致了帝国的崩溃。这个时期的民族自由党代表了忠诚和爱国的德国中产阶级,比后来的任何党派都更强大、更完善。它本来能够促使君主统治与议会协调地合作,由此巩固双方的力量。它本来可以在帝国的政治生活中引入一种稳定的要素;俾斯麦倒台之后,这种要素的缺乏变得非常清晰可见。在他掌权时,情况还不明显。然而俾斯麦是例外人物,几乎不可能出现具备同等能力素质的继任者,一个大国的制度不可能建立在某个人独一无二的能力的基础上。

本尼希森起初以为谈判的破裂只是暂时的,迫于环境压力俾斯麦会重新来找他们。为了逼迫俾斯麦,他甚至想过利用他的党派在议会的地位。然而在采取任何行动之前,两次企图谋害皇帝的事件给俾斯麦提供了机会,如同1863年12月他曾经利用丹麦国王弗雷德里克七世的死亡实施他最重要的政策,从而确立了普鲁士的地位一样,他抓住机会用同样高明的技巧故伎重演。

在讨论这两次企图之前,这里还要补充一下,在与本尼希森决裂之后不久,俾斯麦于1878年3月向帝国议会提交了一份议案,给自己规定了一名代理人。这项措施名为代理法案(*Stellvertretungs-*

Gesetz），指定宰相的一名常务代理，其职衔是副宰相。这个职位原来预定是留给本尼希森的，现在留给了一名不是议员的保守派官员——维也纳大使冯·施托尔贝格-韦尼格罗德（Stolberg-Wernigerode）伯爵。此外，该议案还规定帝国各个部门的主管应当在处理属于自己管辖范围的事务时成为宰相的代理人。这样帝国财政部部长就是宰相在财政事务方面的代理，得到授权代替他签名。这些部门的主管得到部长而不是大臣的头衔，因为他们不是要负责的大臣。以前和现在一样，唯一需要承担责任的大臣是宰相。进步党议员黑内尔再次要求引入需承担责任的帝国大臣。民族自由党以前也提过这一要求。然而这次本尼希森以他们的名义放弃了这个要求。包括拉斯克在内，全体党员都投票赞成议案。尽管如此，俾斯麦仍然在辩论期间尖刻地抨击了拉斯克。他的攻击既不公正又无缘无故，不过透露了他与本尼希森谈判的动机之一。

随着帝国的立法和行政事务越来越烦冗，政府部长的人数也逐渐增加，比如外务部长、内务部长、财政部长、海军部长、殖民部长等。当重要性不如俾斯麦的人成为宰相的时候，部长们的政治重要性就增加了。举例来说，海军部长蒂尔皮茨（Tirpitz）在帝国政策方面偶尔比宰相贝特曼·霍尔韦格（Bethmann Hollweg）是更重要的因素。但是从技术角度说，他从来不是需承担责任的大臣，只是宰相的代理人，承担海军事务最终责任的是宰相。直至君主制度衰亡，德国从未有过商讨帝国事务并形成决议的内阁。这是俾斯麦给德国体制留下的独特印记之一。在1917年之前，没有哪位部长成为或可能成为帝国议会的议员。那时由于战争的紧迫需要,皇帝才不得不指派帝国议会的议员担任部长,举例来说,进步党领袖派尔(Payer)当上了副宰相。但是那时沙漏中的沙子已经快要流尽,帝国的日子屈指可数了。

7. 反社会民主党的法律

　　1878年5月11日,一个名叫赫德尔(Hödel)的管子工朝威廉一世开枪,但是没有射中,皇帝毫发无伤。赫德尔是个绝对没有价值的坏蛋,在政治方面是墙头草。有一段时间他是社会民主党员,后来又加入了施特克尔(Stoecker)的基督教社会主义党;施特克尔是宫廷附属教堂的牧师,又是反闪米特人的煽动家。显而易见,这件事背后没有阴谋,赫德尔也没有同谋。事件发生时,俾斯麦正在腓特烈斯鲁厄。他一听说消息,就发电报给他在外务部的代理人比洛,指示他抓住机会,用这次行刺事件当借口,引入反对社会主义者及其报刊的法律。

　　早年俾斯麦曾经与德意志社会民主党的创建者费迪南德·拉萨尔(Ferdinand Lassalle)秘密进行过谈话和协商。在普鲁士宪法冲突期间,他希望利用拉萨尔作为对抗进步党的工具。在普法战争刚刚结束后的几年里,他提倡保守主义政府与君主主义者进行国际合作,对抗社会主义者的活动,尤其是伦敦的卡尔·马克思领导的所谓第一国际。这是他的三帝结盟政策背后隐藏的目标之一。可是他采取国际性措施的镇压计划失败了,主要原因是不列颠的反对,英国不愿意放弃为政治迫害的受害者提供避难所的古老惯例。俾斯麦却变得更加坚定,下定决心在德国完成镇压的立法。他向自由主义者和资深国会议员班贝格尔坦承了自己的想法，后者在谈及社会主义时写道："倘若我不想要小鸡，那么就必须砸碎鸡蛋。"

为此俾斯麦采取的第一个步骤是提出修改刑法的议案，但是以拉斯克为首的帝国议会在1876年春天否决了这项议案。赫德尔行刺皇帝的事件之后，俾斯麦再次尝试进行压制的立法，提出了公然针对社会主义者的政府议案，旨在镇压他们的煽动和报刊。该议案非常草率而笨拙。显而易见，草拟议案的大臣们把几个零碎的段落随便拼凑到一起，只想迎合他们的主子的愿望而已。他们大概觉得，只要民族自由党拒绝背叛他们的原则，帝国议会就不可能通过该议案。因为该议案是明显的差别对待，也就是说，不是平等地应用于每个公民的措施，而是只针对有某种政治信念的人。因此它显然违反了法律面前人人平等的原则，侵害了新闻出版的自由和结社的自由。实际上法治国家的基本原则也面临危险。

民族自由党的一些议员依旧太惧怕社会主义，故而支持这项议案。他们不是实业家或者大资本家，而是特赖奇克和格奈斯特（Gneist）这样的大学教授。特赖奇克预言了强权政治，他只是名义上的自由主义者。不过格奈斯特是重要的宪法法学家，赞赏英国的宪政，在宪法冲突期间曾经是反对党领袖之一。德意志的大学在19世纪中叶曾经是自由主义的大本营，现在却逐渐变了，这是民族主义心态的发展造成的灾祸。不过这些教授们尚未在民族自由党中赢得优势，该党又一次在拉斯克的领导下，极力主张驳回这项议案。在该党领袖本尼希森以全体的名义发言之后，他们差点就要全体投反对票了。

本尼希森在演说中问,政府是不是真的在完全清楚帝国议会肯定会驳回的情况下提出了这项议案。他的这个问题绝对完全合理,因为俾斯麦甚至没有费劲返回柏林支持他自己的措施。当然,这十分符合他的策略。他想要在民族自由党与曾经回应他们的人之间播下不和的种子,他确信后者对社会主义这个怪物的恐惧程度严重得多。

这时发生了第二次谋害威廉的事件。1878 年 6 月 2 日星期天,当皇帝乘坐一辆敞篷马车经过菩提树下大街时,卡尔·诺比林(Karl Nobiling)博士在一幢房子的窗户后面朝他开枪。威廉身受重伤,流了大量的血;这位 81 岁的老人不得不被送回自己的宫殿。

诺比林的刺杀是疯子的举动。他来自一个宽裕的中产阶级家庭,学习经济学并在莱比锡取得了学位。他与别人无疑没有政治上的联系。社会民主党中甚至没人听说过他的名字。我们永远无法知道他的动机是否涉及政治,因为他在遭到逮捕时自戕而受了致命伤,在有可能进行正规的审讯之前就死了。对于他的疯狂事迹,可能最接近事实的解释是他类似于赫若斯特拉托斯(Herostratus,纵火烧毁阿耳忒弥斯神殿的古希腊青年——译者注),妄图谋求不朽声名。

事件发生时俾斯麦还在腓特烈斯鲁厄。他的机要秘书和助手蒂德曼接到了传达这个消息的电报,立刻去找宰相,宰相正在腓特烈斯鲁厄周围的森林里散步。蒂德曼的记述是这样的:"我走出庭院时,看见宰相正在明亮的阳光中缓缓穿过田野,狗们跟在他的脚后边。我走过去,跟他并肩而行。他正处于心情最好的状态。过了一会儿,我说:'刚才来了重要的电报。'他开玩笑地问道:'它们真的那么紧急,我们必须立刻在野外处理吗?'我回答:'很不幸,确实如此。皇帝再次遇刺,这次被射中了。陛下受了重伤。'亲王大吃一惊,猝然停下。他颤抖着,把橡木手杖插进面前的地里,仿佛闪电击中了他,一边粗重地呼吸着一边说:'现在我们要解散帝国议会!'然后他才开始同情地询问皇帝的身体状况,以及行刺的具体细节。"

几乎像莎士比亚的故事一样壮观的戏剧性场景!或许可以不夸张地说,它令人回想起《麦克白》中的一幕:麦克白夫人在因弗纽斯(Inverness)的城堡里听说邓肯一世当夜抵达的"大消息",几乎就在同时下定决心不让他活着离开。俾斯麦以同样异常的速度决定利用这个新出现的机会,摧毁过于独立的帝国议会,以致对皇帝又一次遇刺的消息未能及时反应。数周以来他一直在左思右想如何对付议会反对党的问题,现在机会突然从天而降了。他有事业心的头脑立刻将这两件事联系到一起,随即做出决定并这样宣布了。他本人曾经在一次谈话中如此提及"意志"与"思考":"我经常注意到,我的意志在思考过程结束之前就做出了决定。"就抽象意义而言,我们只能赞赏这种非同寻常的意志力和决断的速度。但是如果从政治和道德的角度判断这个小插曲,它很难激起我们的赞赏之情。在如此决定之前,俾斯麦了解这次攻击的由来以及行刺者的身份或政治联系吗?不,一无所知!尽管如此,他仍然决定利用这次事件镇压社会民主党,虽然就他当时所知而言,诺比林可能强烈反对社会民主党。在做出这种影响深远的决定之前,审查事实是不是政治家的道德和政治上的义务呢?俾斯麦不觉得有这种责任,因为他对事实真相完全不关心。他关心的仅仅是如何刺激群众的感情,利用这件事可以获得多少政治资本。他与所有时代的蛊惑民心的政客一样,只想诉诸本能而不是理性。他不希望向选民透露自己的真实目的。因为他操控的真实目标与其说是剥夺社会民主党的权力,不如说是要剥夺民族自由党的权力。这并不意味着他没有镇压社会民主党的欲望。但是社会民主党不同于民族自由党,不是压制他的政治重担。另一方面,民族自由党投票反对镇压社会主义者的议案。因此在即将到来的选举斗争——它注定是一场激烈的竞争——中,他可以指控他们拒绝保护亲爱的老皇帝的生命和健康。俾斯麦对他的亲信们说:"现在我逮住那些家伙了。"有人问:"亲王殿下是指社会民主党人?"宰相回答道:"不,是民族自由党。"根据一则流行的传闻,俾斯麦说过:"我会在墙上压榨那些民族自由党人,直到他们尖声惨叫。"俾斯麦在他的《回忆录》中否认"说过如此恶劣粗俗的话"。即使他没说过这句话,它也十分准确地概括了他的感情和意图。

  按照宪法,只有联邦政务会做出决定并得到皇帝的同意,才能解散帝国议会。普鲁士内阁和联邦政务会都不是全体一致地赞成解散。有些成员认为解散是不必要的而且危险,他们确定帝国议会将同意新的反社会主义议案,因为这时民族自由党的报刊正在走这条路线。王太子也不赞成解散,现在他不得不代表父亲。经过俾斯麦的安排,王太子没有像他预料的那样成为摄政王,只是被皇帝指定为代理人。区别在于摄政王有资格执行自己的政策。而作为皇帝的代理,他不得不继续执行父亲的政策,如同皇帝完全健康一样。由于威廉肯定会听从俾斯麦的建议解散帝国议会,王太子也不得不表示同意。自不必说,充满干劲的俾斯麦克服了他道路上的其他一切障碍。

于是帝国议会遭到解散，德意志陷入了普选的喧哗和骚动的状态之中。政府的新闻出版机构用一切力所能及的手段煽动群众对民族自由党的怒火，指控该党投票反对最初的反社会主义议案，拒绝保护皇帝的生命。当然，假如该议案当初通过了，是否就可能保护皇帝不被诺比林博士射出的子弹击中，这个问题没人说得清。不过那没有关系，大众的激情从来不喜欢冷冰冰的逻辑。

当时英国首相比肯斯菲尔德（Beaconsfield）勋爵恰巧在柏林参加代表大会，俾斯麦对他说了一些话，那些话与民间狂热的混乱对照起来相当有趣。帝国议会解散的两天之后，俾斯麦作为大会主席举办了一次宴会招待与会者。比肯斯菲尔德写信给维多利亚女王时转述了他们的谈话："我坐在俾斯麦亲王右边……得以聆听他粗俗幽默的长篇大论：滔滔不绝地透露不应该提及的事情。他让我产生的感想是**永远不要信任君王**或者廷臣，人们以为他的病是与法国的战争引起的，其实是**他的君主的可怕行径**害他生病，诸如此类。他的家庭档案里面保留着一些文件，国王在信件中不顾他的服务指控他是叛徒。他继续发这一类牢骚，最后我不得不告诉他，虽然他说'表里不一'在君主中间普遍存在，我可以提供一个反例，我侍奉的那位女王是坦诚公正的化身，得到她的所有大臣们的爱戴。"当然，最后一句话是迪斯雷利的奉承技巧的实例。不过俾斯麦在公开场合的激烈谴责的长篇演说与他对那位仍然躺在病床上的皇帝的评论形成了奇怪的对比。

结果民族自由党在选举中仅失去了大约 10 万票，进步党失去了大约 4 万票，这标志着自由思想在德国仍然具有力量。但是选区的损失很大:民族自由党失去了 30 个席位,进步党失去了 10 个席位。两个党的席位加起来也只有 140 个左右,而保守党的席位从 78 增加到了 115 个,他们赢得了将近 60 万票。社会民主党在前一次选举中得到过 50 万张选票,这次失去了至少 6 万票。民族自由党依旧有相当多的席位,但是绝大多数议员向选民承诺这次他们会支持抵制社会主义者的措施才得以回归。

政府立刻向新帝国议会递交了新的议案。其名称是"抵制社会民主党人的危险活动的法律"(*Gesetz gegen die gemeingefährlichen Bestrebungen der Sozialdemokratie*)。在这次辩论过程中俾斯麦常常发表充满活力的演说。在某种程度上,传记作者对这些演说特别感兴趣,因为社会民主党的倍倍尔(Bebel)和进步党的里希特的反击迫使他为自己早先对社会主义者的态度进行辩护,特别是与不久前去世的拉萨尔的秘密交流。俾斯麦带着最大的尊敬和欣赏谈起拉萨尔,并称赞他的谈话。他说:"谈话非常有趣,每次不得不结束时我总是感到遗憾。"

帝国议会的社会民主党、中央党和进步党都反对这个议案,保守党则全心全意地支持。掌握决定票的又一次是民族自由党,该党大多数成员赞成这个议案。这次拉斯克不敢反对了。选民的感情倾向太强烈,无论怎么反抗都不会有成效,因为除了他之外持赞成意见的议员足以确保多数。因此他能做的只是尽力缓和一些条款。他在一个重要的问题上成功了:他使法律的有效期缩短至两年半。政府希望该法律是永久性的,可是只得在这一点上让步。

拉斯克的这个修改的后果是俾斯麦被迫每过两三年就要向

帝国议会申请更新这项法令。他成功了四次，但是反对——尤其是自由主义者的反对越来越强烈。最后俾斯麦在1889年试图通过永久性的法律，却失败了。这次失败主要应该归咎于他自己的古怪策略。可是这给他自己招致了最灾难性的后果，我们将在说到他垮台时讲述这个故事。1890年反社会主义法（*Sozialistengesetz*）终于彻底废除，再也没有死灰复燃。

反社会主义法摧毁了社会民主党的全部报刊和社会民主党的整个组织。凡是有社会主义者发言的集会一律不能召开。警察无情地践踏了法律提供的所有保护措施（虽然它们不算多）。许多城市的社会主义政治家和煽动者们遭到了最野蛮的驱逐。可是这种没有人性的迫害结果一无所获。法律完全不能阻止人们投票给社会民主党。尽管政府用口头或书面的煽动压制社会主义，社会民主党候选人得到的选票却不断增加，1884年是55万票，1887年是76.3万票，1890年是142.7万票。如果将该法律的目标与它的实际效果相比，可以说它完全失败了。无论是针对社会主义者还是天主教教士，俾斯麦毫不掩饰地使用暴力的政策都遭到了惨败。民族自由党在这场运动中支持他，最后却变成了真正的输家，因为他们放弃了自己的原则，对于一个政治党派而言这是最严重的原罪。不管是否成功他们的牺牲都是徒劳的。仅仅一年以后，宰相就抛弃了他们，为了贬低他们在议会和一般政治场合拥有的地位，转而与他们的不共戴天的竞争对手合作。

不过那是后来的事，在继续讲述相关故事之前，我们必须先暂停，回顾一下在此期间东方危机所导致的国际形势的新状态。

8. 1878 年的柏林代表大会

　　1875 年夏天,波斯尼亚发生了反抗土耳其暴政的起义,这是东方危机的开端。巴尔干半岛的其他地区,例如保加利亚,随即也发生了起义,塞尔维亚人与土耳其人爆发了战争。战火在巴尔干半岛到处燃烧。欧洲强国中,奥地利、俄国和不列颠最关心这些新事态。俄国自认为是斯拉夫人基督教徒的保护者,那些人绝大多数属于俄国国教东正教的教会。奥地利是波斯尼亚的隔壁邻居。不列颠的兴趣集中于君士坦丁堡,绝对不允许它落入俄国之手。

　　东方危机在欧洲诸强国激起了战争的恐惧。有人尝试阻止巴尔干半岛的流血冲突,例如 1875 年俾斯麦、哥查科夫和安德拉希起草的柏林备忘录公开发表,被迪斯雷利驳回,1876 年 12 月君士坦丁堡大会召开,土耳其拒绝了大会提出的建议。1877 年 2 月俄国和奥匈帝国缔结了一个秘密协定,划定各自的势力范围并达成共识,要掩盖似乎即将发生的俄土战争这个偶发事件。该协定禁止俄国建立一个紧密联合的大斯拉夫国家(grand état compact slave),亦即独立的大保加利亚国,并允许奥地利皇帝派遣部队占领波斯尼亚和黑塞哥维那(Herzegovina)。1877 年 4 月,沙皇向土耳其苏丹宣战。尽管遭受了一些挫折,在年底之前俄国部队仍然击溃了土耳其的一切抵抗,差点兵临君士坦丁堡城下。1878 年 3 月,苏丹与胜利的俄国签订了圣斯特凡诺(San Stefano)和约,使战胜国几乎得到了一切想要的东西。其中最重要的条款是土耳其割让保加利亚的全部领土。大保加利亚国眼看就要建立。这激起了奥匈帝国和不列颠的最强力的反对。英国首相比肯斯菲尔德勋爵全力主张"坚决有力的对外政策",率先反对俄国,并派英国舰队开往马莫拉(Marmora)海。看来两大强国之间即将发生冲突。在这种形势下,哈布斯堡君主国的外务大臣安德拉希提议召开欧洲代表大会,解决整个东方问题。由于1856年的巴黎条约划定了土耳其帝国的边界线,只有经过签约国的一致同意才能修改,哥查科夫准备在欧洲大会上出示圣斯特凡诺和约,各个强国同意在柏林召开代表大会。这次在德国首都召开的会议的主席是德国宰相,这多少是个问题。大会于1878年6月13日开幕,7月13日就被俾斯麦终结了。

简单概述了导向柏林大会的事件经过之后,我们必须考虑俾斯麦在危机期间实行的政策。当然,我们不可能密切关注他的错综复杂的外交手段的任何重要细节。我们只要对他遵循的准则形成一些概念就足够了。

驻彼得堡的德国大使冯·施魏尼茨将军的日记里有一个段落是方便的切入点。19世纪60年代,施魏尼茨曾经在圣彼得堡担任普鲁士的武官代表,在这个职位上他还是国王的个人代表,负责与国王的外甥、俄国沙皇亚历山大二世联络。因此他与沙皇私交甚密。普法战争期间他在维也纳担任大使,1876年2月他再次前往圣彼得堡,就任德意志帝国的大使。他在这个职位上一直工作到1892年,也就是俾斯麦倒台以后。他的《回忆录》(*Denkwürdigkeiten*)在他去世后很久出版,并增补了一卷通信,其中充满了有趣的细节,也是作者的生动写照。施魏尼茨是典型的保守派普鲁士将军,不过他的保守主义是真诚和始终如一的。他相信政治中需要指导原则,拒绝相信应该单凭权宜之计和强力左右政策。他在日记里悲叹,德国政府不是从**人道**的角度看待土耳其的动乱,"而是想利用混乱获取**政治利益**,导致一群强国联合起来,其联盟对我们的敌意在很长时间内都不可能消失"。

施魏尼茨想说的显然是土耳其在欧洲统治一个基督教社会是不合时代的错误,招致了起义和流血冲突,所以理应终结;整个欧洲都关心这些事态,因为它肯定会打动每个欧洲人和基督徒的良心。这种观点超越了纯粹的民族考量的范畴,也完全符合相信普救说的老保守派的见解。因此它与自由主义者的观点有某些相似之处,当时格莱斯顿在他令人难忘的关于保加利亚的暴行的小册子和强有力的感人演说中宣扬过类似观点,这不足为奇。但是俄国政府也从这些动机出发,希望请欧洲全权处理,重整巴尔干半岛的秩序,施魏尼茨对此表示赞扬。

俾斯麦对这些问题的看法与施魏尼茨截然相反。宰相在来自圣彼得堡的一份急件官报的页边空白处留下的评注清楚地表明了他的态度。哥查科夫写道:"问题既不是德意志的也不是俄国的,而是欧洲的。"俾斯麦写道:"欧洲是个错误的地理学概念。"(*Qui parle Europe a tort, notion géographique.*)对欧洲的这种描述犹如梅特涅的话的回声,在两代人的时间之前,梅特涅为了驳斥意大利人的民族主义的强烈渴望,曾经断言意大利只是一个地理学上的概念。俾斯麦写道:"我发现,那些政治家想向外国索取一些他们从来不敢以自己的名义要求的东西时,总是把'欧洲'这个词挂在嘴边。"同样道理,回到他的政治眼界仅局限于普鲁士的那个时代,倘若任何政治家敢于以德意志的名义要求什么东西,他就立刻怀疑他们虚伪。在巴尔干局势的问题上,俾斯麦的观点与比肯斯菲尔德一致,后者认为与拯救土耳其的暴政的牺牲品相比,拆散三帝同盟对英国来说更加重要。德国和英国的政治领袖见解一致,这决定了他们处理东方危机的方式。

德国无法指望从东方危机中获取任何利益。它与巴尔干事务没有直接的利益关系。俾斯麦反复强调这一点,并于1876年12月5日在帝国议会发表演讲时用一句尤其值得记忆的警句加以概括:**不值得为波美拉尼亚火枪手的骨头赌上德国的任何利益**。俾斯麦知道,他的任务仅仅是注意防止德国的国际地位受到影响而变得更差。他主要关心的是避免在俄国与奥地利之间选择一个作为同盟国,假如德国的这两个强大邻国之间爆发战争,它就会被迫做出选择。

1876年10月,这个难题摆到了俾斯麦面前,沙皇告诉冯·曼陀菲尔将军,他希望在与奥地利发生战争的情况下,威廉皇帝会做他在1870年做过的事,也就是说协助俄国。这是个非常棘手的问题,似乎曼陀菲尔对威廉的某些话的擅自诠释与此有关。俾斯麦回答说,"假如奥地利在欧洲的地位或者独立性受到严重威胁,从此以后确保势力均衡的因素之一就会消失",那样也会严重威胁到德国的利益。毫无疑问,从德国的立场而言这是正确的决断,但是仍然令俄国人非常失望,他们认为德国欠了俄国的债,虽然完全有能力偿还,却不愿意帮助债主摆脱窘迫的处境。

另一方面,外国政治家们怀疑俾斯麦正在煽动其他国家的战争。索尔兹伯里把他比作谢里丹(Sheridan)的喜剧《竞争对手》中的卢修斯·奥特里杰(Lucius O'Trigger)爵士,他竭尽全力挑拨决不渴望战斗的两个人进行决斗。俾斯麦告诉英国大使奥多·拉塞尔,他有意采取一些刺激法国人的民族感情的军事措施,并询问在那种情况下英国会持什么态度,这给英国政府留下了非常坏的印象。宰相还建议英国吞并埃及,那显然会使英国与法国发生冲突,外务部长德比勋爵认为那种想法是俾斯麦的马基雅维利式的典型图谋。

由于在1877年10月的选举中,甘贝塔(Gambetta)领导的共和主义者以压倒性优势击败了麦克马洪元帅,俾斯麦对法国的态度改变了。新的共和主义政府急于改善与俾斯麦的关系,于是撤走了宰相憎恶的大使贡托-比龙。新任大使德·圣瓦利耶(St. Vallier)伯爵收到的指示是建立和平的关系,由于他得到宰相的称许,成功地赢得了他的信任,确实开启了一个**恢复友好关系**和调停和解的时代。

圣斯特凡诺和约签订之后,欧洲的普遍看法是唯有欧洲代表大会能维护和平。1878年2月本尼希森在帝国议会向宰相提出质询,俾斯麦不得不解释他的立场。在演说中俾斯麦创造了他最著名的短语之一,把德国想在这次大会中发挥的作用描述成"正直的中间人",而不是将自己的决断强加给其他派别的仲裁者。

大会的准备工作正在进行时,不列颠与俄国也在秘密对话,俾斯麦始终关注着事态的新进展。谈判的一方是于1878年3月接替德比勋爵担任外务部长的索尔兹伯里,另一方是驻伦敦的俄国大使肖瓦洛夫伯爵。在索尔兹伯里和肖瓦洛夫签署的议定书中,俄国保证不建立"大"保加利亚,同意保持其分隔状态。这样在大会召开之前,会议要处理的最棘手的问题大致解决了。当然,议定书是绝对保密的。然而一个嫌薪水太少的外务部职员把它的副本卖给了伦敦的《环球报》,使它刚巧在大会开幕时公开发表了。此外,不列颠与奥地利签订了秘密协议,同意奥地利占领波斯尼亚,又在另一份秘密协议中迫使土耳其把塞浦路斯割让给英国。

比肯斯菲尔德、索尔兹伯里、哥查科夫、肖瓦洛夫、安德拉希都来到柏林,在俾斯麦的主持下进行商讨。德国宰相无疑是最精力充沛的主席,每个国家的政治家都承认他的权威。各个问题依次提交会议讨论,如果出现任何争议,主席就把该问题交给有直接利益关系的国家私下谈判。因此保加利亚问题应该通过英俄对话解决,安德拉希也参与了。起初各方的意见存在一些非常尖锐的分歧,尤其在边境线以及苏丹修筑边境防御工事的权利的问题上。6月20日至21日,谈判陷入了僵局。在这一关键时刻,俾斯麦尽全力促使比肯斯菲尔德和肖瓦洛夫私下谈话,达成了一个协议。若说问题的解决归功于他那是夸张,不过他无疑帮了很大的忙。6月21日晚上,《泰晤士报》的特别通讯员布洛维茨从柏林发电报给报社,报告说达成协议了。保加利亚分割成两部分,北部成为土耳其拥有宗主权的自治公国,南部是土耳其的行政区,有一定程度的自治权,由基督教徒统治,它被赋予了一个毫无意义的名字"东鲁米利亚(Rumelia)"。比肯斯菲尔德和索尔兹伯里认为这是重大胜利,实际上,比肯斯菲尔德在返回英格兰的路上觉得自己有资格断言他带回了"光荣的和平"。然而仅仅七年过后,1885年保加利亚人民终结了这种分裂状态,使南北两地区重新统一成一个保加利亚公国。索尔兹伯里那时当上了首相，虽然他以前在柏林的努力白费了，却欢迎这次统一行动，而俄国政府虽然曾经在柏林支持建立大保加利亚，此时却极度愤怒。政治家的预见不过如此。

一旦移走了这块绊脚石，其他悬而未决的问题就全部非常迅速地解决了。奥匈帝国获得了占领波斯尼亚和黑塞哥维那的权利，俾斯麦用他最直白的恐吓方法压倒了土耳其代表的抗议。俄国在很大程度上实现了亚洲方面的抱负，特别是获得黑海岸边的巴图恩(Baturn)。至于达达尼尔海峡(Dardanelles)和博斯普鲁斯海峡(Bosphorous)，巴黎条约的条款仍然有效，它们继续由土耳其控制，但是这一点更像是表面的而非真实。俄国和不列颠确实同意苏丹有权利敞开或封锁海峡。但是索尔兹伯里声称不列颠会尊重苏丹独立做出的任何决定，而肖瓦洛夫声称任何这类决定本质上都必定是欧洲的，影响并约束所有国家。区别在于，假如苏丹**在俄国的压力下**做出决定，英国保留不尊重该决定的权利。那么大会采纳哪一种诠释？问题略过，未予评论。这个问题一直没有解答。

这是大会讨论其他许多问题的典型过程。他们只做原则上的决定，具体细节则留待日后处理。然而时间不够，俾斯麦也没有必需的耐性，况且他的健康状态不是最好，他迫不及待地想在7月中旬去基辛根疗养，因此他催促结束大会。后果就是欧洲各国宫廷匆忙拟定以后数年的条约。1880年格莱斯顿再次掌权时，发现一些问题尚未解决，于是着手用自己的方式处理，虽然俾斯麦根本不欣赏他的做法。

大会闭幕时，俾斯麦在简短的演讲中说，大会已经"为恢复和维持欧洲的和平,在可能的限度内做了一切工作"。

历史事实能支持这一主张吗?强国之间的和平确实得以维持,可是条约的实际应用还遗留着许多问题,致使欧洲各使馆的外交官们忙乱地讨论,这种环境里不可能存在真正的和睦和友谊。由于对柏林条约的诠释和执行存在分歧,柏林与圣彼得堡之间发生了尤其危急的论战,我们将在后面详细叙述。如果断言大会给巴尔干半岛带来了和平,那就更不真实。哈布斯堡君主国的部队占领波斯尼亚和黑塞哥维那的过程非常血腥并且代价高昂。为了摆脱柏林条约强加给他们的束缚,近东其他地区的人民斗争了多年。这是它最重要的错误。一位法国外交家年轻时曾经在大会秘书处工作,他在回忆录里写道:"大会完全无视塞尔维亚人和土耳其人的意愿或反对,擅自分配或者拒绝给他们领土,以高傲的漠不关心对待他们。"可以公平地说,巴尔干人民被那些政客当成了象棋盘上的小卒。在这方面俾斯麦不比其他人更好。他反复宣称,他不关心那里人的幸福(*le bonheur de ces gens là-bas*),他绝对不在乎他们的命运,并认为只有那些对强国之间的协议至关重要的问题才值得关注。他缺乏那种想象力,未能预见到已经在意大利和德意志开始的民族主义运动同样将在东欧的斯拉夫人中间充分发挥力量。在这一点上他与同时代的绝大多数政治家——尤其是比肯斯菲尔德——一样目光短浅,缺乏先见之明。格莱斯顿谈及"为自由进行正义的斗争的人们"时,显示出了远远超过俾斯麦的想象力。

俾斯麦说过一句话,给他对巴尔干人采取的政策增添了一种更加险恶的诠释。1878年11月,代表大会闭幕四个月之后,俾斯麦在给代表父亲的王太子的信中写道:"为了确保我们的和平,如果我们成功地使**东方这块溃疡继续敞开**,从而扰乱其他强国的和谐,那就是我们的政治家手腕的胜利。"无论对于巴尔干半岛还是欧洲,遵循这种马基雅维利式权谋原则的政策确实都不适合带来持久的和平。

这段时期操控巴尔干半岛的一项政策包含灾难的种子,后来它的爆发导致了第一次世界大战:奥地利占领波斯尼亚。俾斯麦完全同意这项政策,但是俄国和不列颠的责任比他更大,因为两国大会开幕之前就向安德拉希做出了这一让步。其实他在大会召开**之前**曾经建议安德拉希占领波斯尼亚,对方谢绝这一建议时他还嘲笑奥地利人的笨拙。"我听说过有人拒绝吃自己的鸽子,除非别人射杀它们并烤好了端到餐桌上,"他说,"可是我从没听说过有人非要别人撬开他的嘴并塞进他的喉咙里才肯吃。"从这个意义上说,对于这项招致灾难的措施,他应该承担责任,它最终不仅摧毁了欧洲的和平,而且挫败了他自己的在德国协助下安抚奥地利-俄国的政策。法国大使圣瓦利耶对俾斯麦的政治家手腕持赞赏而不是批评的态度,1881年12月他在给当时的法国首相兼外务大臣甘贝塔的信中写道:"俾斯麦希望保持三帝同盟的命运的至高仲裁者的地位,他知道,奥地利与俄国在巴尔干半岛的利益冲突仍然威胁着他们的同盟;这种冲突将来是不可避免的,然而正是亲王本人促使维也纳内阁决定进入波斯尼亚并向萨洛尼卡湾(Salonika)进发。"俾斯麦的确成功地推迟了这种冲突,但是只是推给了他的继任者而已。这些继任者不如伟大的俾斯麦,那也同样不可避免。

占领波斯尼亚导致奥地利的德裔自由主义内阁倒台。他们反对占领不单是出于民族主义的理由,还因为他们害怕斯拉夫人口的增加。他们的一位发言人兼前任首相说,占领将是与俄国在东方竞争的政策的前奏。他接着说,从此以后,倘若奥地利**缺乏维护自己的荣誉的力量**,国家的**荣誉**就会令人担忧。这一预言绝对准确。弗朗茨·约瑟夫皇帝受到帝国威望的迷人歌声的诱惑,偏离了轨道,过高估计了他的国家的力量,使国家承受过重的负担。

然而俾斯麦把批评的矛头指向了奥地利的德裔自由主义者,而不是弗朗茨·约瑟夫。他在帝国议会演说时取笑他们,并责备他们迫使皇帝为了其他党派和他的王朝的利益求助于民族主义要素。如今我们知道,事实是弗朗茨·约瑟夫把反对占领波斯尼亚的忠实的德裔臣民驱逐到荒野,结果招致了自己的王朝的崩溃。

9. 向贸易保护措施的转变以及民族自由党的分裂

柏林代表大会闭幕后,俾斯麦就去基辛根疗养了。他在那里见到了教皇派来的罗马教廷大使,两人进行了几次交谈,试图就结束文化斗争的问题与梵蒂冈达成共识。可是这些谈判一无所获。梵蒂冈的要求超过了俾斯麦准备做出的让步的范围。法尔克继续任职并活跃地工作,虽然他的职位朝不保夕。民族自由党不禁感到一场政治变动正在酝酿。

1878年12月,宰相写给联邦政务会的一封信公开发表,他在其中详细阐述了他的经济和关税改革计划,气氛变得相当明显。宰相精力充沛地猛烈抨击直接税,要求通过引入保护性质的关税来增加间接税。他不仅提议保护某些似乎需要保护的制造业,而且提议对全部进口商品征收一般关税。这与此前关税同盟和德意志帝国采用过的贸易政策完全相反。与皮尔(Peel)和格莱斯顿在英国采用的政策相比,德国从来没有完全自由贸易的政策。但是以前数十年间的趋势是减少贸易保护主义的税赋的数量和规模,并尽可能减小与其他国家交换商品和产品的障碍。然而现在宰相正式声明,他的政策的目标恰恰与之相反。

不过最惊人的改革是俾斯麦提议不仅对进口工业产品征收贸易保护性质的税赋,而且对谷物以及其他农业产品也实行贸易保护措施。此前谁都未曾想到针对农业的贸易保护措施是可能的甚或可取的。大多数农民和地主都没提过这种要求。当然,城市居民强烈反对这种政策,因为增税会导致物价上涨,生活成本变得更高昂。然而俾斯麦却格外热心。他设立了一个委员会,拟定新的关税标准。这个委员会主要由贸易保护主义者组成,主席是大贸易保护主义者冯·瓦恩比勒(Varnbüler),他以前是反普鲁士的符腾堡大臣。他们提议对每公担谷物征收一个马克(12便士)的税。其后不久,俾斯麦写给一位贸易保护主义的农村居民领袖的信件公开发表,他不仅主张这点税赋太少,而且**鼓励农村居民积极行动,联合起来煽动**,并在帝国议会提出动议以便对谷物征收更多的税。

帝国议会收到了贸易保护主义的关税议案,俾斯麦亲自出席辩论,充当贸易保护措施的首要捍卫者。长期的议会斗争开始了。两个保守党和中央党支持贸易保护主义的关税,社会主义者反对,进步党在欧根·里希特的有效领导下也反对该议案。民族自由党则分裂了。来自德国西部工业选区的议员们强烈赞同对工业采取贸易保护措施。左翼在拉斯克和班贝格尔的领导下进行了有力的反抗斗争。德尔布吕克在帝国议会有一个席位,他参加了反对运动,捍卫此前实行的关税政策;不过作为议员,他的发言远远不如他担任大臣时的工作那么有效。在本尼希森和米克尔的领导下,大多数民族自由党成员赞同适度的贸易保护措施,但是希望找到一条可能与宰相达成妥协的中间路线。

然而本尼希森不是唯一希望与俾斯麦达成妥协的党派领袖。温特霍斯特十分乐意跟宰相做交易,用贸易保护主义的关税换取政府向天主教会让步。由于他的党派的绝大多数成员都是贸易保护主义者,温特霍斯特的立场更加有利,而本尼希森不得不与自己党派中主张自由贸易的少数反对者争论。况且本尼希森还面临一个重大的困难,即便他愿意支持更高的税赋和间接税,也只能坚持要求所谓的"宪法保障"。此前帝国议会能够影响预算案,是因为它必须投票决定录取捐款,即各个邦的捐款,没有这笔钱预算就无法平衡。将来国家对烟草、啤酒和酒精征收新税赋,实行更高的税率,帝国的金库得以充实,就不再需要录取捐款了。与此同时,由于既可以继续征收既存的税,又不必向帝国支付任何费用,普鲁士的金库也会填满,因此普鲁士政府将像邦议会一样在财政方面独立于帝国议会,换言之,由于议会不再掌握钱袋子,俾斯麦将在完全脱离议会的状态下进行统治。一位自由主义者领袖不可能容忍这种情况,无论他的自由主义可能多么温和。

因此本尼希森要求得到宪法保障，以便适应新的财政情况，随时恢复议会的财政权力。举例来说，某些税的所谓"行情"可以提供这种保障，亦即依照当年的实际财政情况由帝国议会每年投票决定如何征税，不列颠的下议院就是这样做的。

俾斯麦非常不愿意提供这种宪法保障。他宁可与中央党做交易，后者提议的保障主要是表面上的而不是实质的。按照这个方案，数百万的财政税收里仅有一部分留在帝国国库，其余的转移到邦各自的金库。这样财政预算就会产生伪造的赤字，必须用来自各个邦的录取捐款弥补。通过这种方式，帝国议会确实必须继续投票决定录取捐款。但是这仅仅是一种**空洞的形式**。假如帝国议会竟冒失到驳回录取捐款，俾斯麦会毫不犹豫地把税收的钱用于军事吗？没人怀疑他会采取他在普鲁士宪法冲突期间采取过的行动，并且贯彻当时他在下议院的宣言："只要找到钱，我们就会拿去用"，以及"倘若我们认为有必要发动战争，不管你们是否同意，我们都会那么做"。

事实上俾斯麦接受了中央党的提议。本尼希森仍在继续与宰相谈判，却突然惊讶地听到消息说俾斯麦与温特霍斯特达成了协议。仅仅在一年前还似乎不可能的事如今变成了现实。几年前"铁血宰相"曾经称中央党是"反对国家的一族"和"帝国公敌"，现在却跟他们握手，他曾经带着充满私人仇恨的毒辣抨击温特霍斯特，现在却跟他通力合作，这一切都是为了比本尼希森技高一筹，而仅仅在一年半前，他还给本尼希森提供过内阁的职位，并称其为朋友。

这种战术上的**大转弯**大大缓和了本尼希森的紧张处境，该党的绝大多数议员都跟他一起反对新的关税议案。民族自由党中仅有大约12名议员将贸易保护措施置于宪法之上,与保守党和中央党一起投票赞成政府的议案。结果他们脱离了该党。民族自由党分裂成贸易保护主义和自由贸易两派的危险得以避免,但这只是暂时的。

当然,俾斯麦决不会默默容忍竟敢冒失地反对他的党派。关税议案交付审议的正式初读期间,他集中抨击拉斯克,因为他仍旧希望该党的左翼分离出去,然后该党就会无条件地追随他。他抨击拉斯克的演讲言辞激烈,不亚于他在文化斗争的高潮时针对中央党和温特霍斯特的最充满激情的演说,并且充满对个人的辱骂。我们几乎可以感觉到俾斯麦攻击这个小人物时有多么高兴,只因为此人的良心不够灵活,不能融入一个无条件地支持政府的党派。他完全忘记了拉斯克以前给予过他的全部帮助。其实拉斯克甚至不像他的朋友班贝格尔那样是不折不扣的贸易自由主义者,可是他强烈反对谷物税,因为他认为对普通人的面包征税是不公平的并且危害社会。俾斯麦对拉斯克的厌恶更多体现了典型的俾斯麦作风,而不是针对民族自由党国会议员的。他指责拉斯克实施"穷人"(*Besitzlose*)的财政政策,说他是《圣经》所说的"既不播种也不收割","不劳苦也不纺线"的那种人,还嘲笑那些"绅士们不会被太阳晒热,也不会被雨水淋湿,除非他们出去散步时忘记了带雨伞"。多么令人印象深刻的痛骂,又是多么荒谬的理论!实质上这话的意思是如果一个大国的经济政策的结果对某个人的利益没有直接影响,他就没有权利参加相关的辩论。俾斯麦本人有这种利益关系。他拥有大量土地和森林。这些森林出产大量木材,对进口木材征收新税以后,他售卖的木材的价格就会上涨。当木材税提上议事日程时,他毫不犹豫地参加了关税委员会,并发表演说极力主张设定高税率。倘若有人批评他为个人利益影响立法,他就会摒除异议,将其视为"教条主义"。与此相反,他会说:"由于我拥有大片森林,我了解木材生产者所面临的经济困难,因此我更加有资格替他们代言。"这种观点包含某种程度的天真,正是这种天真允许容克贵族们将自己的利益置于其他一切阶级的利益之上。在俾斯麦看来,**没有**个人利益并非是不偏不倚地从全局看待问题的条件,而是理解问题并得出任何结论时的明显障碍。十分奇怪的是,这种观点并未激怒那些没有经济方面的私利的人。恰恰相反,俾斯麦正是在这种人——尤其是学生和学术圈子的成员——中间找到了最热烈的崇拜者。

民族自由党任凭拉斯克自己去应付俾斯麦的辱骂。不过在关税议案的期间,本尼希森以全党的名义正式宣布他们反对这项措施,虽然该党以前曾经是他的主要支持者,俾斯麦严厉抨击该党,几乎像对拉斯克一样愤怒。在大自治区的代表大会编写的示范引文中,福肯贝克号召抵抗即将来临的倒退,俾斯麦指控他们像社会民主党人那样暗中破坏帝国,并谈及**毁灭性的力量**。他十分公开地承认,他的目标曾经是从民族自由党中排除"根本不相容"的因素,也就是左翼。失败以后他对该党失去了信心。在表述自己关于党派与政府的关系的观念时,他把此前曾经支持政府的三个党派比作三支协同作战的部队,仅在制服的细节方面有一些小区别。这确切地反映了他的观念:政府(亦即俾斯麦本人)是指挥官,党派是他掌控的部队,必须服从他的命令。凡是拒绝他的命令的人就是不服从、不忠诚。

温特霍斯特十分正确地总结了俾斯麦攻击以前的盟友的这种情况,他喜气洋洋地断言自由主义的时代已经破产,现在他和他的党派变成了帝国和各个邦的最好盟友。这确实是政治局势的完全逆转。

当然,现在法尔克不得不离职,另外两位大臣也一起离开了。法尔克的继任者是冯·普特卡默,此人是在文化和政治方面极端反动的保守主义者,正是普鲁士容克地主的原型。

当然,关于俾斯麦的关税政策的意见总是存在分歧,分歧点在于评论者对这个不断出现的经济问题的观点:自由贸易还是贸易保护主义?不过如果忽略该问题,我们可以说,当时贸易自由主义者的担忧并不合理。没人怀疑德国在1879年后取得了巨大的经济进步,这种进步应该在多大程度上归功于贸易保护措施则完全是另一个问题。我们可以说,贸易保护主义的政策保护了德国的农业,避免跟美国和俄国的廉价谷物竞争,安全程度比实行自由贸易的英国更高。但是为了全面地描述,必须再补充一些情况。

如果俾斯麦和他保守主义者的朋友们希望通过贸易保护主义政策维持德国农业的主导地位,实际结果就会令他们彻底失望。德国变得越来越工业化,工业化通常附带的后果也全部随之而来,比如说工业无产阶级的增加和工人运动的发展。按照德国的现状,这场运动必定是社会主义性质的。1879年采用的贸易保护措施的效应抵消了俾斯麦1878年实施的反社会主义法律的效果。

这尤其标志着整个关税的基础是谷物税。只有**农村居民和工业家的政治同盟**才使贸易保护主义有可能胜利。在工人看来，谷物税就是对每天吃的面包征税。这增强了他对政府的敌意，同时摧毁了他的组织。

农业税还造成了另一种几乎同样重要的政治后果，从中获利最多的阶级是大地主，至于中间阶层的农民和农场主们是得益还是受害，这个问题始终存在争议。不过有一点毫无疑问：大部分利润装进了大地主即谷物的主要生产者的钱袋。此外，针对从马铃薯中提取的酒精的征税方式特别有利于大地主。当时生活在德国东部的这些大地主是普鲁士的容克，由于生活在易北河以东，他们又被称作东易北人（Ostelbier）。农村居民的贸易保护主义和税制在经济上拯救了这些容克。假如没有这些措施，他们很多人将被迫把自己的土地分割成小块，在新的经济时代，自由农民将在大地主的家族和他雇佣的劳工们的土地上生活。贸易保护主义通过这种方式不仅在经济上拯救了容克阶级，而且在政治上保留了容克阶级的支配地位。中间阶层的自由主义夹在容克与新兴的社会民主主义之间，结果被压溃了。如果说20世纪初德国的政治结构与西欧其他国家的迥然不同，那么很大一部分原因就在于贸易保护主义，尤其是农村居民的贸易保护主义。

更有甚者，德国的贸易保护主义助长和强化了德国的民族主义。其口号是"保护民族劳工"，将自由贸易视为斗争对象，指责它是国际性的，缺乏民族感情，而且是英国发明的剥削欧洲的手段。虽然在一般情况下，主张自由贸易的德国人并非和平主义者，与英国的科布登和约翰·布赖特这样的伟大贸易自由主义者不同,但是他们仍然希望国家之间自由交换商品,使各国更好地互相理解,从而形成更和平的环境。在贸易保护主义的胜利和俾斯麦与自由主义决裂之后,德国大学中的民族主义和反闪米特人运动开始兴起,这并非纯属偶然。特赖奇克预言过这场运动,他在帝国议会发言反对谷物税,却又投票支持贸易保护主义的关税议案,其中包括谷物税。民族自由党投票反对这一议案时他脱离了该党,并替俾斯麦与中央党达成协议的事辩解,他把宰相的地位与英格兰的威廉三世比较,后者曾经说过:"现在我活着的时候,他们辱骂中伤我。可是等我死了,他们将用指甲把我从坟墓里挖出来。"

俾斯麦已经发起了贸易保护主义运动,目标是通过废除录取捐款,使帝国的财政独立于各个邦。可是这一目标没有实现。与此相反,他接受了温特霍斯特的条件,加强了特殊神宠论的盟友的势力,抑制了德国统一时的盟友。拉斯克正确地指出,他用来替自己与中央党结盟辩解的论点与他以前的论点绝对互相矛盾。

不过俾斯麦突然转向贸易保护主义的最重要的后果是**物质利益**的政策完全取代了有原则的政策。利益的专制统治必然分裂建立在共同政治理想基础上的党派之上。更糟糕的是,遵循政治理想被称为"教条主义",而利用政治手段赚取物质利益的行为却得到赞赏,被称为**实力政策**(*Realpolitik*)。俾斯麦呼吁农村居民积极行动并团结起来提出更多要求,用全面关税刺激每个利益集团为保护自己特有的商品而争取更高的税率,尤其是谩骂拉斯克和既不播种又不收割的人,这些都是他发出的物质利益的力量的信号。

这股新潮流淹没的第一个受害者是民族自由党。在关税辩论期间，本尼希森曾经强调，自由贸易不是自由主义规划的必要部分。他在这一点上是正确的。有些国家的自由主义党派是坚定的贸易保护主义者。著名的《民族经济体系》的作者弗里德里希·利斯特（Friedrich List）是德国的贸易保护主义学说的理论先驱，可是他在政治领域是自由主义者。在一段时间内，关税政策处于政治斗争的中心，如果某个党派的一翼坚持反对另一翼公开表明的观点和想要的东西，这个党派就不可能长期维持。最大的绊脚石是谷物税。是否应当为了谷物种植者的利益对普通人每天吃的面包征税？这个问题现在和将来都始终具有政治上的极度重要性。拉斯克，虽然他并非不折不扣的贸易自由主义者，这样的人仍然发现自己不可能留在投票赞成谷物税的党派里。

　　经济问题不是导致民族自由党分裂的唯一原因。俾斯麦希望对天主教会让步，普鲁士下议院中的该党右翼成员同意了，尽管非常勉强，很多党员对此感到非常不满。不过最重要的争议点或许是俾斯麦令该党陷入的左右为难的处境。他前不久的背弃清楚地表明他的观点与一切自由主义思想之间存在巨大的鸿沟。民族自由党希望本着自由主义原则联合俾斯麦的拥护者，而事实上他的这次背弃摧毁了该党的存在基础。

　　分裂发生于1880年夏天。一些最卓越的资深国会议员宣布他们决定离开该党，其中包括福肯贝克、班贝格尔、施陶芬贝格和拉斯克。他们组成了一个议会集团，通俗的称呼是"分离派"。班贝格尔在题为《脱离》的小册子里向公众解释了这一举措的动机，这是在多年以后依旧值得阅读的极少数德国政治小册子之一。俾斯麦就是非常感兴趣的读者。我们知道,他用粗大的铅笔在手册的页边空白处写满了批评和恼怒的评注,有些话极其符合他的典型作风。

现在俾斯麦达到了目的,赶走了民族自由党的左翼。然而1881年帝国议会举行普选时,等待着他的是巨大的失望。分离派和民族自由党一样得到了大约50个席位,进步党获得了将近60个席位——俾斯麦在演说中谴责他们是一切罪恶的根源。民族自由党失去了大党的地位,即使与两个保守党联合起来也不能形成多数。俾斯麦在关税辩论中曾经把它们比作三支协同作战的部队,应该组成服从他指挥的议会军队,现在它们却缩减成了少数派,仅拥有议院的三分之一席位。

1883年6月,民族自由党的领袖本尼希森辞去了他在帝国议会和邦议会的职位,此事非常清楚地反映了该党的情况的变化。他的退休是由对德国人民和俾斯麦的双重失望导致的。他终于发现,如果一个人想要维持哪怕最低程度的独立性,就不可能跟俾斯麦长期合作。

10. 与哈布斯堡君主国结盟

柏林代表大会对俄国与德意志的关系并没有好处。俄国人感到代表大会抢走了他们战胜土耳其的成果,由于主持会议的是俾斯麦,他们认为他应该承担责任。此外,哥查科夫在柏林根本没有受到令人满意的接待。俾斯麦公开偏向俄国的第二代表彼得·肖瓦洛夫伯爵,希望他接替年长的哥查科夫。因此哥查科夫竭尽全力使沙皇亚历山大二世反对他的竞争对手,虽然他一年前从伦敦被召回并不得不退休。肖瓦洛夫继续断言俾斯麦在大会上已经尽力帮助俄国了,他越是这样说,很多俄国人就越相信他受了俾斯麦的欺骗。在这一点上他无疑是正确的。对于大会留给俄国的贫乏成果,应该负责的是总体的国际形势,而不是俾斯麦。

不过俄国人——尤其是沙皇——感到失望的真实理由是自1870年的战争以来,他们指望德意志在他们遇到麻烦时伸出援手,结果却一无所获。亚历山大二世觉得自己在普法战争期间给威廉舅舅提供过巨大的帮助,威廉也用过度恭维和招摇的方式大声表示过感激,他指望靠这种感激获利。这些希望的破灭导致了圣彼得堡的糟糕情绪,这应该不会令人惊奇。

俾斯麦与安德拉希缔结了一个协议,奥地利皇帝弗朗茨·约瑟夫同意取消1866年的布拉格和约的第五条款,俄国人得知这个消息后更加不快。这一条款规定,石勒苏益格北部的居民有权利通过投票决定是接受普鲁士还是丹麦的管辖。虽然条约已经签订了12年,这一特定条款却从未执行过,现在奥地利与德意志的新协议把它彻底删除了。俄国人认为这个新协议是为了酬谢俾斯麦在大会期间给奥地利的帮助,俄国的一家报社用讽刺的评论形容了全国的观点:"正直的中间人为一大笔佣金而行动。"

德国代表团对负责实施柏林条约的许多条款的国际委员会的态度更严重地惹怒了沙皇本人。他注意到,德国代表团的投票通常都不与俄国的一致,他猜想是俾斯麦指示他们这样做的。此外,俾斯麦抓住俄国暴发的流行病当借口,在德国采取措施抵制进口俄国商品,俄国政府认为这一举动是一种挑衅。

沙皇向德国大使施魏尼茨将军传达了自己的心情,将军真诚地拥护两个帝国的友谊。沙皇责备德意志总是站在奥地利那边,还说如果希望维持在过去一个世纪里联合两个国家的友谊,就应该改变这种状况。他提及了报刊使用的语言,并说:"这将招致严重的后果。"(*Cela finira d'une manière sérieuse.*)虽然施魏尼茨试图去掉这些话里的刺,报告说沙皇的语气温和,远非胁迫,俾斯麦仍将其视为一种威胁,他的反应是重新定位德意志对俄国的政策。

但是随后的事情更糟糕。德意志代表团的态度令沙皇愤愤不平,于是他在 1879 年 8 月 15 日给德国皇帝写了一封私人信件,抱怨这种状况。由于太不谨慎,他提起了俾斯麦对哥查科夫的个人敌意以及这种敌意对他的政治态度的影响。这种暗示当然使俾斯麦勃然大怒。此外,沙皇还写道:"情况令我忧虑,我担心会对我们两个国家造成灾难性的后果。"

俾斯麦在加施泰因收到沙皇的这封信,他立刻抓住这句话,写信给皇帝说,这些话可以被解释成宣战的前兆,应该公开发表这封信。他用可能的最险恶的方式诠释这封信,将其描述成憎恶德国的俄国战争大臣的阴谋。他告诫威廉不要顺从俄国的意愿,极力主张与俄国的敌手奥匈帝国和不列颠建立更密切的联系。但是他不只是指出了这个政策:他对皇帝宣布,他期望安德拉希去加施泰因造访他,他将亲自回访维也纳。皇帝准确地猜到俾斯麦打算与安德拉希谈判结盟事宜,他完全陷入了混乱,在俾斯麦的信件的页边空白处写道:"**在任何情况下都不行**,因为俄国会把这种举动解释成决裂。"

威廉坚决反对他的宰相采取的新路线。对他而言,德国与俄国的友谊是他的父母留下的神圣遗产,从反抗拿破仑的解放战争的时代就开始了。他将他的沙皇外甥视为最好的朋友,与之决裂是无法想象的。从1862年开始,他就一直试图摆脱俾斯麦的支配。他用自己的方法着手消除误解,派曾经担任过和平使者的陆军元帅冯·曼陀菲尔去见沙皇。亚历山大二世邀请威廉在最靠近德国边境的车站亚历山德罗夫见面,尽管俾斯麦发电报抗议,威廉仍然接受了邀请。

两位皇帝在亚历山德罗夫都竭尽全力修复往昔的友谊,亚历山大甚至表示对自己的信件感到深深懊悔,并愿意承担全部责任。威廉十分高兴地返回,以为现在一切都会好起来。他以为俾斯麦的新路线的原因是沙皇的信件,其实那只是个借口,宰相希望用它赢得威廉的支持。甚至在那封信写好之前,俾斯麦就已经下定决心,他甩给法国大使和施魏尼茨的一两件事表明了这一点。现在他继续行动,仿佛亚历山德罗夫的会面从未发生过。他甚至没有费心亲自去见皇帝讨论此事。恰恰相反,他故意完全避免与皇帝私下接触,打算让老人面对**既成事实**,即使不情愿也只得默认。他已经与安德拉希在加施泰因见面,然后前往维也纳完成谈判。

俾斯麦向安德拉希提议,德意志与哈布斯堡君主国签订结盟条约,并递交给两个帝国的议会,只有经过双方议会的同意才能结束同盟。根据结盟条款,每个盟国都必须协助盟友抵御任何可能攻击双方的第三国势力。安德拉希十分乐意缔结同盟,但是他拒绝递交议会,因为他担心非德意志民族群体的反对。他也不同意可能迫使哈布斯堡王朝与法兰西交战的同盟条款,因为他与法国没有分歧。他只同意结成抵御俄国的侵略的同盟。由于这两项修改,同盟对于俾斯麦的价值变小了,尽管如此,他仍然愿意接受安德拉希的建议。在皇帝威廉眼中,专门针对俄国的同盟简直等于叛逆,而德国与法国的战争同盟甚至更令人反感和厌恶,绝不能考虑。他竭尽仅剩的精力顽固地反对德奥同盟。俾斯麦在一些备忘录中为之辩解,它们是论证的真正杰作。但是持批判态度的读者会发现,俾斯麦的这些论证仅仅适用于替他已经做出的决定辩护。这是**他心意已决**的情况。既然决心与奥地利签订条约,他总是能够为自己的意志决定要做的事编造出有说服力的理由。

最终威廉让步了,不是因为俾斯麦的论证说服了他,而是因为宰相威胁说倘若皇帝拒绝签订条约他就要辞职。起初威廉宣称,与其签订反对俄国的条约他宁可退位。但是他退位又有什么用呢?继承他的王太子将十分乐意与奥地利缔结同盟。因此最终威廉向宰相的钢铁意志屈服了,1879年10月5日,他只得授权签订条约。不过在签名时他补充了一句话:"把我逼到这个地步的人将在天上对此负责。"——意思是指审判日。他写信给外务部长冯·比洛说:"我的道德力量全部崩溃了。"当时比洛对俾斯麦的政策有些批评意见。

在奥地利这方面,俾斯麦达到了目的。但是他最初的计划还包含另一个目的,即**与英国达成非正式协议**。事实上,他已经开始与不列颠首相比肯斯菲尔德谈判,可是谈判过程非常奇怪。9

月16日，俾斯麦指示驻伦敦的德国大使明斯特尔（Münster）伯爵与比肯斯菲尔德勋爵交谈，弄清楚"假如德国与俄国发生冲突英国会采取什么政策"。9月26日，明斯特尔在位于休恩登（Hughenden）的乡间别墅见到了比肯斯菲尔德。关于这次谈话，我们有双方的报告。在一些关键点上，双方的记述有所不同，但是经过仔细检查之后，我认为比肯斯菲尔德上交给女王的报告比较准确。首相写道："明斯特尔说，俾斯麦提议德意志、奥匈帝国和大不列颠结成同盟。"比肯斯菲尔德回答说他十分乐意接受这个提议。而明斯特尔报告说这个建议是比肯斯菲尔德提出的。不过两份报告的共同点是比肯斯菲尔德表示**愿意与德意志和奥地利缔结同盟**。这次交谈之后，大使立即发电报说，所有方面的情况都会令宰相满意。

然而俾斯麦对这个消息的反应与明斯特尔的预期截然不同。10月8日，他告诉明斯特尔他不满意，因为比肯斯菲尔德并未回答他的问题："假如我们为东方问题与俄国发生争端，英国会怎样做？"此外，他还**禁止明斯特尔继续**谈判。

俾斯麦的反对与明斯特尔的报告不一致。明斯特尔十分正确地指出，比肯斯菲尔德同意结盟，就等于以可能的最令人满意的方式回答了俾斯麦的问题。况且假如俾斯麦对此不满意，最符合逻辑的步骤是指示明斯特尔用更清楚的方式重复他的问题，肯定不应该中止谈判。如果我们从表面上看待俾斯麦的反对，他的态度就完全无法理解。唯一合理的解释是，在他指示明斯特尔进行谈判的9月16日与指示大使不要继续谈判的10月8日之间，**他改变了策略**。其间发生了什么事情？答案是10月7日俾斯麦签订了德奥同盟条约,正是他的反向命令送到伦敦的前一天。如果对他来说,与英国达成非正式协议仅仅是确保与奥地利结盟的手段,那么继续谈判就是多余的。俾斯麦最初不是这样想的。他原来的计划是与英国结盟,**附带**与奥匈帝国结盟。现在他为什么放弃了?

依据我的观点,决定性因素是俄国和沙皇的新交涉。9月28日,也就是明斯特尔与比肯斯菲尔德交谈的两天之后,两位俄国外交家拜访了俾斯麦。其中一位是驻巴黎的俄国大使奥尔洛夫(Orloff)亲王,他去世的妻子凯瑟琳·奥尔洛夫是俾斯麦在比亚里茨度假时结识的朋友。作为老朋友,俾斯麦对奥尔洛夫说,不仅威廉而且弗朗茨·约瑟夫都渴望延续他们与俄国的古老友谊。

君士坦丁堡的俄国大使萨布罗夫(Saburoff)的造访更加重要,因为在沙皇信件的插曲之前,那年夏天他在基辛根与俾斯麦进行过长时间的交谈,他强调了自己的观点,即与德国的友谊是俄国的政策的最好最确定的基础,而俾斯麦坦白地说出了对俄国宫廷的怨言。萨布罗夫从基辛根返回俄国,在一份冗长的备忘录里向沙皇陈述了自己的看法。他在位于里瓦几亚(Livadia)的夏宫谒见过沙皇之后,又启程前往柏林。亚历山大同意了萨布罗夫对形势的看法,并指示他让俾斯麦相信他是善意的,有意维护和平。萨布罗夫准备告诉宰相,沙皇未来的政策是纯粹防御性质的,除了执行柏林条约以外没有其他目标。9月28日俾斯麦与萨布罗夫的谈话非常令人满意,结束后他亲手草拟了与俄国的新协议的原则纲要。这份草案的第一项条款陈述,当英格兰与俄国发生战争时,德意志帝国有责任保持中立。这样的条约可以与德奥同盟并存,萨布罗夫确定德奥会结盟,但是它与英德同盟完全不能相容。

次日即 9 月 29 日俾斯麦给安德拉希写了一封信,从中可以推断他在这次谈话中从萨布罗夫那里得到了什么。他说消息直接来自沙皇的公馆——显然是指萨布罗夫的信息,表明他和安德拉希一致同意的政策是正确的;沙皇十分平静地看待德奥同盟,接受了既成事实,现在他有意**重新恢复三帝同盟**。俾斯麦采纳这个计划,暗中放弃了与英格兰结盟的想法。这就是他在 10 月 8 日指示明斯特尔不要继续谈判的真实理由,所谓对不列颠首相的答复不满意只是借口而已。

俾斯麦 1879 年的外交产生了两个极其重要的结果,一个是正面的一个是负面的:缔结德奥同盟,不缔结英德同盟。两方面的变化都影响了下一个世代的欧洲政治。后来意大利在 1882 年加入了德意志帝国与哈布斯堡君主国的同盟,同盟的规模得以扩展——虽然没有强化,直到 1918 年,它一直是德意志的对外政策的基础。德意志与不列颠的结盟唯有在此时可行,俾斯麦却在这一关键时刻拒绝继续谈判,最终造成两个国家的巨大分歧,以致不列颠与法国和俄国联手对抗德意志。并不是说俾斯麦的拒绝必然会导致事情朝这个方向发展,但是这确实意味着假如 1879 年他做出了不同的选择,本来可以防止那些事情的发生。当然,谁都无法确定假如俾斯麦继续与比肯斯菲尔德谈判两国是否就能顺利结盟,因为女王和外务部长索尔兹伯里勋爵都没有对首相的报告表现出很大的热情。不过同样也没人可以断言比肯斯菲尔德一定不会达到目的。无论如何,假如 1879 年英德同盟得以实现，20世纪的欧洲历史就会全部改变，这一点是毫无争议的。

我们知道，俾斯麦的对外政策的一个指导原则是避免被迫在德意志的两个东方邻居即俄国和奥地利之间进行抉择，用他本人的说法就是避免在它们之间"选择"。那么现在他是否在这两个帝国之间做出了"选择"？普遍的印象是他选择了，其实却并非如此。实质上他在俄国与不列颠之间做出了选择，并且偏向俄国。他的确通过签订正式结盟条约拉近了奥地利与德意志的关系，但是与此同时他成功地扫清了通向圣彼得堡的道路。事实上，在两年之后的1881年，德意志、奥地利和俄国的皇帝建立了新的同盟。盟约期限于1884年延长，但是由于俄国与奥地利在东方政策方面的矛盾不可调和，盟约到1887年就终止了。

于是产生了一个问题：俾斯麦在1879年的政策是否明智？为了维持与俄国的联系，他选择了奥地利作为同伴，却没有选择不列颠做第三个同伴，这是否正确？德意志－奥地利－俄国的组合只可能是暂时的，因为奥地利与俄国的利益互相冲突，不可能结成永久性同盟。另一方面，1879年时不列颠与德意志或奥地利之间都不存在不可调和的利益分歧。当时德国既没有足以与英国海军匹敌的舰队，又没有殖民地，况且俾斯麦对海军和殖民地都不感兴趣。当时德意志－奥地利－大不列颠的组合至少有可能成为永久性的，这种组合还很可能维持欧洲的和平。

如今这两组集团的固有区别在每个人看来都显而易见。我们难道要假定，俾斯麦这种具有非凡而优越的先见之明的人竟然对此视而不见？假如他明白其中的区别，为什么却走上了另一条路？为了回答这个问题，我们必须阅读《思考与回忆》的第二十九章,标题是《三方同盟》。俾斯麦在开头表示他相信或迟或早,欧洲的两股主要潮流将不可避免地发生冲突:一方是以君主制度为基础的秩序,另一方是社会主义的共和政体。在他看来,君主制度确定的贡献者唯有柏林、维也纳和圣彼得堡的宫廷,在某些条件下,罗马也可以算进去。他不考虑英国,因为"英国宪法不承认有保证的永久性同盟"。至于奥地利与俄国在东方的利益冲突所造成的实际困难会妨碍持久的同盟关系,俾斯麦用一句评论略过了:"与其为巴尔干半岛的破碎国家进行敌对竞争……现存的强大君主国家应当更为重视维护以君主制度为基础的秩序的任务。"

如今任何看到这段话的读者都会为它与现实的差距感到震惊。被他视为君主制原则的支柱国家如今全都没有君主,而在被他用一句肤浅的话摒弃的英国,君主的地位却一如既往地稳固,假如他能看到这种现实,又会说什么呢? 显而易见,在那个旧时代,国内的考量——不,应该说根植于国内事务的偏见遮蔽了俾斯麦的对外政策的视野。格外稀奇的是,人们普遍以为俾斯麦是兰克所谓的"外交政策置于首位"(*das Primat der Aussen-politik*)的政治体系的首要积极倡导者,主张一个国家的对外政策优先于任何国内事务的考量。

此外还有一个因素影响了俾斯麦的决定,它直接来源于他的性格。伟大的宰相只关心能让他当实质性领导的同盟。毫无疑问,他曾经是 1864 年的普奥同盟的主导人物,这帮助他赢得了石勒苏益格－荷尔斯泰因,他一旦达到自己的目的,就毁弃了同盟。没有理由怀疑,在新结成的与哈布斯堡君主国的同盟中,他会再次发挥主导作用。奥地利的政治家中有谁能够与他匹敌？安德拉希正要辞职，他的继任者更微不足道，不可能指望他从俾斯麦手里夺取控制权。俄国的哥查科夫已经是82岁的体弱老人，他的退休只是时间问题。前几个月的事件表明，长期而言沙皇本人完全不能承受德国宰相的攻势。俄国未来的外务大臣盖尔斯（Giers）是一位诚实、认真负责、兢兢业业的官员，但是就个人而言无足轻重，在他的主人眼里，他只是某种起美化作用的办事员而不是大臣。俾斯麦本人用最轻蔑的措辞形容他。因此如果选择奥地利和俄国当盟国，俾斯麦肯定能掌握控制权。

与此相反，纵然不列颠成为德意志的盟国，他也绝不可能指望英国的政策遵循他的指导。俾斯麦非常清楚，大英帝国规模庞大力量强盛，其利益分布广泛遍及全球，不可能受任何欧洲强国或者欧洲大陆政治家的控制，不管他多么伟大、多么受尊敬都不行。况且他知道，英国政策的最终决定因素是英国的舆论，通常它会自行其是，不太可能接受一个外国政治家的暗示。事实上，第二年的事情证明英国能够通过一次普选影响本国的对外政策路线。在1880年的选举中，英国人表明他们不喜欢比肯斯菲尔德的"坚决有力的"对外政策，又一次将国家的命运托付给了格莱斯顿，后者代表着自由主义和民主的精神，那正是宰相决心在德国压制的，所以俾斯麦完全不欣赏他。虽然1879年时俾斯麦很可能不希望比肯斯菲尔德垮台，但是仅仅对外政策取决于舆论和选举这一点就非常不利于他与英国缔结盟约。

以我所见，正是出于上述理由，俾斯麦没有选择不列颠加入他与哈布斯堡的同盟，而是重拾他三帝同盟的老计划。我们非常怀疑他晚年时对自己的"选择"是否完全满意,因为后来他告诉奥地利皇帝,1879年以后他的目标是争取英国加入"三方同盟",这肯定与他的选择是矛盾的。随后我们将看到,他在执政末期尝试过与索尔兹伯里重启关于英德同盟的谈判。然而历史证明被忽视的机会一般不可能重现,他在迫使老皇帝与奥地利缔结同盟时曾经在一份备忘录中写下这句话,后来他被迫体验了这一真理。在此期间他做过许多旨在激起英国人的不友好感情的事,在谈及他的殖民政策时我们将记述相关的故事。

不过目前俾斯麦对自己在1879年的工作还相当满意。他在关税斗争中彻底击垮了对手。通过与奥地利结盟,他的外交政策赢得了巨大声望。大使冯·施魏尼茨将军如此描述他的地位:"在柏林,每个人都发出相同的音调。每件事都仰仗俾斯麦,而且只仰仗他。一个人的统治从未如此专制,人们不仅出于恐惧,而且出于钦佩和自愿在精神上服从并接受他的统治。"

11. 俾斯麦的殖民政策

1884年至1885年,俾斯麦的殖民政策在德国政治中占据最突出的位置,这尤其具有传记价值,因为此前他一直断然拒绝任何殖民政策,而在执政的最后几年,他又恢复了这种反感情绪。最后几次在帝国议会演说时,他曾经大声喊道:"我不是殖民主义者。"现在我们从普鲁士内阁的一名成员的日记里得知,1889年8月在德国政府的一次会议上,俾斯麦对"德国殖民欺骗"大发雷霆,因为它们扰乱了他的安排。因此我们可以说,他短暂的殖民热情仅仅是他人生中的一段插曲。但是这段插曲产生了重大的后果,既影响了德国与其他国家特别是英国的关系,又影响了德国人民的整体前景。因此解答俾斯麦开始执行殖民政策的理由就格外有趣。许多历史学家都试图揭开这个谜团。

当俾斯麦开始对殖民问题感兴趣时,全世界只剩下两个地区可供德国开拓殖民地:非洲南部和南太平洋诸岛。在这两个区域,英国的殖民地都占据了最重要的地理位置:南非的开普殖民地以及南太平洋的澳大利亚。因此德国殖民政策的成败在某种程度上取决于英国及其殖民地的态度。到目前为止英国是最大的海上强国,确实"统治着海洋"。但是由于英国在1882年占领埃及,它的国际地位经历了非常重要的变化。数代以来法国一直认为埃及属于它的利益领域,为此法国与英国发生了尖锐的政治冲突。我们不怀疑俾斯麦预见了这一后果,抑或他在反复建议英国政府"拿下埃及"的时候考虑过这个问题。英国对埃及出手更加是自愿的,由于埃及的行政管理和财政方面的很多问题具有国际性质,为了在那里保持稳固的地位,英国要依靠其他强国,特别是法国的善意和认可。

我们已经看到,自从1877年10月共和主义者战胜麦克马洪并迫使他于1879年1月辞职,俾斯麦与法国的关系发生了重要的转变。这标志着俾斯麦开始对法国采取和解政策,一直持续到1885年3月30日,在法国下议院暴风雨般的一次会议上,克列孟梭(Clemenceau)推翻了茹费理。引用一位法国历史学家的说法,茹费理倒台的原因是他"为了成为东京人(Tonkinese)玩过了火,忘记了孚日(Vosges)的蓝线",就是说,他为了在东亚赢得殖民帝国,与法国1870年时的敌人合作了。俾斯麦试图让法国原谅色当之败,如同它在半个世纪前原谅滑铁卢之败一样,可是击败茹费理的这次下议院表决在法国无疑广受欢迎,这意味着他的尝试失败了。1884年11月俾斯麦对法国大使库塞尔(Courcel)说:"自从1871年以来,我始终如一的关心驱使我原谅色当,如同1815年以后法国人原谅滑铁卢。"随着时间流逝,法国人或许会原谅色当之败,但是他们既不会忘记也不会原谅德国占领斯特拉斯堡(Strasbourg)和梅斯的事。

俾斯麦对法国的和解政策结束之后不久,他对殖民的兴趣也消失了,现在他更感兴趣的是培养与英国的关系。

因此我们可以说,由于英国在埃及的窘迫处境以及德国与法国关系的改善,这种环境下的特殊联盟使俾斯麦有机会进行殖民政策的实验。但是我不认为这就是他的动机。按照我的意见,德国国内政治状况的变化更有可能是其动机。

我们已经看到,1881年的选举产生的帝国议会中,保守党与剩下的民族自由党联合起来也仅占少数。一旦中央党与分离派和进步党联手,俾斯麦就不得不面对占压倒性多数的反对派。虽然在关税问题上中央党投票支持政府,但是仍然有很多政治议题是他们所反对的。1884年夏天,即帝国议会下一轮选举的半年之前,分离派和进步党合并起来组成了一个激进的自由主义党派,名为德意志自由思想党(*Deutsch-freisinnige Partei*)。最初它有100多名议员代表,其中包括一些最卓越的资深国会议员,例如进步党的欧根·里希特和黑内尔以及分离派的班贝格尔、福肯贝克和施陶芬贝格。

恰在此时，前往美国见识新大陆的拉斯克在纽约去世了。他的死亡使俾斯麦有机会证明他从未原谅或忘记，纵然是死亡也不能缓和他对宿敌的仇恨。美国众议院通过了一项决议，对德意志帝国议会失去一位爱国的优秀成员表示同情。可是俾斯麦拒绝将决议交给帝国议会，把它退还给了美国。拉斯克的一个朋友在帝国议会提起这件事时，俾斯麦发表演说谴责一个死者的政治活动，试图斩草除根。将他的表现与英国议会中所有党派的领袖们向去世的对手告别时习惯采取的方式（索尔兹伯里勋爵在演说中称赞他毕生的竞争对手格莱斯顿是"伟大的基督教徒政治家"，这只是一个例子）对比，我们就会发现两国的政治文化之间存在显著的差异。

不过与其他事情相比，新党派有一点最令俾斯麦恼怒：他料想它是王太子的党派（*die Kronprinzenpartei*）。有传闻说，王太子给福肯贝克发了一封电报，表示欢迎激进派自由主义者的联合，并祝贺新党派的建立。俾斯麦害怕王太子继承帝位以后会从这个党派的领袖中选择内阁成员，把他排挤掉，他给这个假想的内阁创造了一个短语"德国格莱斯顿政府"，这个名称体现了他的憎恶和嘲弄。王太子继承帝位的日子不会太远，因为老威廉这年已经87岁了。现在宰相的首要目标是摧毁德意志自由思想党并在"格莱斯顿政府"诞生之前消灭它。他需要制定一个政治计划，以便巩固自己的威信，抵制反对党并使他的对手不受欢迎。1881年俾斯麦草拟了一份社会改革的计划纲要，为疾病和意外事故提供社会保障，后来年老体弱的人也列为保障对象。通过为工人提供疾病保险的法律，这个计划实现了一部分。但是该计划不如俾斯麦预期的那么受欢迎，他通过这种手段引诱选民离开社会民主党的希望也落空了。

当时殖民政策对一部分中上层阶级——尤其是汉堡和不来梅这样的海边城镇的选民，有相当大的吸引力，很多人认为它是受尊崇的民族政策。另一方面，俾斯麦知道它会遭到自由思想党的有力反对。该党的一位领袖路德维希·班贝格尔就由于积极反对殖民政策而闻名。他说殖民不会给帝国带来实际利益，因为值得占据的领土已经全部被其他国家占领了。另一方面，殖民可能导致德国容易与其他国家发生冲突。因此俾斯麦预测，他有可能利用殖民运动在即将到来的选举中损害自由思想党，指控他们缺乏民族感情。此外，他或许还希望使该党与王太子发生冲突，因为他料想王太子赞同德国开拓海外殖民地的想法。

不过俾斯麦似乎还有另一个动机，当时他的长子赫伯特（Herbert）是他的私人合作者，他说的一句非常稀奇的话暗示了这个动机。1890年3月冯·施魏尼茨将军与赫伯特·俾斯麦交谈过一次，他询问如何解释俾斯麦对殖民政策的热情，因为它与宰相以前说过或做过的一切都形成了鲜明的对比。赫伯特回答道：“我们采取殖民政策时，必须预想到王太子的长期统治。在他统治期间，**英国的影响将占优势地位**。为了防止这种情况，我们只得启动殖民政策，因为它受大众欢迎，我们还可以方便地利用它**在任何既定时刻与英国发生冲突**。”虽然很难相信一位伟大政治家竟有这种动机，我们不能怀疑赫伯特从父亲口中听说过此类观点。

俾斯麦实行殖民政策时，在英国掌权的是格莱斯顿，他被德国自由主义者视为当代最重要的自由主义政治家。鉴于俾斯麦对格莱斯顿的个人敌意,我们可以猜测,假如他能成功地击败后者,想必会感到特别高兴。但是要利用殖民问题击败格莱斯顿并不容易,因为他完全愿意默许德国进行殖民扩张,他完全无意声称英国在殖民方面享有特权地位,并且认为将德国排除在其他大洲之外也不会让英国得到实际利益。不过直到较晚的阶段,格莱斯顿才对俾斯麦的要求和抗议有了个人认识;通常情况下,处理那些事务的是各部大臣。当然,德国的照会是寄给外务部的。外务部长是格兰维尔(Granville)勋爵,他做决定时必须咨询殖民部长德比勋爵的意见,而殖民部长必须咨询相关殖民地的内阁,举例来说,如果俾斯麦的要求涉及非洲事务,就要询问开普殖民地。如果相关官员不竭尽全力加速处理问题,如此复杂的组织就很可能导致拖延。可是格兰维尔和德比的反应都不快,结果俾斯麦提交的一个重要问题耽搁了半年仍未得到答复。

我们可以理解,这种延误使他勃然大怒,我们也毫不意外地发现,他迅速利用英国政府的一切错误达到自己的目的。不过他指责格兰维尔对德国怀有敌意,这无疑是错误的。格兰维尔绝非德国的反对者,俾斯麦本人也了解他的友善感情,因为他的儿子赫伯特曾经在伦敦的德国大使馆当过秘书,格兰维尔以最亲切的态度接待了他。

俾斯麦与英国政府之间产生误解的主要原因是英国一直蒙在鼓里,完全不知道德国宰相热衷于殖民政策。他们只知道俾斯麦反对德国的殖民扩张,英国大使奥多·拉塞尔——现在是安特希尔(Ampthill)勋爵——在柏林继续发送这样意思的报告。拉塞尔于 1884 年 8 月去世，但是他失误的主要原因不是健康状况不佳，而是**俾斯麦故意向他隐瞒了殖民政策的转变**。在那段时间里，格兰维尔本来可以改变态度顺应俾斯麦的愿望，然而无论是柏林的英国大使还是伦敦的德国大使都对此只字未提，明斯特尔伯爵本来可以提示他注意这些抱负，但是俾斯麦同样对明斯特尔隐瞒了自己的意图。德国外务部长哈茨费尔德（Hatzfeld）曾经建议用完全机密的方式把宰相的计划通知明斯特尔，俾斯麦却在 1884 年 5 月 21 日下令禁止那样做。

我们在这里不可能完整地回顾俾斯麦的殖民政策，也不能具体记述他非常精明而复杂的操控手段的细节，或许举一个造成了深远影响的典型例子就足够了。

1907 年 1 月 1 日，艾尔·克劳（Eyre Crowe）爵士替外务部长爱德华·格雷（Edward Grey）爵士起草当时被格雷称为"最有价值"的文献，那就是著名的关于德国对外政策的备忘录。艾尔·克劳是外务部的常务副部长，他的看法有重大的实际意义。他在备忘录的页边写了一条注释，为自己对德国殖民政策的批评辩解，他提及了"著名的幽灵"文件，俾斯麦曾经假装交给英国政府一份文件，而实际上它从未寄出过。他补充道："对于这些事情，很难找出比'欺骗'更合适的词来形容。"这所谓的"幽灵文件"是俾斯麦于 1884 年 5 月 5 日寄给明斯特尔的函件。艾尔爵士记述的细节不够准确，不过他的评论显示了这个事件给英国外务部留下了什么样的印象。

事实是这样的：1885 年 1 月，俾斯麦与接替奥多·拉塞尔担任大使的爱德华·马利特（Edward Malet）谈过一次话，讨论俾斯麦在埃及争端的问题上改变立场的原因。俾斯麦指责英国政府在殖民问题上表现出恶意的敌对。作为论据,他提及了1884年5月5日的函件,他在其中指示明斯特尔通知英国政府,倘若英国不满足他在殖民方面的要求,德国将被迫寻求法国的协助。马利特立即向格兰维尔报告了这件事,外务部下令搜索本部的记录,找出引起问题的急件。结果什么都没找到,英国召唤明斯特尔寻求解释。格兰维尔向格莱斯顿报告说:"我跟明斯特尔谈过了。他惊恐得魂不附体,回去查阅他的档案文件。**他发现了那著名的急件,而且还有一封电报,命令他不要遵照急件的指示行动。**他乞求我对此事保密。"

后来这封急件和电报公开发表,说明明斯特尔对格兰维尔说的是实话。急件内容的要点是俾斯麦提议英国政府用最清楚的、尽可能好的方式向德国表示友好,也就是放弃黑尔戈兰(Heligoland)岛。明斯特尔看到这个建议很高兴,写信给宰相说,它比那些"完全不切实际和不成熟的殖民政策"好得多。俾斯麦在回信中无视了他对德国殖民政策的含蓄批评,一句都没有反驳。于是他又一次没有告诉自己的大使他已经决心推行殖民政策。

当时明斯特尔带着绝对的自信谈起黑尔戈兰,请格兰维尔暂时不要向同僚透露这件事。他承诺在几天后重新讨论这个问题。然而他没有做到。为什么?因为他突然收到首相的电报,指示他永远不要再提及黑尔戈兰。

俾斯麦为什么忽然撤销自己的命令?他在电报中所说的理由无疑是不真实且不充分的。以我所见,下述事实可以解释其中的原因。就在俾斯麦给明斯特尔发电报的那一天即5月25日,他收到了德国外务部长哈茨费尔德伯爵的关于与王太子的谈话的报告。王太子问哈茨费尔德,据说德国鼓励法国要求英国撤离埃及,这种传闻有没有事实根据?哈茨费尔德在回答时概述了5月5日的函件中列举的论点,但是没有提及黑尔戈兰。王太子又问该函件是否**只**涉及殖民问题,外务部长仍然对黑尔戈兰这一主题保持沉默。不过哈茨费尔德在报告里询问宰相,是否应当告知王太子黑尔戈兰的事。俾斯麦的回答是"不",然后他发电报给明斯特尔,命令他放弃与英国政府谈判这个问题。

通过整理这些事实,加上前文提及的赫伯特·俾斯麦对施魏尼茨所说的解释,我得出的结论是俾斯麦终止这些谈判不是因为有失败的风险,而是因为有成功的风险。他对黑尔戈兰没有强烈的欲望,但是他不希望德国与英国的关系变得太好,因为他害怕这样一来,腓特烈·威廉继承帝位的时候英国对德国政策的影响就会增强。

另一方面,俾斯麦命令明斯特尔停止谈判黑尔戈兰事宜的数天以后,他又指示大使告诉格兰维尔,德国不认可开普殖民地吞并西南非洲海岸。这一声明令格兰维尔惊慌失措,这种反应清楚地表明他远远没有想到开普殖民地哪里违逆了宰相的意思,或者换而言之,说明宰相成功地隐藏了自己的意图,只要英国人知道他的真实意图,他们本来是能够也愿意遵从宰相的意志的。

无论如何,毫无疑问的是俾斯麦的指令阻止了明斯特尔向格兰维尔透露1884年5月5日的函件的内容,直至1885年1月宰相与马利特面谈时提起此事之前,格兰维尔对此一无所知。我们或许可以假设,俾斯麦在这次面谈时忘记自己在半年前已经撤销了这封函件的递交。纵然如此,他也没有做任何事矫正这个错误,即便格兰维尔已经在议会正式声明他从未收到过这封函件。甚至到了那时,俾斯麦还是没有说任何澄清误解的话。不过格兰维尔以蓝皮书的形式公开发表了马利特的报告以及他的非常引人注目的回答,令俾斯麦勃然大怒。他在自己的报纸《北德意志综合报》上刊登一系列文章,尖锐地批评和刻薄地讽刺这份蓝皮书,冒失地抨击英国外务部,造成信任的裂痕,却只字未提1884年5月的函件从未递交的事实。实际上完全相反:按照报纸的描述,函件的递交仿佛是不容置疑的事实。

在这些挑起争端的文章发表的同时,俾斯麦在帝国议会公开抨击格兰维尔,使这场论争达到了高潮。他的演讲或许是和平时期一个国家的首相对另一个国家的外务部长进行过的最激烈的抨击。格兰维尔在上议院提及俾斯麦建议英国政府"拿下埃及",当时他发表了不谨慎的评论,那无疑给了这场攻击一个机会。俾斯麦断言他从未提过那种建议,那无疑不是真话。不过格兰维尔事先没有征求俾斯麦的许可就将这一提议公布于众,也是错误的做法。

俾斯麦的演讲引起了巨大的轰动。很多人以为这是与英国决裂的前奏。可是俾斯麦的实际行动呢?第二天他派他的儿子赫伯特前往伦敦,向英国大臣们提出和解方案。双方达成和解协议的速度非常快,不是因为赫伯特的谈判技巧高明,而是因为格莱斯顿决定无论如何都要达成协议。他亲自与赫伯特详细讨论,明确表示为了满足德国的正当要求他愿意做任何事,但是假如德国以敲诈的形式提出要求,英国就很难满足他们了。赫伯特无疑清楚地听见了"敲诈"这个词，可是他在非常傲慢的谈判报告里没有提及此事。他反而在给父亲的报告中无礼地写道："与格莱斯顿先生讨论一个大国的对外政策的精髓是没用的，因为他完全不能理解。"俾斯麦喜欢听别人用这种语气谈论格莱斯顿，虽然他的同胞们称其为"显赫的老人"，他本人却习惯用"格莱斯顿教授"这个称呼，"教授"这个词表达了他最彻底的轻蔑。俾斯麦巧妙地处理他与格兰维尔的论战，最终给英国政府留下了最恶劣的印象。他转向殖民事务时格莱斯顿正于1886年第三次组建内阁，与此有很大关联。

德国通过这种方式获取殖民地，特别是这些交换导致了德国与英国之间的厌恶感，这些代价是否值得尚存疑问。在这非常混乱的一年结束时，一个德国出生的英国人写了一封信，如今读来令人感到悲哀。这封信的作者是在牛津大学任教的梵文教授、伟大的东方文化专家马克斯·米勒（Max Müller）。"牛津的马克斯·米勒"在德国十分有名。他既爱他定居的国家，也爱他出生的国家，最希望看到两国友好相处。他的朋友施洛策（Schlözer）是在罗马教廷任职的德国公使，有相当程度的文化修养。米勒写信给施洛策，保证说英国人并不厌恶德国，某些德国报纸的毁谤言论没有造成影响。但是他告诫德国人不要低估英国尚未发展的力量。"一旦被逼至绝境，每个英国人都会在第二天变成战士。""只有德国和英国未来站到一起，我们如今身处的这种可怕而野蛮的境况才会终结。我们像史前的掠食野兽那样生活。如果每个国家都要拥有比邻国更多的枪，否则就不会感到安全，欧洲会变成什么样？30年来，欧洲几乎一直处于战争状态。"

马克斯·米勒请他的朋友向"老上司"即宰相转告这些意见。至于施洛策是否照做了,极其值得怀疑。公使完全明白,俾斯麦的回应只会是"人道主义的废话!"

我们必须提及殖民时期的一段插曲,因为它特别反映了俾斯麦的方法。1885年秋天,为了南太平洋的卡罗琳群岛(Caroline Islands),德意志与西班牙发生了冲突。西班牙认为群岛是自己的属地,可是一名德国船长在群岛升起了德国旗帜。经过一番讨价还价,两国同意找人仲裁这场争端。猜猜看俾斯麦提议的仲裁者是谁?教皇列奥十三世!这是一种精心算计的恭维,教皇非常感激,可是德国的反教权主义者全都伤心失望,他们在君主与教士的权力斗争中曾经热情地追随俾斯麦,宰相却转向了教皇。

教皇的决定有利于西班牙,不过他给俾斯麦寄了一封信,其中充满最精妙的奉承话,并授予荣誉,以前新教徒从未获得过这样的荣誉。不过俾斯麦知道如何用更多的恭维回应。在回信中,他使用了留给在位的君主的称号,称教皇为"陛下",并告诉教皇他认为圣父是现世的最高统治者,纵然他已经失去了世俗的权力。

12. 1887年的七年期斗争

1886年9月,俾斯麦向帝国议会提交了新的军队议案。它提议从1887年4月开始补充新的军队力量并持续七年,即到1894年3月为止。这意味着新的七年期。上一次的议案于1880年通过,有效期至1888年3月,包含这段时期。因此新的七年期将在旧议案期满的一年前开始生效。

俾斯麦为什么如此匆忙？官方给出的理由是外国军队的扩张，特别是指法兰西和俄国。

自从茹费理倒台以后，德国与法国的关系再次恶化。毫无疑问，法兰西共和国的总统朱尔·格雷维(Jules Grévy)爱好和平，总理弗雷西内(Freycinet)及其继任者戈布莱(Goblet)以及外务部长弗卢朗(Flourens)同样如此。连俾斯麦也不怀疑。可是他断言，弗雷西内和戈布莱的内阁中的战争部长布朗热(Boulanger)正在准备战争。

布朗热的名字与法国的复仇运动联系在一起。80年代晚期法国确实有一场积极的"复仇运动"，其领导者是保罗·德鲁莱德(Paul Déroulède)和他的爱国者联盟(*Ligue des Patriotes*)，有一段时间布朗热是这场运动的偶像。

可是1886年3月俾斯麦还没有采取行动证明德国的担忧的合理性，就促使德意志帝国议会注意布朗热，这一点值得注意。他把布朗热与社会主义联系在一起，说他的社会主义思想会挂在敌人军队的旗帜上，令人回忆起法兰西革命战争。关于这些罪名，俾斯麦的唯一证据是驻巴黎的德国武官的一些报告，其中称布朗热是**复仇**的战争部长。可是俾斯麦的诠释和施加的压力让这个武官和德国大使明斯特尔伯爵（其时他从伦敦转职到了巴黎）都感到惊讶不已。瓦尔德泽(Waldersee)将军是军需总长，也就是总参谋长毛奇将军的副手，他说俾斯麦关于战争危险的言论是一场喜剧。凡是真正了解法国形势的人，都不会相信法国进攻德国的可能性。

然而俾斯麦习惯强调，倘若德意志与俄国的敌对状态导致战争,法兰西也会受到引诱加入战斗。这时俄国的统治者是亚历山大三世。1881年他的父亲亚历山大二世遭到虚无主义者刺杀之后,他继承了帝位。他无疑与父亲不同,俄国与德国及其皇帝之间的友情并未感动他。在他成长的环境中,泛斯拉夫思想在俄国上层阶级中间盛行,并得到一些有影响力的报纸的宣传。尽管如此,在当政的最初几年,他仍与德意志和奥匈帝国的皇帝缔结了新的同盟,并于1884年延长盟约期限。至少在名义上,当时他不仅是德意志帝国而且是哈布斯堡君主国的盟友。

虽然存在这种同盟,巴尔干半岛的事件还是让两个东方帝国的关系非常紧张。1885年,巴腾贝格(Battenberg)的亚历山大亲王统一了保加利亚,由于他与塞尔维亚人的战争,以前的对抗复苏了。亚历山大二世喜欢巴腾贝格,可是他的表亲亚历山大三世却憎恨他,这使情况更加恶化。新沙皇认为巴腾贝格是叛徒,因为他试图为保加利亚的利益而不是俄国的利益统治保加利亚。德国有很多人同情巴腾贝格,可是宰相不然,他用远非友好的措辞批评他。俾斯麦听说亲王想娶王太子的女儿维多利亚公主,而且太子妃完全赞同这件婚事,感到非常恼怒。由于他的煽动,老皇帝否决了联姻的事,太子妃只得让步。

然而保加利亚还会发生令宰相更不愉快的意外事件。1886年8月20日至21日夜,一群保加利亚军官绑架了巴腾贝格,把他带出了国。他可以回国并受到人民的热情迎接。可是他收到了沙皇措辞非常严厉的一封电报,谴责他不该回去,于是亲王退位并离开了保加利亚,再也没有返回。

推翻巴腾贝格的事件在欧洲引起了轩然大波。每个人都相信劫持他的军官是俄国的道具,1886年11月英国首相索尔兹伯里勋爵在市政厅发表演讲,严厉地称他们为"被外国金钱收买的堕落家伙"。德国的舆论也对俄国的方法表现出震惊和愤怒,尤其是因为巴腾贝格由于战胜塞尔维亚人而被称作"德意志的英雄"。然而德国有一个人不仅冷静而且怀有敌意,那就是俾斯麦。他命令自己的报刊做反面宣传,以致一家激进派报社被惹怒了,愤慨地指责他们"巴结俄国"。俾斯麦试图转移注意力,认为这种愤慨只不过是党派对抗的表现。然而事实上,决不激进或者对政府没有敌意的集团——例如许多军官——也对政府及其新闻机构的态度感到十分愤慨,德国派著名的将军冯·德·葛尔茨前往君士坦丁堡训练土耳其军队,他说土耳其人都感到困惑,不知道德国政府为什么如此热切地对俄国唯命是从。

在老皇帝退位几个星期之后,俾斯麦呈递过一份关于巴腾贝格的报告,为他讨厌亲王的原因提供了意味深长的线索。他用最暗的颜色抹黑亲王,将其描述成敌视帝国、皇帝以及觊觎他自己的职位即宰相的德国反对党的候选人。他写道:"作为帝国宰相,亲王将获得目前的帝国议会的多数支持。"意思是指由自由思想党、中央党和社会民主党构成的多数议员,他们联合起来反对俾斯麦。

俾斯麦最憎恨的是德意志自由思想党,因为他认为该党是未来皇帝的追随者。腓特烈·威廉继承帝位的日子正以不可阻挡之势渐渐临近。1885年威廉一世已经年近90,他的病情相当严重。同年5月,俾斯麦与法国大使库塞尔男爵谈起了这个问题。宰相情绪极度激动,下颌剧烈颤抖,面颊通红,双眼满含泪水,库塞尔写道:"我看见他下颌抽搐颤抖,脸颊泛红,眼睛里充满了泪水。"

这次威廉一世恢复了健康,尽管如此,宰相始终念念不忘即将来临的新老皇帝交替。他自己的命运将发生什么样的转折?他常常嘲笑和恐惧的"格莱斯顿政府"将化为现实,这个政府将由自由思想党的能干的领袖组成,太子妃最喜欢的巴腾贝格亲王将成为挂名的政府首脑。这个内阁将得到新皇帝的热情支持,以及帝国议会的多数议员的主动协助。

没人会以为俾斯麦这样的人会坐以待毙,等着这个"格莱斯顿政府"出现。他建立的德国政治制度赋予了他需要的权力,只要他能够依靠君主或者议会的协助。改变帝位的继承权不在他的考虑范围之内,这位雕刻大师可以用凿子敲击的点是帝国议会的多数票。假如俾斯麦能够成功地使帝国议会的构成有利于自己,新皇帝就会没有实权,宰相的政权就永久确立了。

为了实现这一目标,俾斯麦必须解散帝国议会,用最有利于政府的口号主导新选举。他知道军队问题可能激起选民的爱国热情,尤其在人民相信战争即将发生的情况下。

这种情况解释了俾斯麦不能等1880年的议案七年期满的理由,因为在此期间年迈的皇帝随时可能去世。他迫不及待。

新议案提出扩大军队规模,可是它未能给俾斯麦提供解散帝国议会的借口。温特霍斯特怀疑俾斯麦的意图,劝说大多数议员按照政府的要求投票赞成全副武装力量,如同流行口号所说的"每个人和每一分钱"(*Jeden Mann und jeden Groschen*)。然而真正引起斗争的问题是如何给新固定的征召入伍(*Friedenspräsenz-*

Stärke)的总人数规定合适的有效期。政府希望有效期为七年,但是不得不承认以前这一期限从未得到过充分利用。俾斯麦的真实理由是他知道在任何条件下自由思想党都不可能同意七年的期限。进步党和以前的民族自由党分离派已经于1884年合并,双方达成了妥协,同意决不赞成有效期比一届议会任期更长的军队议案,也就是不超过三年。这就是俾斯麦坚持要求七年的原因。

他使用了在他不想达成协议时通常运用的策略。帝国议会开会的10天前,俾斯麦退居腓特烈斯鲁厄,在议案交付审议的正式初读、议会辩论和非常重要的委员会阶段一直留在那里。他从腓特烈斯鲁厄写简练的信给战争部长表达愤怒,以便破坏任何和解机会。他的计划是迫使反对党领袖们采取强硬路线反对七年期,那样往后他们就不能放弃反对了。

俾斯麦的巧妙操纵的最有趣的特征是他与梵蒂冈谈判,争取教皇命令中央党投票赞成七年期限。普鲁士驻罗马教廷的公使报告说,只要政府发表声明承诺修订教会法律,教皇就愿意发出这样的命令,可是俾斯麦用一封非常鲁莽的电报谢绝了这一提议,说中央党驳回议案的话政府反而更方便操作。此外他甚至冒失地说:"我们无论如何都会扩充军队规模,即使没有中央党;**如果事属必然,没有帝国议会也无所谓**。"与此同时,为了使教皇教廷按照他的意愿行动,他用威尔芬基金在罗马进行贿赂。

帝国议会的委员会驳回了七年期的方案之后,俾斯麦才返回柏林。这时他确信自己的议案没有通过的危险了。在议案二读期间,他发表了一些最有力和最有趣的演讲。

提及国际局势,他坚决否认有任何预防性战争的意图,并说出了著名的论点:"我无法看到上帝手里的牌。"俾斯麦不否认法国政府和大多数法国人都是倾向于和平的。但是他声称在法国少数积极分子掌握着决定权,他提及了布朗热将军,断言此人假如成为法国政府的首脑就可能进攻德国。他说:"我们不得不担心法国的进攻会引起战争;至于战争将在10天还是10年内发生,我不能预言。"他用最恐怖的措辞形容这场战争具有的性质。它将进行到"血全部流干"(bis zum Weissbluten),也就是说,直到至少其中一个国家流尽最后一滴血才会结束。俾斯麦在发表这次演讲之前,接到了驻巴黎的德国大使明斯特尔伯爵呈递给皇帝的一份报告,报告说没有任何迹象表明法国即将进攻德国。他强迫明斯特尔撤回这份报告,理由是倘若皇帝接受了大使的观点,政府就不能在帝国议会坚持要求通过军队议案。这说明俾斯麦尽量利用对外政策为国内政策服务。正如自由思想党所指出的,无论他在演讲中主张的法国进攻德国的危险是否真实,都不影响军队法律的有效期应该是七年或三年的问题。温特霍斯特的问题正中要害:"宰相为什么要用这些冗长的推理证明扩充军队的必要性?绝大多数议员都愿意赞成'每个人和每一分钱'。"这一点俾斯麦也足够清楚。但是他的演讲着眼于下一次选举。其实它只是一种表演。

帝国议会的投票结果是军队议案的有效期为三年。议长一宣布结果,俾斯麦就从座位上站了起来,从公文包里取出解散帝国议会的敕令并当场宣读。他一秒钟都没有浪费,不让温特霍斯特有时间向政府提出新的让步,寻找妥协方案。

俾斯麦在选举运动中投入了他全部的非凡技巧和精力,并且不择手段。他用在帝国议会的演讲中暗示过的方式主导选举,用法国发动侵略战争的恐惧诱惑选民。他用一切可能的操控手段制造一种紧张气氛,仿佛法国即将开始进攻,布朗热正在准备战争,唯有一种办法可以阻止——接受七年期的方案。《邮报》曾经于 1875 年用题为《战争近在眼前吗?》的文章震惊世界,这时又发表了一篇题为《在剃刀边缘》(*Auf des Messers Schneide*)的文章,声称布朗热正在支配法国,他不会回归和平途径。英国报纸派驻柏林的许多通讯员都受到俾斯麦的影响,帮助宰相将舆论导向了他希望的方向。为了确保投票的胜利,俾斯麦诱导三个政府党派———保守党、自由保守党和民族自由党——组成了所谓的卡特尔同盟,为了在第一轮投票表决时掌握政府的全部票数,这三个党派总共只能在每个选区推出**一名**候选人。根据德国的选举法,只有得票数居于前两位的候选人才有资格参加第二轮投票表决(*Stichwahl*)。通过卡特尔的手段,政府的候选人有最好的机会进入第二轮投票。此外俾斯麦还成功地诱使退休的本尼希森再度出山支持帝国议会。当时担任法兰克福市长的米克尔也得到了帝国议会的提名。

选举的结果是俾斯麦赢得了全面胜利,自由思想党遭到惨败。虽然他们失去的票数不太多,却失去了一半席位。另一方面,中央党保住了它的 100 个席位,虽然俾斯麦成功地从教皇的枢机团秘书那里取得了一封信件,表明教皇不同意中央党反对七年期议案。温特霍斯特避免了这封信可能造成的负面后果,再次带领他的船安全进港,这是他最大最巧妙的成就之一。尽管如此，他对未来的看法非常悲观。这场选举结束之后，他对一个朋友说："看到德国人这样任凭最好的盟友遭到诽谤，我开始对这个民族的未来感到绝望。"

民族自由党获得了自从左翼分离以来他们从未期望过的胜利。然而他们的胜利绝非自由主义的复兴。恰恰相反！班贝格尔这样描述其特征："民族自由主义的精神是**自负的顺从**，它反映中间阶层的感情。"他悲哀地补充道："德国的议会制度只不过是一段插曲。"事实上自1866年以来，民族自由主义走了多么远的下坡路！班贝格尔身上保留了1848年的某些精神，当他看到如今在俾斯麦统治的大德意志帝国下自由主义的火焰如此微弱，他的理想只能破灭。在这些年里，他曾经有几次遇见革命时代的老朋友卡尔·舒尔茨（Karl Schurz），他们在革命失败以后都被迫流亡。1866年班贝格尔返回祖国帮助建设新帝国，而舒尔茨留在美国，成了一位领袖公民。班贝格尔比较了他们两人的命运，如此写道："假如我们没有不幸地陷入在**狗窝里生活**的境地，我们本来也能成为那样水平的人！"

不过班贝格尔足够精明，看出俾斯麦的真正目标是解散帝国议会并摧毁其多数派。他写道："现在王太子将被迫按照俾斯麦的意图去做。"这样缠绕在俾斯麦心头的关于王太子的党派和"格莱斯顿政府"的恐惧就消失了。哪怕威廉第二天就去世，新皇帝也不得不依赖俾斯麦。

然而随后发生的是世界历史上最具讽刺意味的事件之一：俾斯麦发动选举斗争并赢得了防备未来皇帝的胜利，可是仅仅几个月过后，这位未来的皇帝突然患上了危险的重病，以致他几乎没有希望坐上王位。这给俾斯麦赢得的最后一场重大胜利投下了悲剧的阴影。

13. 与俄国的再保险条约，1887 年

俾斯麦利用战争恐慌赢得 1887 年的选举，却在法国造成了严重影响，每个法国人都害怕德国会发动进攻。甚至在选举斗争结束后，这种印象也没有消散，这十分自然。几星期以后发生的一段插曲清晰地反映了在法国盛行的情绪，如果是在正常情况下，它只会被视为琐碎小事。1887 年 4 月，德国警察逮捕了法国边境警察局的一个名叫施纳贝勒(Schnaebele)的行政官员，指控他是法方抑或德方的间谍。奇怪的是，一个德国行政官员借口要例行公事解决一些小问题，引诱施纳贝勒越过边境，才使他遭到逮捕。法国人认为这一事件是俾斯麦设置的陷阱，他希望伤害法国人的民族感情并挑起战争。然而这种怀疑没有事实根据。俾斯麦很快意识到德国的立场站不住脚，下令释放施纳贝勒。一时之间似乎会危及欧洲和平的激动情绪渐渐平息了。可是这段插曲仍然鲜明地反映了两国之间存在的情绪。纵然在法国战争部撤去了布朗热的职位以后，和平的气氛也无法恢复。

俾斯麦格外热衷于在外交和政治方面孤立法国。通过与奥地利、意大利和不列颠进行一系列谈判，他精心算计并打造了一系列条约，以确保德国的地位。对于一个 72 岁的人而言，他在 1887 年的活跃实在非同寻常。我们只能对他的精力和多种技能感到惊奇。

1887年6月18日俾斯麦与俄国签订的秘密协定是这一系列条约中最有趣的一环,它以"再保险条约"而闻名。这项协定的保密工作做得非常好,以致德国——事实上是整个欧洲——在非常特异的环境中才第一次从俾斯麦本人那里听说了这个协定。1896年秋天沙皇造访巴黎,这次造访被视为对法俄同盟的郑重确认,在法国唤起了巨大的热情。当时俾斯麦是遭到撤职的宰相,对他的继任者和新皇帝威廉二世满怀愤恨,他通过他特别喜欢的一份报纸的媒介,指控继任者和皇帝应该对法俄结盟负责,因为他们未能延长他与俄国签订的秘密条约的期限,否则本来可以阻止法兰西与俄国以任何形式**恢复友好关系**。由于他用几乎令人难以置信的方式披露头等重要的国家机密,直至今天人们还留有一种印象:再保险条约提供了防止只要俾斯麦继续掌权就永远不会发生的事态的手段。

事实究竟如何呢?

1887年三帝同盟的协定仍旧存在,不仅奥地利政府而且俄国的外务大臣盖尔斯都希望在协议期满即1887年6月之前续签。但是沙皇表示反对,俾斯麦也没有采取任何行动打消他的反对。

前任俄国驻伦敦大使彼得·肖瓦洛夫伯爵是柏林代表大会上俾斯麦最喜欢的俄国代表,1887年1月他前往德国首都,提出德意志与俄国单独签订条约,也就是说撇下第三个盟国奥地利。俾斯麦非常赞同这个提议,当俄国政府犹豫不决不愿正式采纳肖瓦洛夫的提议时还非常生气。不过彼得·肖瓦洛夫和他的弟弟俄国驻柏林大使保罗·肖瓦洛夫施加的影响,使沙皇更强硬地反对续签三帝同盟的协议。两兄弟说服沙皇决定与德国单独签订条约。1887年5月,保罗·肖瓦洛夫带着条约草案返回了柏林。

在第一次与彼得·肖瓦洛夫交谈时,俾斯麦做了一件轻率的事,它本身就破坏了盟国奥地利的信任。**他当着惊讶的俄国人的面宣读了他与奥匈帝国的秘密同盟条约的原文。**他希望表明为了与俄国达成共识他可以做到什么地步,并清楚地表明他永远不会在侵略奥地利的战争中协助俄国。其他一切事情他都愿意让步。显然他希望的交换条件是俄国在德国与法国发生战争的情况下保持善意的中立。可是肖瓦洛夫在第二次面谈时告诉他,假如德国进攻法国,俄国不会觉得有义务保持中立,致使俾斯麦非常失望。这一点是沙皇本人的指示。结果在新条约的条款中,双方都承诺在对方与第三国发生战争的情况下保持中立。不过这个许诺还附带双重的限制性条款:倘若俄国进攻奥地利或者德意志进攻法兰西,该条款就不通用。作为这个最重要的条款的补充,德国承认俄国在保加利亚的占支配地位的利益,并承诺如果沙皇希望保卫黑海的入海口,德国不仅保持善意的中立,而且给予道德和外交方面的支持,并采取措施守住"通向他的帝国的钥匙"(*pour garder la clef de son Empire*)。当然,这通向俄罗斯帝国的钥匙是指从黑海通向地中海的海峡,即达达尼尔海峡和博斯普鲁斯海峡。

这就是1887年6月18日在柏林签署的条约,正是在同一天,三帝同盟的条约期满了。

于是出现了两个问题:(1)再保险条约可以与其他既存的德国条约相容并存吗?(2)签订它的目的实际上实现了吗?它能

否保证德国预防与俄国的战争,或在发生新的法德战争的情况下防止俄国帮助法国?

第一个问题涉及国家法律和政治道德,第二个问题涉及政治有效性。在考虑第一个问题时,我们必须特别注意德奥同盟条约。当时它不仅继续存在,而且官方认可它是德国对外政策的永久性基础。按照它的条款,德国承诺在俄国进攻奥地利的情况下帮助哈布斯堡君主国。按照新的条约,德国承诺在哈布斯堡君主国进攻俄国时保持中立。替新条约辩解的人坚持主张两个条约彼此是可以相容并存的。然而区别仅仅在于一个问题:谁是侵略者?这确实是政治领域中最复杂、最有争议的问题。我们全都有这样的经验,每场战争期间及以后这个问题总是被反复讨论到令人厌烦。在七年战争、普法战争或者第一次世界大战中谁是真正的侵略者?相关主题的书足够塞满一座图书馆。

回到目前讨论的主题,假设俄国与奥地利之间爆发了战争,两个国家都会要求德国履行条约规定的义务。后来的历史学家可以尽情耗费20年甚或上百年的时间悠闲地进行漫长的调查研究,但是在时间限制的刺激下,必须在24小时内解决谁是侵略者的问题。况且由谁做决定?德意志皇帝!或者假如那时俾斯麦还掌权,就由宰相做决定。这意味着决定"谁是侵略者"的人必须实行他的决定,要么参加战争,要么保持中立。根据奥地利与德意志的同盟条约,德国皇帝确实也必须决定这个问题。他有资格说:"这场战争中奥地利是侵略者,因此现在我要拔剑。"但是签订再保险条约之前和之后的情况有区别:只要德意志只受与奥地利的条约的约束,奥地利皇帝就可以信赖德意志皇帝会本着盟友的精神决定这个问题。俾斯麦一旦签订秘密的再保险条约,这种信赖就**不能**继续了。因为这时德国就要权衡利弊,看看履行哪个条约所获的收益比较多。德国的态度仅仅取决于自己的利益而不是对条约的看法。换言之,再保险条约的签订夺去了奥地利与德意志结盟所具有的任何真实价值。

再保险条约是保密的,但是假如它有机会在奥地利公开,情况又会如何?奥地利的政府和人民会感觉遭到了盟友的背叛,任何人都不会责怪他们。如果缔结同盟的两个国家中的一个背着它的盟国与它们的盟约所针对的国家签订协议,有替它辩护的理由吗?在个人生活中没人会给出肯定的回答。不,以我之见,在公众生活中也不存在其他可接受的答案。

所有这些推测绝非是理论上的。公开发表的文件证明,在新条约签订数月之后,实际问题就导致了非常微妙的情况。

此外还有一些与德国条约规定的义务互相冲突的问题,例如认可俄国在保加利亚的占支配地位的利益,还在更大程度上承认俄国控制海峡的权利。对此可能已经说得足够多,根据国家法律和政治道德的判断,不能替再保险条约辩解。

现在转到第二个问题,新条约的效果如何?

实力政策即纯粹的强权政治的支持者或许会说,条约至少暂时有效地防止了法俄结盟,这一事实比法律和道德方面的反对理由更重要。他们也许会说,俾斯麦的继任者太愚蠢,竟然宣布放弃再保险条约,才使法国和俄国签订盟约。事实上,1890年卡普里维终结了该条约,1891年8月俄国与法国开始友好协商(*entente cordiale*),使其生效的军事协议是在1892年8月签订的。但是这并非故事的全部。

在这里我只简短地陈述论点:正由于德意志不顾与奥地利的同盟而与沙皇签订了再保险条约,沙皇同样能够不顾与德意志的再保险条约而与法兰西缔结防御性同盟。沙皇明确地保留了在德国进攻法国的情况下的行动自由。不过这不是实质问题。关键问题在于再保险条约的结果是否让德国和法国**恢复了友好关系**,姑且不论人民,它是否至少让两国政府的感情真正变得友好起来?答案无疑是"不"。

再保险条约签订之后仅仅过了几天,德国报刊就非常尖锐地抨击柏林证券交易所买进的俄国国家债券的价值。俄国国家财政和整体的经济形势非常严峻,急需外国贷款。柏林证券交易所是这些贷款的首要市场。现在德国报刊主张这些债券不安全,因为 1887 年 5 月,也就是再保险条约的谈判期间,沙皇颁布谕旨,禁止任何外国人在俄国保有土地资产。对于在俄国拥有地产的众多德国人来说,这是沉重的打击。沙皇的谕旨是为了报复 1885 年俾斯麦下令驱逐 3 万名俄国的波兰臣民的事。

俾斯麦没有制止报刊对俄国债券的抨击。与此相反,他给予了官方的鼓励。由于这次煽动,1887 年 11 月德意志帝国银行(*Deutsche Reichsbank*)和普鲁士邦国银行正式宣布,今后它们不再准许用俄国债券作为贷款抵押品(*Lombard-Verbot*)。由于德国的所有银行都必须不时从这两家中央银行借钱,它们也被迫拒绝使用俄国债券抵押贷款。后果是俄国债券被赶出了柏林证券交易所,并被德国投资者抛弃。俄国没有外国贷款就无法生存。到哪里去筹措贷款呢?俄国能够进入的具有足够金融力量的市场唯有巴黎，法国的银行家们乐意填补空缺。最早在1888年春天，他们就在圣彼得堡与俄罗斯帝国谈判贷款事宜，到了秋天，贷款就在巴黎股票交易所全部得到认购。随后其他贷款也越来越多。法国公众急切地投资购买俄国债券，短时间内巴黎就取代柏林成了这些债券的主要市场。

这是具有极度重要的政治意义的新事态。金融纽带将两个国家联系到一起。俄国的利益变得与法兰西的繁荣息息相关，连沙皇也不能长期保持对法兰西共和国轻蔑甚或漠不关心的态度，因为法国公民为他的帝国的军队、铁路和经济发展捐助了数百万的金钱。金融给法俄同盟铺平了道路。俾斯麦相信政治关系与商业、金融或者经济关系无关。事实证明这种理论错得多么严重。

新条约是否使沙皇亚历山大三世与德国和俾斯麦的个人关系变得比较友善？答案依旧是"否"。1887年11月沙皇非常不情愿地造访柏林时，这一点就显而易见。俾斯麦从他的乡间别墅出席旁听。他神经紧张，害怕沙皇不接待他。为什么？因为沙皇怀疑他在保加利亚问题上玩两面派手法。俾斯麦出示一些文件，打消了亚历山大的怀疑。在这种程度上，这次会见或许算是成功的。可是他们刚刚签订过应该能巩固两国友谊的条约，几个月之后沙皇就怀疑俾斯麦玩弄伎俩，这难道不奇怪吗？连参与谈判并签订条约的保罗·肖瓦洛夫也在1887年12月对法国大使说："您不必担忧。我们不会容许德国支配我们。错觉的时代已经过去了。我们完全明白保留行动自由的价值。"

1887年12月俾斯麦向帝国议会提交的新军队议案证明了

他对与俄国保持良好关系的信心有多么微弱。该议案规定大量增加在发生战争的情况下投入武装的德国人的人数。它将一种民兵组织(Landsturm)并入了军队。这标志着扩军过程的开始,在战争时军队人数会增加至百万。它或许是通向现在我们所谓的"极权主义"战争这个概念的第一步。

俾斯麦为该议案答辩的演讲明显是针对俄国的。数天前他刚刚公布了德奥同盟条约,向世人表明自己的立场。这时他在演讲中更加直白地表达了自己的意思。"**我们再也不为爱法兰西还是爱俄国打官司。我们不跟着任何人跑。**"圣彼得堡不可能误解这句话。俾斯麦说:"**长期而言**,任何强国都**不能受到与自己的真实利益存在矛盾的条约的支配。**"这时或许沙皇会被迫反省再保险条约。这个议案得到了帝国议会全体一致的同意,不是因为军国主义的反对者全部消失了,而是因为议员们相信有与俄国发生战争的危险。

尽管签订了再保险条约,沙皇仍然怀疑俾斯麦。1888年4月,沙皇的弟弟弗拉基米尔(Vladimir)对赫伯特·俾斯麦说过这样的话:"他(沙皇)总是担心受宰相的欺骗。"相对于亚历山大有限的想象力,德国宰相太聪明、太有技巧了。他知道俾斯麦是如何哄骗奥地利皇帝的,因此他可能格外害怕遭到同样的对待。假如由于俾斯麦的一些诡计,俄国人民知道了再保险条约,那么会发生什么事?因为这就是现状:**沙皇知道人民期望他反德意志。**正如施魏尼茨所言,条约的保密是绝对必要的,这不仅是为了他的声望,而且是为了他的人身安全。

既然签约的一方不得不对盟国保密,另一方不得不对人民保密,他们能期待这种条约给自己带来什么实际利益呢？虽然以保险的名义签订,这种条约永远不能给任何一方带来他们想要的安全。它既虚假又毫无意义,太容易遭到毁弃而没有任何实际重要性。它经不起真实危机的考验,一些历史学家之所以给它好评,唯一的解释只能是危机从未发生过。可是它与真正的实力政策绝对无缘,夸大其价值的少数短篇报道其实只不过是一堆碎纸片而已。

当然,俾斯麦对事实有深刻的洞察力,对自己条约的价值不可能存在任何幻想。在他失势以后的1896年,他的确夸大过该条约的价值。但是那不证明他在1887年有相同的想法,那仅仅表明遭到解职的宰相随意抓起他以为能够打击皇帝的武器鲁莽地进攻。1887年他尝试改善德国与英国的关系,反映了他当时的真正想法。1887年11月,即沙皇造访柏林四天之后、再保险条约签订不到半年之后,宰相给索尔兹伯里勋爵写了一封著名的私人信件,这封信肯定属于他执笔的最有趣的文献之列。俾斯麦在信中概述了他对欧洲局势的看法,将德意志、奥地利和不列颠归类为饱和的国家,认为法兰西和俄国是欧洲和平的永恒威胁。然后他说:"考虑到德国有可能不幸被迫同时与两个强大的邻居交战,我们的政策目标必定是确保自己的盟国向我们开放！"关于这是不是与英国结盟的隐晦提议,我在此不加讨论。假如一个政治家觉得通过自己签订的一系列条约确保了国家边境的安全,他肯定不会说出这样的话。

仅仅14个月过后,即1889年1月,俾斯麦采取了进一步的行动。在此期间德皇威廉一世和腓特烈三世相继去世,威廉二世继承了帝位。再保险条约仍旧存在,但是俾斯麦对它的信心太小，于是设法安排与英国结盟，这次他从他在1879年退缩的地方重新开始。当年他撤回了给德国大使的指令，停止与比肯斯菲尔德谈判，是因为德国与俄国的古老友谊似乎有可能恢复，对他来说那比英德同盟更有吸引力。这10年间俾斯麦一直竭尽全力在没有英国的条件下勉强应付，他用来维持和平的权宜之计变得越来越虚假。现在他复杂的条约系统终于完成，可是焦虑不安仍然折磨着他。当德国将军们谈论与俄国之间不可避免的战争并希望加快它爆发的速度时，俾斯麦的确让他们保持沉默。可是他维护和平的愿望不那么强烈。现在他的目光转向了伦敦，命令德国大使哈茨费尔德向英国首相提议签订英德协议，抵御法国的侵略。然而这次为时已晚，索尔兹伯里不赞成这种同盟。1879年他在比肯斯菲尔德的内阁担任外务部长时，就持怀疑态度。其间他目睹了俾斯麦的政策以及对"盟国"这个词的概念，愈加倾向于反对。他告诉赫伯特·俾斯麦，缔结这种同盟的时机尚未到来。"我们姑且搁置这个计划，不说是也不说不。很遗憾，目前我只能做这些。"实质上这就等于说"不！"而说"是"的时机永远不会到来。

与英国结盟的提议是俾斯麦在外务方面采取的最后一次重要的主动行动。一年以后他的统治结束了。作为德国对外政策的领导者，俾斯麦的长期而成功的职业生涯在最后留下了一次失败的记录。

14. 腓特烈三世的悲剧

1888年，德皇威廉一世的长期统治走到了尽头。3月9日，俾斯麦来到帝国议会的会场,宣布他们的老主人刚刚去世了。这是令人印象极其深刻的一幕。铁血宰相竟然强烈颤抖,他眼里含着泪水。

这是俾斯麦人生中最重要的时刻之一。他知道老皇帝驾崩意味着他失去了主要支持者。今后无论谁坐上帝位,都不会愿意给他同样程度的支持,不管宰相做什么都给他授权。登基的新皇帝腓特烈三世患有危重的疾病,他的统治估计只能持续几个月,或许仅有几个星期。他受到喉癌的折磨,手术之后,他的嗓子已经不能发声了。事实上,他的寿命仅剩下 99 天。

假如命运给腓特烈健康的身体和正常的寿命,谁都不能确定他会如何统治德意志帝国。不过有一点可以肯定:他具有自由主义和人道主义思想,当上国王或皇帝以后也不会遗忘。他本来可以弥补帝国发展过程中的缺陷,随着情况发展,事实证明这种缺陷是决定性的,并且一直延续到今天。1848 年的那整整一代年轻人在自由主义思想的影响下成长起来,他们在全盛时期经历了普鲁士的宪法斗争和民族统一运动,如今他们已成为过去,新的一代人来到了前台,带着得意扬扬的民族荣耀——首先是军人的光荣。新皇帝也出场了,一个不成熟的年轻人,竟然愚蠢到对士兵们夸夸其谈,宣称如果有必要,只要皇帝的一句话,他们就必须朝他们的父母开枪。假如当上皇帝的不是他,而是另一个了解自由的真正价值、有人道思想的人,德意志的历史将会多么截然不同!

在宫廷和军队的有势力的社交圈子里,腓特烈三世不受欢迎。与皇帝本人相比,他们更讨厌他的妻子维多利亚皇后,即英国女王的女儿。他们发出的最刺耳的责难是他任凭妻子影响自己,他们说他的妻子在精力和智慧方面远远比他优秀。那也许有些夸张,不过维多利亚毫无疑问是非常聪明的女性。她的父亲阿尔贝特亲王早已认识到这一点,特别重视她的教育。

皇后的政治观点非常明确坚定,并且与俾斯麦的政见完全相反。她的丈夫去世后,她在给一位朋友的信中写道:"我们为什么——可以这么说——强烈反对?出于爱国主义,我们希望看到祖国的伟大与正义和道德等高尚情操联系在一起,与自由和文明联系在一起,与个人的独立自主联系在一起,每个人作为个人和德国人、作为欧洲人和世界公民都得到改善。改善、进步和高尚是我们的座右铭。和平、宽容和仁慈是人类最珍贵的财产,可是我们不得不看着它们遭到践踏、嘲笑……德国的伟大和统一仅仅是**铁和血**的功劳,而以民族名义做出的一切罪恶行为都被称作爱国主义!"

这样的话明显是在批评俾斯麦的制度和做法,不过也是在批评她的儿子威廉二世。他们母子的关系非常紧张。维多利亚对他的傲慢感到愤怒,而且认为他身上体现的政治观点会给德国带来灾祸。俾斯麦和他的儿子赫伯特对此火上浇油,而且影响程度更大。小威廉装出一副无条件地崇拜宰相的样子,还在一些非常不得体的讲话中透露这种倾向。俾斯麦试图利用他反对他的父母,特别是他的母亲。维多利亚处在这种困难的立场,或许也缺乏必要的老练圆通。她感到自己被孤立了,周围都是敌人和间谍,与每个客观公正和经验丰富的顾问都中断了联系。

当然,新皇帝不得不巩固俾斯麦的地位,并尽可能与他合作。

1888年4月5日,与外务部有密切联系的一家报社突然公布了一则令国民震惊的新闻:由于与皇帝夫妻发生私人争吵,宰相正濒临辞职。读者们获悉,这场争端的焦点是保加利亚的前统治者——巴腾贝格的亚历山大亲王,皇后和她的母亲维多利亚女王希望把皇后的女儿维多利亚公主嫁给他。

事实是这样的:俾斯麦听说皇帝邀请亚历山大亲王前往柏林,有意授予他高级军衔,让他在德国军队中恢复原职。宰相立刻以最强硬的方式表示抗议,断言若满足皇后的愿望,就会危及德意志与俄国的良好关系。他威胁说倘若皇帝拒绝听从他的建议,他就辞职。皇帝只得让步,给亚历山大亲王发电报取消了邀请。在俾斯麦威胁即将辞职的消息公布于众*之前*,这些事情就发生了。在他用这个轰动的新闻煽动大众的愤怒之前,他已经赢了一局。俾斯麦无疑预见到了不可避免的后果:群众将公开反对皇帝夫妻,尤其是皇后,国民称她为英国女人(*die Engländerin*),说她打算为女人的任性想法牺牲德国最伟大的政治家。

德累斯顿的英国公使乔治·斯特雷奇(George Strachey)爵士给维多利亚女王的私人秘书亨利·庞森比(Henry Ponsonby)爵士写了一封信,生动地描述了骚乱的情况:"莱比锡是超俾斯麦的(特别的民族自由主义),德累斯顿是极端保守的,两地居民显示出对皇后和女王的最大憎恨。俾斯麦经常利用的莱比锡的《国外消息》(*Grenzboten*)发表了激烈指责两位皇家女士的长篇文章,其侮慢无礼和愤恨情绪几乎超过了普鲁士'爬虫'。类似文章的愚蠢和粗俗简直令人难以置信。萨克森的自由思想党比较弱,他们的声音白费在旷野里;可是他们以极大的勇气固执地替皇帝、皇后和女王辩护,他们在德累斯顿的机构每天都用尽最高级的颂词赞美这三人。在柏林,激进派(他们的政治水平毕竟仅相当于我们的托利党)表现出令人钦佩的忠诚,而俾斯麦拥护者的表现像无政府主义者一样。"

"一时之间'爬虫'报刊仿佛收到了准备改变阵线的暗示。俾斯麦的一帮同伙胆大妄为地详述'帝国宰相的感人举动,全心全意地热爱最高的主人',这或许暗示俾斯麦以为皇帝有可能恢复健康。"

"在庆祝萨克森国王生日的官方晚宴上,我发现所有政治高层人士都同意俾斯麦是整个'混乱(Hetze)'的道义上的始作俑者,或许还是材料作者,虽然主要礼物是'掘墓人',虽然我通过取笑他缓和了自己的情绪,没人对我使用的非常缺乏外交策略的语言表示太多异议。"

不过整个故事最有趣的部分是俄国参与其中的方式。俾斯麦断言,倘若沙皇强烈憎恨的巴腾贝格亲王成为皇帝的女婿,沙皇就会对德国政府失去信任,虽然这不是真话,却彻底激起了国民的狂怒。俾斯麦试图让俄国政府发表支持他的断言的声明,却不得不经历了一次最大的失望。

新皇帝开始庆祝登基时发表的公告给沙皇亚历山大三世留下了非常有利的印象。施魏尼茨向柏林报告说,沙皇表示,在腓特烈即位之前,他从未对德国与俄国的关系如此满意过。盖尔斯曾努力与俾斯麦维持良好关系,这时不禁说柏林不会有任何变化,除了基调,现在已经太多了(excepté le ton, et ce sera déjà beaucoup)。施魏尼茨按照俾斯麦的指示接近他,试图诱使俄国政府宣布巴腾贝格亲王造访柏林将被视为反俄国的证明。经过非常小心的斟酌，盖尔斯回答的要点是这样的："虽然我们会感到遗憾，我们确信腓特烈皇帝和宰相都不会改变与俄国友好相处的政策。"换句话说，沙皇不会从亲王的造访中得出任何政治结论，尽管俾斯麦在人民面前把这次造访描述成对沙皇的难以容忍的冒犯。俄国的回复与俾斯麦的预期和愿望恰恰相反。尽管事与愿违，他还是对他在新闻界的党羽布施说，与巴腾贝格亲王联姻会引起与俄国发生战争的危险，那只会让英国坐收渔利。

俾斯麦对布施谈及英国坐收渔利，必不可少的原因是他企图煽动反对维多利亚女王的情绪，此前女王宣布准备造访她的女儿女婿，现在她病得很严重。俾斯麦甚至试图影响英国大使，让他说服英国政府建议女王取消访问。可是索尔兹伯里在给马利特的回信中写道：

"不能满足俾斯麦亲王的愿望，我感到非常遗憾，但是他的请求是**为了满足俄国皇帝的恶意感情，要我协助他阻挠他的皇帝和我的女王实现愿望**。这无疑与我的职责不一致，假如只能以这种代价与德国合作，**我们必须放弃**。"

女王本人说俾斯麦的行为"非常不忠诚、邪恶并且极其不明智"。她抵达柏林时受到了德国首都人民的热情接待，表明反英国的情绪仅在个别阶层的廷臣、行政官员和将军中间盛行，他们由于与外交家和报纸的联系，才有机会装作德国舆论的代表。

在俾斯麦放出新闻出版界的走狗**之前**，巴腾贝格造访的问题已经解决了，他为什么还要煽动反对皇帝夫妇的剧烈骚乱？在我看来，唯一的解释涉及他1886年呈递给老皇帝的报告，其中他说亚历山大受到帝国议会反对党的支持，是可能的宰相人选。其间俾斯麦通过1887年的选举击溃了反对党。可是钟摆已经偏向了另一方。多次递补选举表明，选民们已经摆脱了战争恐慌导致的兴奋。我认为，在有点误入歧途的想象力的驱使下，俾斯麦的脑海中很可能浮现出了皇后的计划：让巴腾贝格亲王当上宰相，解散帝国议会，并通过新选举使自由思想党、中央党和社会主义者重新成为多数派，让他们支持亲王反对俾斯麦。其实亲王和皇后都没有这种念头。然而每当个人权力可能受到威胁，俾斯麦往往倾向于看见幽灵。

对于狂热的民族情绪的突然爆发，皇帝和皇后几乎完全无力抵御。他们没有独立的有能力的顾问，因为没人能在不引起宰相怀疑的情况下接近他们。最终他们只有通过地下渠道获得有益的建议，这是德国当时的典型状况。埃内斯特·冯·施托克马（Ernest von Stockmar）若干年前曾经是王太子的私人秘书，他的遗孀冯·施托克马男爵夫人是维多利亚皇后的朋友。他的父亲著名的施托克马博士曾经是英国女王的丈夫阿尔贝特亲王的秘密顾问，具有出众的智慧和精准的判断力，深受维多利亚女王的尊敬。施托克马男爵夫人认识激进派自由主义议员路德维希·班贝格尔博士，两人的关系非常亲近。她去见班贝格尔，告诉他正在困扰皇后的问题。然后班贝格尔让她转告他的建议。此事必须绝对保密，一点都不能让俾斯麦察觉。皇后先写一封信给施托克马男爵夫人，夫人把信带给班贝格尔，后者给男爵夫人写一封回信，夫人再把信件转交给皇后。通过这种方式，皇帝和皇后获得了班贝格尔的有益建议和帮助，班贝格尔是当时最有修养、最聪明和经验丰富的国会议员,比任何人都更了解俾斯麦及其行为方式,他可以在皇帝夫妻可能受到宰相的狡猾手段欺骗时提醒他们。腓特烈在短暂的统治期间仅采取过一次重要的政治行动,就是根据班贝格尔的建议,解雇了最反动的普鲁士大臣冯·普特卡默,因为他无耻地企图影响选举,触犯了皇帝的公平竞争意识。6月8日普特卡默被撤职。一个星期之后,腓特烈就去世了。

腓特烈感到自己大限将至时召来了俾斯麦,让宰相握住皇后的手。他一句话都不能说,却用动作表明他希望委托宰相保护他的妻子,他确信自己离世以后妻子身边到处都是敌人。他的儿子威廉即将成为皇帝,他确信儿子会做出与他的意愿完全相反的事,而且会既不体贴又不老练地对待自己的母亲。然而他让俾斯麦协助皇后的希望彻底落空了。

与皇帝的愿望相反,正是俾斯麦发动了对去世皇帝的回忆的最沉重的打击。

1888年9月,即腓特烈去世几个月之后,深受尊重的著名德国评论刊物《德意志评论报》匿名发表了从腓特烈在普法战争期间的日记中摘录的片段。它叙述了在凡尔赛的德军指挥部发生过的关于建立帝国和拥立皇帝的斗争。日记透露,王太子热心地支持和提倡民族思想,相信帝国的自由主义组织。王太子还偶尔批评俾斯麦的态度太犹豫不决。任何客观公正的读者都不可能认为它对俾斯麦的真实功勋有一丝一毫的贬损。历史学家会认为它是具有高度价值的文献,可以纠正某些错误印象,赋予德国历史上的一个伟大时刻比较公正的看法。

然而俾斯麦看到这几页文章时被彻底激怒了,尤其是因为可恨的激进！自由主义的报刊发表了日记的内容摘录，还附有颂扬腓特烈的评注。他对把这些摘录送给《德意志评论报》的人提起了刑事诉讼。这个不幸的人格夫肯（Geffcken）教授是去世的皇帝的私人朋友，宰相指控他伪造日记并逮捕了他。俾斯麦十分清楚这些日记是货真价实的。他对他在新闻界的代理人布施亲口说过。可是他在盛怒之下变得盲目，完全忘记了十诫的第九条。

俾斯麦在给威廉二世的报告中诉说了他对日记的全部抱怨。写给皇帝的报告被称作直接报告（Immediat-Berichte），经过俾斯麦的教唆，小威廉同意公开发表这份直接报告。它引起了巨大的反响和非常令人不安的印象，因为它十分清楚地表明，一旦激起俾斯麦的狂怒，任何东西都无法阻止他，他也不会饶恕任何人。他的报告对刚刚躺进坟墓的皇帝进行了前所未有的诽谤。这份可悲的文件开头有这样一句话："威廉国王不允许我与王太子讨论我们政策的比较机密的内容，因为陛下担心太子会轻率地把消息泄露给英国宫廷，那里到处都是同情法国的人。"19 世纪最伟大的政治家竟然不仅写出而且发表这种造谣中伤的话，简直令人难以置信。此前还崇拜他的一位保守派政治家愤慨地写道："纵然那是真的，也不应该说出来，因为那不仅会损害关于去世的皇帝的回忆，而且必定会动摇国民对王朝的信心。"他暗示这种诽谤其实针对的是皇后维多利亚。那无疑是俾斯麦的意图，虽然他从维多利亚的侍从武官的一封信中知道，皇后与日记的出版毫无关系。这就是俾斯麦实现他的皇帝的临终遗愿的方式。

从法律角度来说，俾斯麦针对腓特烈的日记的战役以失败告终了。帝国最高法院判决，针对格夫肯的控告没有根据。经过三个多月的监禁,宰相不得不释放了教授。政治方面的后果或许更糟糕,这个事件或许第一次暗示年轻的皇帝,俾斯麦的建议并非总是如他以为的那样明智和公正无私。在这件事上,他的确放任自己按照俾斯麦的建议去做,尤其是关于公开发表直接报告。然而如果有人告诉他这件事损害了霍亨索伦王朝的权威,他会如何回应?他身边有许多人急切地想攻击宰相的全权地位。

15. 俾斯麦的垮台

威廉二世开始统治德意志和普鲁士时还不到 30 岁。作为一个大帝国的统治者,这很难说是成熟的年龄。不幸的是,威廉的精神比他的年龄更不成熟。他的父亲十分清楚地看透了这一点,因此当老皇帝和俾斯麦试图让小威廉过早地掌管外务部门时他表示反对。"考虑到我的长子不够成熟和缺乏经验——他对自己过高的评价表明了这一点,"1886 年时他写信告诉宰相,"我只能说这么早就让他接触外交问题是危险的。"小威廉应当跟着父亲先熟悉国内的状况,而不是在政治领域运用他的鲁莽和过于轻率的判断力。然而宰相对腓特烈的建议置若罔闻,随后发生的事情才证明这位父亲的话多么正确。

在这封信之后的短短一两年里,王子并没有学会多少东西。负责教他德国的宪法和行政管理的格奈斯特向法国大使抱怨说,王子以为自己知道一切,其实什么都没学到。他的父亲病情危重,使他有机会登上前台,以民族情感捍卫者的身份出现。由于他的军人随从的喝彩,他的虚荣心越发膨胀,他最喜欢波茨坦卫队的军官们的陪伴。他们赞扬他是所有军人美德的化身,正是由于他具备普鲁士卫队军官的优点,连俾斯麦也断言他是德意志未来的希望。

然而他过高评价自己和自己地位的倾向还有更深刻、更强有力的理由。俾斯麦在政治领域的全部努力都倾向于提升普鲁士国王的地位,使其成为德意志的真正统治者。唯独普鲁士国王和德意志皇帝掌握着政治决策的权力,他的全部体系就建立在这种虚饰的基础上。有一次他甚至在议会说,普鲁士真正的首相是国王陛下。俾斯麦喜欢给自己希望采取的任何政治措施都贴上"皇帝的政策"的标签,给任何反对他的人都戴上"皇帝的敌人"的帽子。当然,凡是有经验的政治家都知道,这仅仅是一种讲话的方法,然而我们不禁怀疑,当一位野心勃勃的年轻皇帝初次尝到权力的滋味,他会照字面意思接受这些话,认真地相信"皇帝的政策"事实上必定是他本人的政策。

此外,对霍亨索伦王室家族的尊崇已经成为爱国主义信条的必不可少的部分。数千所学校都如此教育,数百位大学教授都如此宣扬。不仅老皇帝本人得到美化,几乎每个坐上过王位的霍亨索伦家族成员都得到了颂扬。特赖奇克也许可以算是这种霍亨索伦迷信的高级司祭,他甚至将平庸呆笨的腓特烈·威廉三世吹捧成伟大的政治家,另一位历史学家鲍姆加腾强烈反对特赖奇克的德国历史学的整体趋势,被他的许多同事视为不爱国的行为。

这种环境在很大程度上解释了年轻皇帝的傲慢。唯有强大而老练的心灵才能经受住不断地喝彩和谄媚。威廉二世没有这种特性,不过他具有的另一些优点使接近并了解他的人留下了深刻印象。无可否认,他发现问题速度很快,而且肯定拥有表达自己意思的天赋。可是这些特点与其说有用或有益,不如说太危险,因为他遇到严肃和需要坚持的工作就会退缩。瓦尔德泽将军曾经满腔热情地欢迎威廉二世即位,可是不久以后他在日记里写道,皇帝忽视大臣或将军们的口头报告,因为他们令他厌烦。早在1889年2月,俾斯麦也向大臣们抱怨说,陛下宁可骑马到波茨坦去参加团体宴会,也不愿意听从他的建议每星期召开大臣政务会,以便熟悉自己的新任务。

我们无法期待这样一个人会默认自己扮演像祖父那样陪衬俾斯麦的角色。以前他与父母亲发生纠纷时,确实曾经把宰相捧上了天。那时俾斯麦为达到自己的目的利用过王子,俾斯麦父子竭力所做的不是调解矛盾而是使皇帝家庭的冲突更加尖锐。尤其是赫伯特·俾斯麦,经过他的干预,这场冲突招致了最不幸的结果。他在36岁时被任命为外务部长,显然他的父亲指定他当继任者和继承人。可是他完全不具备父亲的出众才能,无论是政治才能还是处理人际关系的技巧,他既傲慢又笨拙。俾斯麦父子介入皇帝家庭的争吵,很大程度上助长了小威廉的骄傲自大。

现在威廉身边的那些人在他耳边悄悄地说,只要他还是令人畏惧的宰相的工具,他就永远不会成为伟大的统治者。他们说,假如腓特烈大帝受俾斯麦的左右,就决不会成为那么伟大的君主。宰相并非没有察觉这些动静,他尤其怀疑将军冯·瓦尔德泽伯爵正在跟他作对。将军是个雄心勃勃的人,俾斯麦认为他觊觎宰相这个职位。宫廷附属教堂的牧师施特克尔(Stöcker)写过一封臭名昭著的秘信(*Scheiterhaufen-Brief*),它提供了用来离间威廉与俾斯麦关系策略的例证。施特克尔是保守党议员和热情煽动人民的政客,将反闪米特人作为党派口号引入了德国的政治生活。他属于保守党的极右翼,《十字报》是该党的宣传工具。《十字报》的编辑冯·哈默施泰因(Hammerstein)男爵也是帝国议会的议员,他具有天赋却性格放荡,后来在劳役刑罚中结束了一生。极右翼的领袖是施特克尔和哈默施泰因,他们憎恨自由主义,即便是民族自由主义的温和形式,企图摧毁按照俾斯麦的意愿建立起来的保守党、自由保守党和民族自由党组成的卡特尔同盟。早年威廉夫妻曾经特别喜欢施特克尔,因此后者希望在俾斯麦下台之后控制皇帝。早在1888年8月,施特克尔给哈默施泰因写过一封信,建议他如何用威廉意识不到的操控方式离间皇帝与宰相。其中有这样一句著名的话:"我们必须在卡特尔周围点燃柴火,使它们猛烈燃烧。"伪善的牧师写道:"假如皇帝察觉我们想在他与俾斯麦之间撒播不和的种子,他会觉得受到冒犯。但是假如在他凭直觉站在我们这边的问题上培养他的不满情绪,我们不必无礼地惹怒他,就能强化他本性的倾向。"然后他引用威廉的话:"我会给那个老人六个月的喘息时间。但是那以后我将自己统治国家。"哈默施泰因利用《十字报》将他的计划付诸实施,举例来说,他批评宰相公开发表直接报告,触怒了君主的感情。

  当时俾斯麦的势力仍旧强大,足以挫败这种阴谋。由于他的教唆,皇帝要求施特克尔选择,要么辞去他在宫廷的职位,要么停止这种煽动。施特克尔选择保住职位,放弃了在新闻出版界的运动。皇帝更进一步,公开否定《十字报》,并宣布支持卡特尔。他指派民族自由党的领袖本尼希森担任汉诺威行政区的首席执政官,并给米克尔提供了类似的职位,后者迷人的谈话技巧给他留下了很好的印象。可是米克尔知道,俾斯麦既不喜欢又不信任他,因而推辞了任命。他预计俾斯麦下台后就轮到他登场了。

俾斯麦不可能没发现皇帝周围有很多不利于他的影响。为了维护自己的支配地位,他本来应该不怕麻烦地尽可能留在柏林,以便陪伴皇帝,用自己老谋深算的政治智慧给他提供建议。然而他的行动完全相反,他退回了瓦尔济和腓特烈斯鲁厄,连续几个月不在首都。他很可能料想自己的儿子赫伯特能对皇帝施加有利的影响。可是赫伯特绝不可能胜任这种工作,俾斯麦对人的判断通常是最敏锐的,此时却彻底忽视了儿子的缺点。

不过俾斯麦的垮台并非仅仅是个人问题。各种政治难题和分歧造成了年轻的皇帝与老宰相之间的隔阂。

1889年5月,威斯特法伦(Westphalian)的矿工举行大罢工时,皇帝与宰相第一次发生了严重分歧。俾斯麦对矿工们的苦衷没有丝毫同情。作为容克,他打从心底里站在雇主一边。可是皇帝从非官方渠道听说过一些矿工的生活状况,非常同情他们的困境。如今没人会责怪威廉同情劳工,不幸的是,他的表达方式非常笨拙而不圆通。他在宰相主持的大臣政务会上突然出现,发表了感情强烈的反对雇主的演讲,仿佛只要皇帝下达政令处理问题,就能解决全部争端。他离开以后,俾斯麦讥讽地评论道,年轻君主的见解与腓特烈大帝的专制父亲腓特烈·威廉一世一致,又补充说有必要保护他免遭自己的冲动的伤害。

这段插曲告诉俾斯麦,皇帝看待社会问题的方式与他截然不同。不过此后还有更糟糕的麻烦,问题的中心是反对社会主义者的法律。

由于1887年的七年期斗争,帝国议会重新选举,被称为卡特尔帝国议会,是1881年以来最有利于俾斯麦的。卡特尔在帝国议会占据绝对多数,追随着俾斯麦走过了困境。反对党无力采取有效行动。

宰相急切地想要利用这种异常强大的地位,使反对社会主义者的法律永久化。为了确保延长它的有效期,必须每过两三年就与帝国议会交涉,他不喜欢这样。他从不认为该法律是只在紧急情况下使用的临时措施。另一方面,虽然这种措施明显没有效果,他却不能吸取教训。尽管当时它已经执行了10年以上,却仍未能阻止社会主义者的选票持续增长。俾斯麦得出的结论是应该将其永久化。占据多数的卡特尔十分乐意支持这一政策,1889年秋天政府提交的议案完全有机会通过,对此连民族自由党也没有疑虑,他们只要求修改一处。法律赋予警察将社会主义的煽动者驱逐出定居地的权力,可是警察过度滥用这种权力,有时还太野蛮。很多人远非同情社会主义者,也对此感到愤慨。于是民族自由党反对让驱逐权力永久化,1889年12月,他们在讨论该议案的帝国议会委员会上投票反对这项条款。保守党最热心地为这一条款抗争,声称倘若不恢复这一条款,该法律就不起作用。委员会第二次审读该议案,民族自由党和反对党再次驳回了这项条款。于是保守党投票反对整个议案,看来它很可能会在委员会阶段遭到否决。然而温特霍斯特意识到两个卡特尔党派的意见不一致对反对党极其有用,尤其考虑到下届选举即将开始,为了迫使他们在帝国议会召开全体会议时(其实是在全体德国人民面前)爆发斗争,他和他的朋友们投票支持残缺不全的议案,结果必须在全体出席的帝国议会上提交它并进行讨论。帝国议会的全体会议定于1890年1月召开,同年2月将选举新一届帝国议会。因此围绕着反社会主义者法案的战斗很大程度上将影响选举。

在委员会阶段,保守党领袖冯·赫尔多夫(Helldorf)前往腓特烈斯鲁厄,与宰相讨论他的党派的态度。他知道如果政府坚持要求放逐的权力,该议案就注定难以通过,他愿意投票支持没有这一条款的议案,只要政府清楚表示可以接受这种形式的法案。然而宰相没有给他这种许诺。晚年时俾斯麦断言赫尔多夫误解了他的意思,甚至暗示他与宰相的敌人结盟。可是问题相当简单明了,只要俾斯麦愿意,他可以给出十分直白的答复。可是他没有,他自己知道原因。

反社会主义者法律的命运还悬而未决的时候又出现了另一个问题,它必然会更有效地分开皇帝与俾斯麦。威廉对社会问题越来越感兴趣。非官方的顾问告诉他,有必要保护劳工,尤其是女性和儿童,防止过量工作和其他形式的剥削。当然,这甚至在德国也不是什么新鲜事。多年来帝国议会的党派一直要求采取劳动保护措施,帝国议会也通过了这些方向的决议。障碍物只剩下一个:就是宰相本人。在此类问题上,俾斯麦的思想是最过时的,它或许类似于曼彻斯特经济学派在半个世纪前的思想,但是生长速度快得多。在他看来,那些措施只是人道主义的废话。真相是老年俾斯麦反对一切方向的改革,许多应该实行的改革延误了很久,大臣们自己也知道。举例来说,普鲁士的收入所得税急需调整。普鲁士的财政大臣无条件地崇拜宰相,他起草了改革议案,国王同意该草案并签了名,可是在提交议会辩论之前,俾斯麦结束了邦议会的会议,议案被扔进了废纸篓。

现在威廉二世开始对社会立法感兴趣,在任何客观公正的观察者看来,此事迟早必定会发生。一方是帝国议会,再加上皇帝,必然会战胜宰相的反对。帝国内政大臣冯·伯蒂歇尔是俾斯麦在帝国议会和普鲁士政府中的代理人,他清楚地看到宰相如果不及时回来,就会在这场战斗中失败。他前往腓特烈斯鲁厄劝告宰相,可是宰相顽固不化。这次造访的唯一效果是俾斯麦开始怀疑伯蒂歇尔秘密与自己敌对,转向年轻皇帝这轮初升的太阳,觊觎宰相的斗篷。当然,在俾斯麦眼里最后一条是可能的最坏的罪恶。这种怀疑在任何时候都能毒化他的头脑。这一次它是双重的危险;此时竞争对手的出现不仅意味着对他的地位的威胁,而且会危及他的儿子赫伯特,因为他已经将其视为继任者。伯蒂歇尔只是尝试走自己的路,甚或提出自己的建议,俾斯麦却认为他不仅自以为是而且令人不快。伯蒂歇尔曾经由于岳父的错误而陷入财政危机,俾斯麦用威尔芬基金的一大笔钱帮助了他,假装钱是来自老皇帝的个人礼物。他用从遭到废黜的汉诺威国王那里夺走的钱拯救了伯蒂歇尔,他认为伯蒂歇尔欠了他个人的债,理应感激他。

伯蒂歇尔于1890年1月9日造访腓特烈斯鲁厄,就在同一天,帝国议会开会了。按照议程,1月23日反社会主义者法案要进行二读。显然俾斯麦的行动应该是立刻返回柏林。不仅伯蒂歇尔,而且俾斯麦的最亲密的合作者、宰相办公室的主管冯·罗滕贝格(Rottenburg)也如此提议。然而俾斯麦驳回了他们的忠告,转而听取了赫伯特的意见,后者完全赞成留在腓特烈斯鲁厄。

直至 1 月 24 日,俾斯麦才顺从皇帝的意愿返回柏林,因为那天下午皇帝召集了枢密院会议。枢密院是官方指定的普鲁士政府的管理机构,由国王亲自担任主席。

枢密院会议定于下午 6 点召开,皇帝希望在开会前与俾斯麦私下见面。下午 3 点,俾斯麦先在办公室和大臣们开了一次会。

大臣们见到宰相时,宰相告诉他们,据推测皇帝将向政务会提出劳工保护的提案。他建议他们既不要接受也不要反对这样的提案,只要求给他们一些考虑的时间。每个大臣都同意了。然后俾斯麦转向了反社会主义者法案。前一天它在帝国议会进行了二读。除了赋予警察驱逐社会主义者的权力的条款之外,其他条款都得到了大多数议员的同意。民族自由党和反对党派一起投票反对这项条款。在辩论中,冯·赫尔多夫以自己党派的名义宣称,倘若不恢复这一条款,他们就投票反对整个议案,除非政府发表官方声明,宣布接受删节版本的议案。保守党的这个决定代表了它的两翼之间的妥协,其中一翼希望击溃卡特尔,而另一翼希望维持卡特尔;这个决议还着眼于即将到来的选举。保守党发表过有力的演讲反对该议案,如果最终必须投票赞成残缺不全的议案,他们希望可以给选民一些解释,正因为如此,他们需要政府按照他们的要求发表公开声明。

随后俾斯麦告诉大臣们,为了便于在帝国议会通过残缺不全的议案而发表政府声明是不明智的,因为那样会免除议会的责任。伯蒂歇尔指出,没有政府声明议案就不能通过,并列举了不少论据表示反对。其他大臣也站在他一边。可是俾斯麦再次固执己见。他的论点以一种微妙的理论为基础,为了自己的目的——就像他曾经尽情利用其他一些受害者那样,隐瞒真实动机。

6 点钟,大臣们集合参加枢密院会议。他们进入会议厅时看见了皇帝和宰相,他们已经谈过问题,但是尚未达成一致。

会议开始,皇帝发表演讲,阐述他的社会改革。这些提议并不过分——禁止工厂在星期日开工以及限制女性和儿童的劳动,如今没人会对这些事情有不同想法。然而威廉提出这些提议时使用了奇怪的表达方式。举例来说,他说德国的雇主们像挤柠檬一样压榨工人,任凭老人在粪堆里腐烂,最后宣布他要成为乞丐之王(*roi des gueux*)——25 年前,俾斯麦希望激怒进步党时曾经使用过一模一样的口号。如今听见年轻的皇帝口中说出相同的短语,支持他厌恶的社会政策,他当然不可能高兴。

这天刚巧是腓特烈大帝的诞辰,皇帝提及他希望在当天向人民发表一个公告,这是他拥有制造戏剧性效果的天分的一个实例。可是收到这个指令的大臣们回答说,他们需要时间仔细考虑这个问题,威廉只得让步了。

然而当威廉谈及反社会主义者法案时,真正的暴风雨来临了。他请求接受该议案,即便没有驱逐的权力也行。可是这次俾斯麦表示反对。看到皇帝无视他的理论观点,他变得越来越激动,最后他大声宣布,倘若该法案未能通过,他们就只得不要这种法律,任凭风浪越涌越高,直至发生碰撞。

俾斯麦的真实动机是这样的。他希望社会主义者摆脱了法律的束缚以后会走向极端,然后他就准备用武装力量镇压他们。威廉十分正确地理解了他的想法。俾斯麦的意思是引起流血冲突,所以皇帝回答说,他不希望刚开始统治就染上臣民的鲜血。他求助于其他大臣,请他们发表意见。他有理由相信其他人与他意见一致。然而他非常失望。由于宰相在场,没人敢站在皇帝一边。威廉被迫退让,俾斯麦如愿以偿,反社会主义者法案未能通过。

皇帝极其愤怒地离开了会场,他觉得自己遭到了大臣们的背弃。他说:"他们不是我的大臣,而是俾斯麦的。"俾斯麦经常宣扬的"皇帝的政策"理论变成了什么?他和他的皇帝第一次意见不一致时,它就毁灭了。

第二天,反社会主义者法案在帝国议会进行三读。全体投票时,由于政府没有发表他们想要的声明,保守党投票反对整个议案,加上自由思想党、中央党和社会民主党的反对票,这项措施被驳回了。事实上,这种异常的法律自此终结了。旧法律直至1890年9月30日失效,同年2月的选举仍然受到它的阴影的约束。然后怎样呢?未来可能有某届帝国议会愿意通过连卡特尔帝国议会都驳回了的法律吗?凡是了解德国人民感情的人都不可能相信。与此相反,大多数观察者都确信卡特尔党派将在下次选举中遭到惨败;由于政府对反社会主义者法案处理不当,明显缺乏领袖,以及保守党与民族自由党之间的冲突,他们的失败是必然的。事实上,反社会主义法律的尝试再也没有复活过。

我们不怀疑,俾斯麦比任何人都更明白,他不可能再得到更有利于他的帝国议会。只能假定他真的想要一场冲突,他的态度没有其他解释。然而在皇帝的政务会上突然引发冲突是多么大的错误!在1864年至1866年的鼎盛时期,他处理政务会的这些事务的方式是多么不同,他引导威廉一世按照他的想法行动,只告诉国王对他有利的事。俾斯麦的次子是个冷静的观察者,有点愤世嫉俗,他评论说:"我的父亲不能像以前那样一锤定音。"俾斯麦觉得自己在枢密院犯了粗心的错误。第二天早晨,他的办公室主管发现他躺在沙发上,眼里含着泪。他说他不能留任了,皇帝完全疏远了他。不过这种心情很快消失了,他不是那种会自愿放弃权力的人。

他试图妥协。在第二次会议上,他极力主张支持皇帝的保护劳工的想法。威廉高兴了起来。次日即1月27日是皇帝的生日,表面看来完全是一个和解的节日。然而几天以后,皇帝听说俾斯麦又制造了新的麻烦。皇帝曾经建议萨克森的国王向联邦参议院提交包含他的愿望的提案,可是俾斯麦威胁萨克森公使说,倘若他们敢那样做他就辞职。威廉打算向人民和世界宣布他的社会改革计划,听说政府部门正在慎重考虑他草拟的公告,他觉得可疑。俾斯麦把公告草案分成两部分,其中一部分包括对法律的修改建议,另一部分包括邀请其他政府参加在柏林召开的国际代表大会并讨论社会问题的内容。大臣们正在开会时,皇帝不期而至,靴子上的马刺噼啪作响。俾斯麦并不习惯他的君主用这种方式对待他。不过他把大臣们的决定告诉了威廉,皇帝感到满意然后离开了。

又过了几天,公告准备好了。俾斯麦亲自帮忙编辑了文本,可是皇帝签过字,要求宰相联署的时候,俾斯麦却推辞了。宪法规定皇帝的治理行为需要联署,这是非常严重的问题。不过由于获准发布公告,威廉很高兴,就在1890年2月4日的官方公报《帝国公报》上发表了没有宰相联署的公告。

这时选举正在如火如荼地进行。公告引起了轰动,缺少宰相的联署这一点尤其进一步刺激了普遍的激动情绪。反对党成员现在确定不仅反社会主义法已经死亡并被埋葬,而且皇帝与俾斯麦的政策发生了公开冲突。班贝格尔正要去见选区的全体选民时,看到了这份公告。他半认真半开玩笑地对一个朋友说:"或许等到4月1日,俾斯麦就能作为一介平民在腓特烈斯鲁厄庆祝自己的生日了。"

俾斯麦感到事情不能保持原样了。下一次开会时,他告诉大臣们,他将辞去普鲁士首相的职位,仅保留帝国宰相的职位,皇帝已经同意了这件事。假如他希望大臣们反对他部分退休,他肯定大失所望了。众人全都同意这种安排,伯蒂歇尔还发表了一番口才流利的告别演说,俾斯麦对他的怒火有增无减。

就在这次大臣会议召开的同一天,俾斯麦采取了超过他以往的所有诡计的一个步骤。他从未拜访过外国外交官,这天却突然在法国大使馆出现,法国大使完全大吃一惊。不过更令他惊讶的是,宰相十分直言不讳地提议,他将促使法国政府破坏由德国皇帝发出邀请的国际劳工会议。法国大使写道:"宰相明确地与他的君主对立。"整个不可思议的故事最令人震惊的特征是这种可疑的处境丝毫没有使俾斯麦感到窘迫。他兴高采烈,在大使面前用逗笑和讥讽的方式谈论德意志的一位君王巴登大公,也就是皇帝的姑父。最后他们聊起了大使房间里描绘伊阿宋(Jason)和美狄亚(Medea)的故事的图片。大使谈及一个美狄亚最后回到伊阿宋那里的传说。俾斯麦笑了起来,低吟了一句:"人总是回归他的初恋。"(*On revient toujours à ses premiers amours.*)然后留下了一句话:"或许那也会发生在我身上!"

为了破坏皇帝全心全意举办的国际劳工大会,俾斯麦采取的操控手段不止这一种。皇帝自然听说了这些花招,此时他确信宰相暗中玩弄任何诡计都是有可能的。他感到自己的君权受到了冒犯。后来他说:"我除掉这种人是为了王权。"

现在俾斯麦试图使用曾经用来有效地对付腓特烈皇帝的方法。他通过外国报纸让人们获悉,由于他与皇帝的意见分歧,皇帝迫使他从普鲁士政府退休。然而他再次失望了。1888年时报纸的反应是痛哭哀号,现在却相当平静,更糟糕的是甚至十分满足。民族自由党的一份报纸冷静地写道,这样最有利于普鲁士的大臣们,俾斯麦一直压制他们的主动性。

2月20日,新帝国议会的选举开始了。卡特尔党派遭到惨败,自由思想党的席位增至两倍,社会民主党的选票也翻倍了。尽管既存的反社会主义法律强加各种令人厌烦的约束,他们仍然获得了将近150万张选票。

这是俾斯麦的体系遭受过的最沉重的打击。无数选民觉得在1887年的前一次选举中,俾斯麦和他的战争恐慌欺骗了他们。很多人感到他以前的熟练控制力消失了。主要的中央党报纸发表了一篇题为《他不再成功!》(*Es gelingt nichts mehr!*)的文章,人们一再重复这句口号,因为它完美地表达了大部分人民的感情。

在议会制国家,如此显而易见的选举失败必然导致首相的辞职。但是德国不是议会制国家,向人民的选票屈服是俾斯麦最不可能做的一件事。他的做法完全相反,他放弃了部分退休的想法。他决心保住自己的全部官职,而且要更加彻底地控制大臣们。另一方面,他着手组织新的党派联合体。卡特尔消失了,为什么不试试保守党和中央党的同盟呢?只要波兰人和圭尔夫派加入,这种组合确实能在帝国议会中占据多数。在俾斯麦眼里,波兰人和圭尔夫派始终是最出众的帝国敌人。尽管如此,现在他愿意招揽他们加入新联合体。

不过俾斯麦正在酝酿的另一个计划要重要得多。他十分清楚地记得1862年他第一次当上首相时的境况。那时威廉一世根本不喜欢他,却被迫依靠他,因为其他人都不能帮他度过与下议院的宪法冲突。新的冲突会让威廉二世陷入相同的处境。俾斯麦的计划就是挑起这样的斗争。有两条途径可以达到目的:军事预算的巨额增长,以及比已经被驳回的议案更严苛、更惨暴的反社会主义者议案。新的帝国议会将驳回这些措施。然后他们就不得不解散国会,重新进行选举。可是他能否同样确定,选民将选出更容易驾驭的帝国议会?俾斯麦知道疑问非常大。但是他也对不测事件有了准备。他构想出了一种新理论,这种理论与他在60年代利用过的著名的宪法缺口理论同样有效。

他的新理论相当简单。他主张,帝国是德意志君王而**不是**德意志国家组成的联邦。如果君王们不满意,他们可以通知和解散这个联邦,正如股东对经营结果不满意时可以关闭公司一样。他们不会征询德意志人民的意见,人民也无权置喙;人民必须等待,直到君王们决定组建新帝国制订新宪法,那无疑不会缩减议会的权威,也不会取消普选权。

当然,这种理论完全否定了德意志的民族主义,其实也否定了德意志的民族情感;它意味着摧毁使人民喜欢俾斯麦的一切东西,统一德意志的英雄竟设法策划毁灭德意志,这的确是最令人遗憾的奇观。

这些计划从未实现,甚至从未被尝试,这对德意志人民来说是幸运的,对俾斯麦来说是不幸的。皇帝尽管不知道宰相打算采取什么极端措施,仍然拒绝了俾斯麦提出的第一个步骤,他也拒绝同意采用更严苛的反社会主义者新议案。

与此同时,另外两个事件使冲突达到了高潮。大臣们开会时,俾斯麦提醒他们注意国王1852年颁布的一道旧内阁政令(Kabinettsorder),该政令命令大臣们向国王作个人汇报时必须有首相在场。这道政令已经废弃了20年以上,以前没人听从命令,也没人说得清,如果首相离开首都在瓦尔济或腓特烈斯鲁厄住上六个月甚至更久,他们要如何遵守命令?威廉明白,俾斯麦企图使形同虚设的规定再度生效,只是为了阻止他与大臣们自由交流并控制他。

引起皇帝注意的另一个消息是中央党的领袖温特霍斯特造访了俾斯麦。温特霍斯特知道宰相正在不认真地考虑新政党组合的事,他的党派在其中极为重要。另一方面,他怀疑自从七年期的斗争以来,俾斯麦在准备摧毁德国的宪法。他对班贝格尔说过:"如果我看见火车头笔直地向我驶来,我不会站着不动,而是跳到火车上去乘坐。"这时他十分愿意听听俾斯麦要说什么,布莱希勒德领他进入宰相的办公室。谈话持续了一个半小时。温特霍斯特离开时对一个朋友说:"**我刚刚离开一位临终的伟人**。"事实上,正是他的造访导致了俾斯麦的出局。

听说温特霍斯特的造访,威廉大动肝火。在议会制国家,政府首脑要依赖多数议员的信任,他无疑有权利为确保多数支持而以这种方式组织政党联合体。可是在德国,宰相一直宣扬他只仰赖皇帝的信任,执行皇帝的政策,毋庸置疑,皇帝有权利在他的大臣安排新的政党联合之前得到通知。在这种程度上,我们不能责怪威廉传召宰相并要求解释。但是他处理的方式完全错误,证明了他的傲慢和不成熟——正是他的父亲曾经为之悲叹的性格特点。

3月15日,在赫伯特·俾斯麦的住处,威廉和俾斯麦进行了最后一次激烈的谈话。宰相告诉皇帝,温特霍斯特造访过他,虽然皇帝已经知道了。威廉说出了可能的最糟糕的回答:"我希望你把他扔出了门。"这不幸的开头之后,交谈变得越来越冲动、越来越激烈。俾斯麦狂怒,威廉后来告诉一个朋友,他甚至害怕宰相会用墨水台扔他。他亲口责备老政治家跟"犹太人和耶稣会会士"做交易。

然后他要求废除1852年的旧谕旨。俾斯麦一口拒绝,而且更生气了。他开始谈起皇帝造访沙皇的意图。他劝告皇帝不要那样做,因为他收到的报告证明沙皇的感情不友好。他手头有这些报告,但是宣称不能给皇帝看,因为内容会冒犯他。马克·安东尼(Mark Antony)想要罗马人迫使他宣读恺撒的遗嘱时,也使用过同样的策略。

当然,威廉急切地想看这些搞阴谋的文件。俾斯麦把文件交给他,于是皇帝不得不在宰相的注视下读到沙皇说他是没有教养、不守信用的年轻人(*un garcon mal élevé et de mauvaise foi*)。君主本来试图指示宰相看看,却像中学男生一样得到了一番教训。

面谈到此为止,威廉在离开之前又一次命令废除旧谕旨。

这一幕以后,两人都明白,他们最终不可避免地分道扬镳了。

然而俾斯麦没有采取行动。他既没有颁布取消旧谕旨的命令,又没有提出辞职,虽然威廉派了一名将军来再次要求废除那道政令。

威廉十分焦躁气馁,以致又犯了一个愚蠢的错误。他收到宰相办公室转来的一份报告,基辅的领事说俄国有准备战争的迹象。由于沙皇的讨厌评论仍然令他感到刺痛,他以自己的怪异方式夸大了这些报告的重要性。在一封未密封的信中,威廉指责俾斯麦没有及早提醒他注意这"可怕的危险"。他说:"早该警告奥地利人,并采取对抗措施。"

现在俾斯麦得到了他想要的东西:皇帝干预了对外事务。他通知新闻出版界的合作者,由于皇帝要求采取抵御俄国的军事措施,他被迫辞职。他准备好递交辞职书了。

他想公开发表辞呈,但是被皇帝禁止了。俾斯麦去世那天,布施在柏林的一份报纸上刊登了他的辞呈,内容看起来是死去的宰相对在世的皇帝的控诉。它的写作技巧很完美,俾斯麦强调的那些分歧,都是他确定公众舆论会站在他一边的问题。最强硬的措辞留给了威廉干涉对外政策的事。俾斯麦宣称他不能执行皇帝的命令,并写道:"那样做会危及德意志全部重要的胜利果实,由于执行陛下的两位前任都一致同意的对外政策,我们才获得成功,尽管我们与俄国的关系处于不利的状态,本来能够获得具有重大意义的成果,超出目前和未来的全部期望,肖瓦洛夫伯爵刚向我证实了一个情况。"退休的政治家用这些话谴责皇帝愿意摧毁他毕生的工作成果。他用高明的技巧表述事关重大的句子,宣布撤去他职位的年轻人应为德意志帝国将遭受的一切不幸负责。其中还有一个句子,凡是读到它的人都心情沉重。"我忠诚地为皇室和陛下服务,多年来已经习惯了我此前一直以为永久不变的地位,对我而言,无论是切断我习惯的与陛下的关系还是断绝与帝国和普鲁士的全部政策的联系,都是非常痛苦的。"这话听起来就像生来就是统治者的小威廉突然夺走了被他视为人生价值的一切。这是与那些伟大的诗人脑海中突然浮现的悲剧一样阴郁的人间悲剧。

但是这些不可能让我们看不清这一事实:俾斯麦的辞职有同等的悲剧性和必然性。俾斯麦纵然伟大而举世无双,这时也智穷力竭了。他找不到走出困境的办法,只知争吵和政变。考虑到他正在策划的解散帝国议会的计划,我们只能感谢命运阻止他摧毁自己创造的一切。他的工作交给了一个完全没有能力发展、连守住成果都做不到的统治者,那是德意志的不幸。不过让这个平庸的凡人掌握远远超出其能力的权力,这是俾斯麦的过错。议会不能制约这个放肆的统治者,德意志人民的思想严重缺乏独立性,这些也是俾斯麦的过错。

在俾斯麦的领导下,德意志民族变得统一、强大、有势力。然而实力政策和利益政治(*Interessenpolitik*,追求权力和物质利益的政治),加上"铁血宰相"强加给同胞的个人政治制度,可悲地削弱了个人的独立自主和自由意识、正义感和人道主义精神,因此他的成果不能持久并非偶然。在他去世 20 年后,由他提升至前所未有的高度的普鲁士王权和霍亨索伦王朝也不复存在了。

译名对照表

A

Aachen, *Aix-la-Chapelle* 亚琛
Abeken 阿贝肯
Acton 阿克顿
Aegidi, K. L. (1825—1901) 埃吉迪
Agamemnon 阿伽门农
Alba 阿尔巴
Albert, Prince Consort (1819—1861) 阿尔贝特,女王的丈夫
Alexander II (1818—1881) 亚历山大二世,俄国皇帝
Alexander III (1845—1894) 亚历山大三世,俄国皇帝
Alvensleben, Gustav von (1803—1881) 古斯塔夫·冯·艾尔文斯雷本
Ampthill 安特希尔
Andrassy, Count Julius (1823—1890) 安德拉希,尤利乌斯伯爵
Anton, Charles 查理·安东
Antonelli (1806—1876) 安东内利
Antony, Mark 马克·安东尼
Arese 阿雷塞
Arndt 阿恩特
Arnim, Harry von (1824—1881) 哈里·冯·阿尼姆
Augusta (1811—1890) 奥古斯塔,王后和皇后
Augustenburg, Christian August (1798—1869) 克里斯蒂安·奥古斯特·奥古斯滕贝格公爵
Augustenburg, Prince Frederick (1829—1880) 奥古斯滕贝格,前者的儿子
Austerlitz 奥斯特利茨

B

Balkan 巴尔干
Ballestrem (1834—1910) 巴勒施特雷姆
Balliol 巴利奥尔
Bamberger, Ludwig (1823—1899) 路德维希·班贝格尔

Battenberg, Prince Alexander(1857—1893)巴腾贝格,亚历山大亲王
Baumgarten, Herman (1825—1893)赫尔曼·鲍姆加腾
Bavaria 巴伐利亚
Beaconsfield 比肯斯菲尔德
Bebel, August(1840—1913)奥古斯特·倍倍尔
Becker, Otto 奥托·贝克尔
Belcredi 贝尔克雷迪
Benedetti, Vincent (1817—1900)樊尚·贝内代蒂(后来封伯爵)
Bennigsen, Rudolf von(1824—1902)鲁道夫·冯·本尼希森
Bernhardi, Theodor von(1802—1887)特奥多尔·冯·伯恩哈迪
Bernstorff, Count Albrecht (1809—1873)阿尔布雷希特·伯恩斯托夫伯爵
Bethmann Hollweg, August von(1795—1887)奥古斯特·冯·贝特曼·霍尔韦格
Beust, Frederick Ferdinand von(1809—1886)弗雷德里克·费迪南德·冯·博伊斯特(后来封伯爵)
Biegeleben, Ludwig von(1812—1872)路德维希·冯·比格尔莱本
Bismarck, Ferdinand von(1771—1845)费迪南德·冯·俾斯麦
Bismarck, Herbert (1849—1904)赫伯特·俾斯麦伯爵(后来封亲王)
Bismarck, Johanna(1824—1894)约翰娜·俾斯麦,亲王夫人
Bismarck, Otto von 奥托·冯·俾斯麦
Bismarck, Wilhelm(1852—1901)威廉·俾斯麦伯爵
Bismarck, Wilhelmine (1790—1839)威廉明妮·俾斯麦
Blanckenburg, Moritz von (1815—1888)莫里茨·冯·布兰肯伯格
Bleichröder, Gerson(1822—1893)格尔松·布莱希勒德
Blind, Ferdinand Cohen- 费迪南德·科恩-布林德
Blind, Karl(1822—1907)卡尔·布林德
Blome, Count Gustav (1829—1906)古斯塔夫·布洛梅伯爵
Blowitz, Adolphe Oppert de(1825—1903)阿道夫·奥佩尔·德·布洛维茨
Bodelschwingh, Karl von(1800—1873)卡尔·冯·博德尔施文格
Boetticher, Karl Heinrich von(1833—1907)卡尔·海因里希·冯·伯蒂歇尔
Bonaparte, Louis Napoleon 路易·拿破仑·波拿巴
Bonnin, Georges 乔治·博南
Boulanger, Georges(1837—1891)乔治·布朗热

Brandenburg(1792—1850)弗雷德里克,勃兰登堡伯爵
Bray(1807—1899)布雷伯爵
Bright, John(1811—1899)约翰·布赖特
Bruck, Karl(1798—1860)卡尔·布鲁克
Buchanan, Sir Andrew(1807—1864)安德鲁·布坎南爵士
Bucher, Lothar(1817—1892)洛塔尔·布赫尔
Bülow, Bernhard von(1815—1879)伯恩哈德·冯·比洛
Bunsen, Josias von(1791—1860)约西亚斯·冯·本生
Busch, Moritz(1821—1899)莫里茨·布施

C

Calchas 卡尔克斯
Camphausen, Otto(1812—1896)奥托·坎普豪森
Caprivi, Leo von(1831—1899)列奥·冯·卡普里维(后来封伯爵)
Cavaignac 卡芬雅克
Cavour, Count Camillo(1810—1861)卡米洛·卡武尔伯爵
Cecil, Robert 罗伯特·塞西尔
Charles 查理
Christian(1818—1906)丹麦国王克里斯蒂安

Churchill, Winston 温斯顿·丘吉尔
Clarendon(1800—1870)克拉伦顿勋爵
Clemenceau, Georges(1841—1929)乔治·克列孟梭
Cleveland 克利夫兰
Cobden, Richard(1804—1865)理查德·科布登
Coblenz 科布伦茨
Cohen, Ferdinand 费迪南德·科恩
Cologne 科隆
Courcel(1881—1886)库塞尔男爵,柏林大使
Crimean 克里米亚
Crowe, Eyre(1864—1925)艾尔·克劳爵士

D

Danube 多瑙
Decazes(1819—1886)德卡兹公爵
Delbrück, Rudolf(1817—1903)鲁道夫·德尔布吕克
Delitzsch 代利奇
Derby, 14th Earl(1799—1869)第十四代德比伯爵
Derby, 15th Earl(1826—1893)第十五代德比伯爵
Paul Déroulède 保罗·德鲁莱德
Deveroux 德弗罗斯
Disraeli, Benjamin(1804—1881)本杰明·迪斯雷利,1876年封为比

肯斯菲尔德勋爵
Dittrich, Jochen 约亨·迪特里希
Döllinger, Ignaz von(1799—1890)伊格纳茨·冯·德林格
Drouyn de Lhuys(1805—1881)德律安·德·吕
Dubois-Reymond, Emil(1818—1896)埃米尔·杜波伊-雷蒙
Duchesne 迪歇纳

E

Elba 厄尔巴
Elisabeth(1801—1873)伊丽莎白,普鲁士王后
Ernest 埃内斯特
Eugénie(1826—1920)尤金妮,法兰西皇后
Eulenburg(1815—1881)弗雷德里克·奥伊伦堡伯爵

F

Falk, Adalbert(1827—1900)阿达尔贝特·法尔克
Favre, Jules(1809—1880)朱尔·法夫尔
Ferry, Jules(1832—1893)茹费理
Fisher, M. H. 费希尔
Fleury(1815—1884)弗勒里伯爵
Flourens 弗卢朗
Forckenbeck, Max von(1821—1892)马克斯·冯·福肯贝克

Francis Joseph(1830—1916)弗朗茨·约瑟夫,奥地利皇帝
Frankfurt-am-Main 美因河畔法兰克福
Frantz, Constantin(1817—1891)康斯坦丁·弗朗茨
Frederick the Great 腓特烈大帝
Frederick I(1826—1907)腓特烈一世,巴登大公
Frederick II(1712—1786)腓特烈二世,普鲁士国王
Frederick VII(1808—1863)弗雷德里克七世,丹麦国王
Frederick William III(1770—1840)腓特烈·威廉三世,普鲁士国王
Frederick William IV(1795—1861)腓特烈·威廉四世,普鲁士国王
Frederick William(1831—1888)腓特烈·威廉,王太子,德国皇帝
Freycinet 弗雷西内
Friedenthal, Rudolf(1827—1890)鲁道夫·弗里登塔尔
Friesen 弗里森

G

Gablenz, Anton von 安东·冯·加布伦茨
Gablenz, Ludwig von(1814—1874)路德维希·冯·加布伦茨,前者的兄弟
Gagern, Heinrich von(1799—1880)

海因里希·冯·加格恩
Gambetta, Léon(1838—1882)甘贝塔
Garibaldi, Giuseppe(1807—1882)朱塞佩·加里波第
Geffcken, Heinrich(1830—1896)海因里希·格夫肯
Gerlach, Leopold von(1790—1861)利奥波德·冯·格拉赫
Gerlach, Ludwig von(1793—1877)路德维希·冯·格拉赫,前者的弟弟
George V(1819—1878)格奥尔格五世,汉诺威国王
Giers, Nikolai(1820—1895)尼古拉·盖尔斯
Gladstone, William E.(1809—1898)威廉·格莱斯顿
Gneist, Heinrich(1816—1895)海因里希·格奈斯特
Goblet 戈布莱
Goltz, Colmar von der(1843—1916)科尔马·冯·德·葛尔茨
Goltz, Count Robert von der(1818—1869)罗伯特·冯·德·葛尔茨伯爵
Gontaut-Biron, Vicomte A. E. de(1817—1890)德·贡托-比龙
Gooch, G. P. 古奇
Gortchakoff, Alexander(1798—1883)亚历山大·哥查科夫亲王

Göttingen 哥廷根
Govone, Giuseppe(1825—1870)朱塞佩·戈沃内
Gramont(1819—1880)格拉蒙公爵
Granville(1807—1891)格兰维尔勋爵
Gregory 格列高利
Grévy, Jules 朱尔·格雷维
Grey, Edward 爱德华·格雷

H

Habsburg 哈布斯堡
Hal 哈尔
Hammerstein, Wilhelm von(1838—1904)哈默施泰因
Hampstead 汉普斯特德
Hänel, Albert(1833—1918)阿尔贝特·黑内尔
Hannibal 汉尼拔
Hanover 汉诺威
Hardenberg 哈登贝格
Hatzfeld, Count Paul(1831—1901)保罗·哈茨费尔德伯爵
Heidelberg 海德堡
Hegel 黑格尔
Heine 海涅
Helldorf, O. H. von(1833—1908)冯·赫尔多夫
Heydt, August von der(1801—1874)奥古斯特·冯·德·海特
Hödel, Max(1857—1878)马克斯·

赫德尔

Hohenlohe-Schillingsfürst, Prince Chlovis (1819—1901) 霍恩洛厄-席林斯菲尔斯特的克洛维

Hohenwart 霍亨瓦特

Hohenzollern, Prince Charles Anton (1811—1885) 霍亨索伦的查理·安东亲王

Hohenzollern, Hereditary Prince Leopold (1835—1905) 霍亨索伦的利奥波德亲王,前者的儿子

Holnstein, Count Max (1835—1895) 马克斯·霍尔施泰因伯爵

Holstein, Friedrich von (1837—1907) 弗里德里希·冯·荷尔斯泰因

Hoverbeck, Leopold von (1822—1875) 利奥波德·冯·霍费贝克

Huber, Ernst Rudolf 恩斯特·鲁道夫·胡贝尔

I

Isabella (1833—1868) 伊莎贝拉,西班牙女王

J

Jellachich 耶拉契希

Jena 耶拿

Johann (1801—1873) 约翰,萨克森国王

Jörg, Edmund (1819—1901) 埃德蒙·约尔格

K

Karl I (1823—1891) 卡尔一世,符腾堡国王

Karolyi, Count Aloys (1825—1899) 阿洛伊斯·卡罗伊伯爵

Klapka, Georg (1820—1892) 格奥尔格·克洛普卡

Kleist-Retzow Hans von (1814—1892) 汉斯·冯·克莱斯特-雷措

Königsberg 柯尼斯堡

Kullmann 库尔曼

L

la Marmora, Alfonso (1804—1878) 阿方索·拉马尔莫拉

Lasker, Eduard (1829—1884) 爱德华·拉斯克

Lassalle, Ferdinand (1825—1864) 费迪南德·拉萨尔

Launay, de (1820—1892) 德劳奈

Ledochowsky (1822—1902) 莱多霍夫斯基伯爵

Lefebvre de Béhaine 勒菲弗·德·贝艾纳,法国外交家

Leibniz 莱布尼茨

Leicestershire 莱斯特郡

Leith 利斯

Lenau 莱瑙

Leo XIII (1810—1903) 教皇列奥十三世

Le Sourd 勒苏尔
Lessing 莱辛
Lincoln, Abraham 亚伯拉罕·林肯
Lippe, Leopold（1815—1889）利奥波德·利普伯爵
List, Friedrich 弗里德里希·利斯特
Loftus（1817—1904）洛夫特斯勋爵
Lombardy 伦巴底
Lord, Robert H. 罗伯特·罗德
Louis II（1846—1884）路易二世，巴伐利亚国王
Louis-Philippe 路易－菲利普
Louise（1838—1923）巴登大公
Luitpold 卢伊特波尔德

M

Macbeth 麦克白
MacMahon（1808—1893）麦克马洪元帅
Magdeburg 马格德堡
Malaguzzi 马拉古齐
Malet, Alexander（1800—1886）亚历山大·马利特爵士
Malet, Edward（1837—1908）爱德华·马利特爵士，前者的儿子
Mallinckrodt, Hermann von（1821—1874）赫尔曼·冯·马林克罗特
Manteuffel, Edwin von（1809—1885）埃德温·冯·曼陀菲尔
Manteuffel, Otto von（1805—1882）奥托·冯·曼陀菲尔，前者的堂兄

Masella 马赛拉
Massey, Isabella M. 伊莎贝拉·M.马西
Mazzini, Giuseppe（1805—1872）朱塞佩·马志尼
Mecklenburg 梅克伦堡
Medlicott, W. N. 梅德利科特
Mencken, Ludwig（1752—1801）路德维希·门肯
Mensdorff 门斯多夫
Metternich, Prince Clemens（1773—1859）克莱门斯·梅特涅亲王
Metternich, Prince Richard（1829—1895）理查德·梅特涅亲王，前者的儿子
Miquel, Johannes（1828—1901）约翰内斯·米克尔
Mittnacht, Hermann（1825—1909）赫尔曼·米特纳赫特男爵
Moltke, Helmuth（1800—1891）赫尔穆特·毛奇（后来封伯爵）
Mommsen, Theodore（1817—1903）特奥多尔·莫姆森
Morier, Sir Robert（1826—1893）罗伯特·莫里尔爵士
Mosse, W. E. 莫斯
Müller, Max（1823—1900）牛津的马克斯·米勒
Münster（1820—1902）明斯特尔伯爵（后来封亲王）

N

Napier 内皮尔
Napoleon III(1808—1873) 拿破仑三世,法兰西皇帝
Napoleon, Prince(1822—1891) 拿破仑,王子
Neuenburg 纽恩堡
Nicholas I(1796—1855) 尼古拉一世,俄国皇帝
Niel, Adolphe(1802—1869) 阿道夫·尼埃尔
Nigra(1827—1907) 尼格拉伯爵
Nobiling, Karl(1848—1878) 卡尔·诺比林

O

Oberon 奥伯龙
Oldenbourg 奥登堡
Ollivier, Emile(1825—1913) 埃米尔·奥利维耶
Olmütz 奥尔米茨
O'Trigger, Lucius 卢修斯·奥特里杰
Orloff, Katherine(1840—1875) 凯瑟琳·奥尔洛夫

P

Palmerston(1874—1865) 帕默斯顿勋爵
Payer 派尔
Pecci 佩奇
Peel 皮尔
Perugino 佩鲁吉诺
Pflanze, Otto 奥托·普夫兰策
Pfordten, Ludwig von der(1811—1880) 路德维希·冯·德·普福尔滕
Pitt, William 威廉·皮特
Pius IX 教皇庇护九世(1846—1878在任)
Plombières, Count Albert(1812—1861) 阿尔贝特·普隆比耶尔伯爵
Pomeranian 波美拉尼亚
Ponsonby, Frederick 弗雷德里克·庞森比
Poschinger 波申格尔
Potiphar 波提乏
Potsdam 波茨坦
Pourtalès 普塔莱斯
Prim, Juan(1814—1870) 普里姆
Prokesch-Osten, Anton(1795—1876) 安东·普罗克施—奥斯滕男爵
Puttkamer, Johanna von 约翰娜·冯·普特卡默
Puttkamer, Heinrich von(1798—1871) 海因里希·冯·普特卡默
Puttkamer, Robert von(1828—1900) 罗伯特·冯·普特卡默

R

Radowitz, Joseph Maria von(1797—1853) 约瑟夫·马利亚·冯·拉多维茨

Radowitz, J. M.(1839—1912)拉多维茨,前者的儿子
Ranke, Leopold(1795—1886)利奥波德·兰克
Rechberg, Count Johann(1806—1899)约翰·雷希贝格伯爵
Reichensperger, August(1808—1895)奥古斯特·赖兴施佩格尔
Reuss, Prince Heinrich VII(1825—1906)海因里希·罗伊斯亲王
Rich, Norman 诺曼·里奇
Richter, Eugen(1838—1906)欧根·里希特
Ritter, Gerhard 格哈德·里特
Roon, Albrecht von(1803—1879)阿尔布雷希特·冯·罗恩
Rothschild 罗思柴尔德
Rottenburg 罗滕贝格
Rouher, Eugènie(1814—1884)欧仁·鲁埃
Russell, Lord John(1792—1878)约翰·拉塞尔勋爵
Russell 拉塞尔小姐
Russell, Odo(1829—1884)奥多·拉塞尔

S

Saburoff 萨布罗夫
Sachsenwald 萨克森瓦尔德
Salazar 萨拉萨尔
Salisbury(1830—1903)索尔兹伯里爵士
Sardinia 撒丁
Sarkissian 扎尔基西安
Saxon 萨克森
Scarsdale 斯卡斯代尔
Scharff, Alexander 亚历山大·沙夫
Schieder, Theodor 特奥多尔·席德尔
Schiller 席勒
Schleinitz, Count Alexander(1807—1885)亚历山大·施莱尼茨伯爵
Schlözer, Kurt von(1822—1904)库尔特·冯·施洛策
Schmerling, Anton von(1805—1893)安东·冯·施默林
Schnaebele 施纳贝勒
Schönhausen 申豪森
Schulze-Delitzsch, Herman(1808—1883)代奇的赫曼·舒尔策
Schurz, Karl(1829—1906)卡尔·舒尔茨
Schwarzenberg, Prince Felix(1800—1852)菲利克斯·施瓦岑贝格亲王
Schweinitz, Lothar von(1822—1901)洛塔尔·冯·施魏尼茨
Schwerin, Count Max(1804—1872)马克斯·什未林伯爵
Sedan 色当
Seherr-Tosz, Count Arthur 阿图尔·泽埃尔－托茨伯爵

Selchow 塞尔肖
Sheridan 谢里丹
Shouwaloff, Paul (1830—1908) 保罗·肖瓦洛夫
Shouwaloff, Peter (1827—1889) 彼得·肖瓦洛夫,前者的哥哥
Sigmaringen 锡格马林根
Simson, Eduard (1810—1899) 爱德华·希姆森
Sleswig-Holstein 石勒苏益格-荷尔斯泰因
Solferino 索尔费里诺
Spinoza 斯宾诺莎
Spitzemberg 施皮策姆堡
St. Vallier 德·圣瓦利耶伯爵,柏林大使(1877—1881 在任)
Stahl, Friedrich Julius (1802—1861) 弗里德里希·尤利乌斯·斯塔尔
Stanley 斯坦利
Stauffenberg, Franz von (1834—1901) 弗朗茨·冯·施陶芬贝格男爵
Stein 施泰因
Stockmar, Ernest von 埃内斯特·冯·施托克马
Stoecker/Stöcker, Adolf (1835—1909) 阿道夫·施托克尔/施特克尔
Stolberg-Wernigerode, Count Otto von (1837—1896) 奥托·冯·施托尔贝格-韦尼格罗德伯爵
Stosch, Albrecht von (1818—1896) 阿尔布雷希特·冯·施托施

George Strachey 乔治·斯特雷奇
Strafford 斯特拉福德
Struensee 施特林泽
Stuttgart 斯图加特
Sybel, Heinrich von (1817—1895) 海因里希·冯·西贝尔

T

Thadden, Marie von (1822—1846) 玛丽·冯·塔登
Thiers, Adolphe (1797—1877) 阿道夫·梯也尔
Thile, Hermann von (1812—1889) 赫尔曼·冯·蒂勒
Thun, Count Friedrich (1810—1881) 弗里德里希·图恩伯爵
Tiedermann, Christoph von (1835—1907) 克里斯托夫·冯·蒂德曼
Tilsit 蒂尔西特
Tirpitz 蒂尔皮茨
Treitschke, Heinrich von (1834—1896) 海因里希·冯·特赖奇克
Trevelyan 特里维廉
Trieglaff 特里格拉夫
Twesten, Karl (1820—1870) 卡尔·特韦斯滕
Tyrconnel 蒂尔康奈

U

Uhland, Ludwig (1786—1862) 路德维希·乌兰

Unruh, Victor von (1806—1886) 维克多·冯·翁鲁
Usedom, Count Guido (1805—1884) 吉多·乌泽多姆伯爵

V

Varnbüler (1809—1889) 瓦恩比勒男爵
Versailles 凡尔赛
Victor Emanuel (1820—1878) 维克多·埃马努埃尔,意大利国王
Vittorio Emanuele 维托里奥·埃马努埃莱(前一个名字的意大利文写法)
Victoria (1840—1901) 维多利亚长公主,后来的腓特烈皇后
Victoria (1819—1901) 大不列颠的维多利亚女王
Vincke, George von (1811—1875) 乔治·冯·芬克
Virchow, Rudolf (1821—1902) 鲁道夫·菲尔绍
Vladimir 弗拉基米尔

W

Wagener, Hermann (1811—1875) 赫尔曼·瓦格纳
Waldeck, B. F. L. (1802—1870) 瓦尔德克
Waldersee, Count Alfred (1837—1904) 阿尔弗雷德·瓦尔德泽伯爵
Werthern, Baron Georg von (1816—1895) 格奥尔格·冯·韦特恩男爵
William I (1797—1888) 威廉一世,普鲁士国王和德意志皇帝
William II (1859—1941) 威廉二世,普鲁士国王和德意志皇帝,前者的孙子
William III (1817—1890) 威廉三世,荷兰国王
Windisch-Graerz 温迪施-格雷兹
Windthorst, Ludwig (1812—1891) 路德维希·温特霍斯特
Winter, L. von (1823—1893) 冯·温特
Wittelsbach 维特尔斯巴赫
Wrangel (1784—1877) 弗兰格尔伯爵
Wurtemberg 符腾堡

Z

Ziegler, Franz (1803—1876) 弗朗茨·齐格勒

图书在版编目（CIP）数据

俾斯麦与德意志帝国／（英）埃里克·埃克著；启蒙编译所译.—上海：上海社会科学院出版社，2020
ISBN 978-7-5520-3137-9

Ⅰ.① 俾… Ⅱ.① 埃… ② 启… Ⅲ.① 俾斯麦(Bismarck, Otto 1815-1898)－生平事迹 ② 德意志帝国－历史 Ⅳ.① K835.167=43 ②K516.42

中国版本图书馆 CIP 数据核字（2020）第 047164 号

启蒙文库系启蒙编译所旗下品牌
本书版权、文本、宣传等事宜，请联系：qmbys@qq.com

俾斯麦与德意志帝国

著　　者：〔英〕埃里克·埃克
译　　者：启蒙编译所
责任编辑：王　睿
出 版 人：佘　凌
出版发行：上海社会科学院出版社
　　　　　地　　址：上海顺昌路622号　　邮　　编：200025
　　　　　电话总机：021-63315947　　　销售热线：021-53063735
　　　　　http://www.sassp.cn　　　　　E-mail: sassp@sassp.cn
印　　刷：上海光扬印务有限公司
开　　本：890×1240 毫米　1/32 开
印　　张：11.75
插　　页：3
字　　数：250 千字
版　　次：2020年12月第2版　　2020年12月第1次印刷

ISBN 978-7-5520-3137-9/K·553　　　　　定价：88.00元

版权所有 翻印必究

读者联谊表

（电子文档备索）

姓名：　　　　年龄：　　　　性别：　　宗教：　　党派：

学历：　　　专业：　　　　职业：　　　所在地：

邮箱_____手机_____QQ_____

所购书名：_____在哪家店购买：_____

本书内容：<u>满意　一般　不满意</u>　本书美观：<u>满意　一般　不满意</u>

价格：<u>贵　不贵</u>　阅读体验：<u>较好　一般　不好</u>

有哪些差错：

有哪些需要改进之处：

建议我们出版哪类书籍：

平时购书途径：实体店　网店　其他（请具体写明）

每年大约购书金额：　　　　藏书量：　　　每月阅读多少小时：

您对纸质书与电子书的区别及前景的认识：

是否愿意从事编校或翻译工作：　　　　愿意专职还是兼职：

是否愿意与启蒙编译所交流：　　　　是否愿意撰写书评：

如愿意合作，请将详细自我介绍发邮箱，一周无回复请不要再等待。

读者联谊表填写后电邮给我们，可六五折购书，快递费自理。

本表不作其他用途，涉及隐私处可简可略。

电子邮箱：qmbys@qq.com　　联系人：齐蒙

启蒙编译所简介

启蒙编译所是一家从事人文学术书籍的翻译、编校与策划的专业出版服务机构，前身是由著名学术编辑、资深出版人创办的彼岸学术出版工作室。拥有一支功底扎实、作风严谨、训练有素的翻译与编校队伍，出品了许多高水准的学术文化读物，打造了启蒙文库、企业家文库等品牌，受到读者好评。启蒙编译所与北京、上海、台北及欧美一流出版社和版权机构建立了长期、深度的合作关系。经过全体同仁艰辛的努力，启蒙编译所取得了长足的进步，得到了社会各界的肯定，荣获凤凰网、新京报、经济观察报等媒体授予的十大好书、致敬译者、年度出版人等荣誉，初步确立了人文学术出版的品牌形象。

启蒙编译所期待各界读者的批评指导意见；期待诸位以各种方式在翻译、编校等方面支持我们的工作；期待有志于学术翻译与编辑工作的年轻人加入我们的事业。

联系邮箱：qmbys@qq.com

豆瓣小站：https://site.douban.com/246051/